社會運動與臺灣社會

Social Movements
and Taiwanese Society

何明修 著

三民書局

序　言

　　社會運動匯集眾人力量，推動社會變遷。在大多數的情況下，社會運動參與者來自社會弱勢群眾，他們的主張不見容於當道，抑或是挑戰了既得利益；他們的行為與觀念被主流文化貶為偏差的與次等的，因此經常需要以抗議的方式來宣揚理念。社會運動是一種艱困的事業，縱使大部分的抗爭行動以失敗收場，但是從長遠的歷史角度來看，我們如今已經視為理所當然的價值與生活方式，例如民主、人權、多元文化、環境保護、性別平權等，一開始幾乎都是被打壓的運動，也曾被譏為離經叛道的訴求。

　　馬克思曾提到：「人類創造歷史，但並不是在他們所選定的條件下進行。」社會運動追求一個更美好生活的願景，背後都起源於特定的社會條件，而不是憑空出現。一旦這樣的願景感召了人民，促發了行動的意志，即能形成一股能夠扭轉不利局勢的社會力量。社會運動是特定的歷史產物，同時也能夠掙脫傳統與守舊力量之糾纏，開啟歷史的新頁。

　　這本《社會運動與臺灣社會》以筆者在 2005 年出版的《社會運動概論》為基礎，進行了大幅的增修與改寫。在這 17 年間，臺灣與臺灣以外的社會運動及相關研究作品，風貌已急遽改變，需要重新梳理。綜觀這段時間，全球社會運動出現下列的變局：

　　從 1999 年西雅圖反世貿抗議以降，反對新自由主義全球化之運動席捲世界各地，高峰會抗議儼然成為新世紀社會運動之代表。但是很快地，隨著多邊主義的自由化受阻，地緣政治驅動的區域整合先行，追求「地球是平等」的新自由主義進展趨緩，單純反對新自由主義的抗爭也解組、分化為各種反物價上漲與反撙節等抗爭。弱勢人民依舊受困，仍然發起抗議，只是行動缺乏共同的主題。反移民的排外抗議甚至促成世界各地的民粹主義興起，衝擊既有的民主體制。

衝擊塞爾維亞、喬治亞、烏克蘭、吉爾吉斯、黎巴嫩等地的顏色革命 (color revolutions)，在 21 世紀初曾被視為新一波的民主化浪潮，但後續就如同阿拉伯之春曾一度點燃中東與北美地區的民主火苗，結果只有突尼西亞真正脫離終身總統的獨裁統治，邁向民主。顏色革命與阿拉伯之春的經驗顯示，民主運動有其脆弱性，威權統治者因應抗爭浪潮也有其韌性。

網際網路與社交媒體掀起的通訊革命，在世界各地引發各種新一波的社會運動風潮。追求經濟現代化，卻無能阻斷人民自由交換資訊的政權，在所謂的「臉書革命」中倒台，例如埃及。但是能夠成功因應其挑戰，進一步演化成為「數位列寧主義」(digital Leninism) 的獨裁政權，例如中國，反而成功地馴化了數位媒體，使其成為實行統治手段的新科技。

隨著民主化運動、全球正義運動的挫敗，以反移民、抗稅、反疫苗為名的新右翼運動開始衝擊西方民主國家。美國保守派的反墮胎運動在努力了近半世紀之後，終於在 2022 年推翻全國層級的墮胎合法化之法院判決。作為一種政治管道，社會運動也可以為保守勢力所用，試圖維持現狀，甚至翻轉時代的巨輪。街頭抗議不見得是弱者的武器，也可能成為強勢群體鞏固其特權的手段。

在臺灣，新世紀以降的社會運動轉變與其衝擊也十分可觀。上個世紀最後一年出現了首度政黨輪替，使政治格局出現巨大的轉變。追求進步改革的社會運動陷入低潮，活躍於街頭抗爭的反而是保守派陣營，他們訴求反教改、反農漁會金融改革、擁核等議題。因為政治爭議引發的抗議，例如 2000 年與 2004 年國民黨抗議總統選舉結果、2006 年抗議陳水扁總統涉貪事件的紅衫軍運動，也成為了新聞焦點。在 2008 年，國民黨重返執政，社會運動又獲得重新復甦的契機，沉寂已久的反核運動、學生運動重新登場。某些看似地方性與特定性的議題，例如離島賭場、渡假村開發案、都市更新、土地徵收、媒體併購、義務役士兵不當管教致死、中學課綱修改等，都引發了全國性抗爭風潮，取得了重大的運動成果。在 2016 年，臺灣出現了第三次政黨輪替，民進黨政府的改革再度引發了保守派的抗議，例如反對婚姻平權、年金改革、轉型正義、能源轉型等。

臺灣的新興社會運動現象，並不是臺灣所獨有，而是在許多方面反映了全球趨勢。新自由主義導致國家退位，資本的影響力提升，日益加劇的經濟不平等對於年輕世代衝擊特別嚴重。尤其在高等教育擴張之後，人數增加的畢業生面對了不穩定無產階級 (precariat) 的未來，他們能找到的工作多來自於非典型勞動，抑或是零工經濟 (gig economy)。從 2008 年的野草莓學生運動以降的一系列青年抗議，都可以看到這樣的經濟不滿。其次，網際網路與社群媒體拓展了新形態的人際關係，網路互動取代了實體見面與會談，讓更多包括社會運動在內的行動在虛擬空間進行。2008年之後的臺灣社會運動風潮，正好搭上這一波數位傳播科技的列車，2014 年的太陽花運動即是依靠這種新穎科技，讓占領立法院的風潮同步擴散至全臺各地。最後，21 世紀的獨裁者仍負隅頑抗，他們不只壓制國內民主化的要求，也對外輸出與擴張威權統治。俄羅斯之於前蘇聯共和國與東歐，阿聯酋與沙烏地阿拉伯之於北非與中東，就如同中國對於香港與臺灣一樣，將民間交流、貿易與網際網路「武器化」，成為其「灰色地帶戰爭」的一環，因此激發出新一波來自公民社會的抗爭風潮。臺灣反媒體壟斷運動與太陽花運動，以及後來的聲援香港反送中運動、支持烏克蘭行動也都源自相似的地緣政治因素。

　　基於上述的時代變局，《社會運動與臺灣社會》這本書期待提供一種知識性的引導，透過既有的國外與本土研究作品之梳理，協助讀者發展出剖析與洞察社會運動現象之能力。在寫作時，筆者基於許多理由，一直試圖拒絕「教科書」的定位。社會運動並不是國家考試科目，不需要重點提示與作答指引，因為這將不當地簡化了既有的研究發現。更重要的是，社會運動研究始終充滿各種論辯與爭論，與其期待一套制式的標準答案，不如好好追隨這些交鋒陣營的知識理路，重新思考社會運動的可能性與限制。改造社會從來不是一件容易的事，因此，若我們想理解人們為何試圖想要改造社會，以及他們達成的成果，也需要花費不少心思。

　　這是一本社會運動研究的導論書籍，目標讀者群是具有（但不限於）大學生程度以上的知識理解能力。筆者關注的是如何解釋社會運動的興起與其成果，而不是如何發起社會運動，以及如何實現其目標，用馬克思的話來說，這本書的用意在於「解釋世界」，而不是「改變世界」。解釋社會運動，不同於發起社會運動，但這並不意味著兩種知識毫無相關，無法相互滋補。在某些情況下，本書提供的學術知識可以轉化成實踐指引，如同這些研究成果一開始也是來自於觀察、詮釋社會運動的實際經驗。

　　與此相關的問題即是，社會運動研究的知識是否帶有政治意涵？既有的社會運動研究已經成為了某種公共財，無論是獨裁者為了壓制人民起義，抑或是反抗者為了伸張正義，都可以取用這些寶貴的知識，獲得其所需的指引。筆者認為，就純粹解答知識謎團而言，社會運動研究可以是中性的與工具性的，這些知識有助於抗爭者自我組織，也可能讓統治者知道如何更有效地壓制異議份子。然而，獨裁者通常不關切社會運動的起源，他們只在意撲滅異議的公開表達，因此，更廣泛的知識探索與個案分析，往往有助於社會運動者強化信念，並且學習與借用更有效的運動策略。

　　一般而言，社會科學關切的問題是「如何」(how)，而不是「為何」(why)，試圖提出實然面的解釋，而不是在應然面提出規範性的論證。相較之下，人文學者傾向將某些社會運動放置於思想史的脈絡檢視，關切其運動理念的內涵，而不是其外在效應。就以「人類世」(anthropocene)【按：即是人類生產活動已經改造了地質的年代】的觀念為例，文史哲學者在意的是認知圖像如何重新形構人類看待自身，以及其與環境、其他物種的關係；但是社會科學家則探討這種觀念啟發的能源轉型與氣候行動面臨何種阻礙，以及採取了何種宣傳與遊說的策略。社會科學家並不認為這些議題只是外部性的、衍生的、次級的；相反地，原創思想要能夠改變世界，往往得透過一連串組織、動員、對抗等社會運動過程。

　　本書的意圖並不在於勾勒臺灣社會運動的發展軌跡，而是在於提供必要的分析概念及其運用之方式，協助讀者釐清社會運動的起源、過程與結果。相較於 2005 年的舊版，本書主要的修正如下：

　　新增「社會運動研究的典範與理論」（第 2 章），說明從資源動員論到晚近的抗爭政治理論之演變。

新增「無領導者運動」（第 4 章第五節），以說明晚近社會運動去中心化的新興趨勢。

新增「網際網路、社群媒體與社會運動」（第 5 章），探討晚近以來關於社會運動與新興數位傳播科技之辯證關係。

新增「非典型運動：反制運動、保守派運動、由上而下動員的運動」（第 9 章），闡述保守派反制運動在臺灣與國外的興起。

新增「社會運動的經濟影響」（第 10 章第四節），指認出社會運動的新興策略，不再是針對政府，而是向企業提出訴求。

新增「社會運動研究在臺灣：邁向制度化」（第 11 章），回顧本土相關研究從萌芽到制度化的歷程。這一章改寫自何明修、黃俊豪 (2020)。

最後，有鑑於本土社會運動的制度化與興盛發展，本書採用《社會運動與臺灣社會》的書名，以彰顯其本土相關性，筆者也盡可能引用臺灣的相關研究成果。本書第 3 章到第 9 章的開頭都是先以臺灣社會運動實例出發，進而說明相關研究文獻所關切的核心問題。此外，自從 2014 年香港雨傘運動以降，臺灣與香港的公民社會互動密切，各種社會運動相互聲援，因此本書也試圖納入關於香港民主運動的研究成果。

新版著作大幅精簡了舊版如今看來過於瑣碎、涉及細節、旁枝雜生的段落，也刪除了過時的研究文獻與個案說明。在改寫過程中，花費最多心神與力氣的部分，在於如何放入 2005 年之後國內外的新興研究文獻。筆者所期待的著作是一部深入淺出、論證紮實、確切反映世界潮流、根植於本土經驗的導論書籍，這一本書是否能達成這樣的目標，就留給讀者評判。

　　在改寫過程中，我獲得何思瑩、李宗興、阮俊達、林宗弘、林宗正、林怡岑、張恆豪、陳美華、陳衍秀、黃淑鈴、劉仲恩、羅皓名等先進與同儕的修改建議，在此表達感恩。我也要感謝Jessie、Ash、陳薇安、曾碧鋒、李嘉穎、黃怡菁、黃俊豪等助理的編輯協助。最後，筆者以自身的個人生命歷程來結尾。當《社會運動概論》在2005年完稿與出版時，我與淑鈴在紐約共度新婚後的研究休假，筆者當時是在皇后區的森林小丘完成書稿。過了17年，淑鈴取得美國博士學位，現在也是學校主管，即將邁入半百之年的我們倆也有了一對可愛的小梅與小陽。感謝淑鈴的支持，沒有這位家務夥伴與室友，我不可能完成這本書。

何明修

2022 年 8 月 18 日

社會運動
與
臺灣社會

目次

序　言

第 1 章

導論：從抵抗到社會運動

一、什麼是社會運動

二、社會運動的現代性

三、壓迫、抵抗與社會運動

一、什麼是社會運動

2021 年 12 月 20 日，近百位高雄市美濃區的民眾在一處鄰近市區的太陽能光電板場址集結抗議，他們拉起「守護家園、捍衛農地」的白布條，批評發電設施所帶來的危害，包括農地租金上揚、景觀破壞、光害等問題。市政府官員到場關切，表示將聆聽在地民眾的心聲，強化溝通。

2022 年 3 月 6 日，「臺灣烏克蘭陣線」 (Taiwan Stands With Ukraine) 在臺北市自由廣場發起集會，要求俄羅斯立即停止入侵戰爭，現場吸引了上百參與者，包括不少手持英語反戰標語的外籍人士。活動由演唱烏克蘭國歌開始，後邀請民進黨、國民黨、無黨籍政治人物及民間團體上台致詞。

2022 年 5 月 1 日，臺鐵員工為了抗議政府將鐵路管理局改制為公司且不傾聽基層的聲音，在五一勞動節發起了「不加班運動」。當天是《勞動基準法》規定的國定假日，雇主無法強迫員工執勤加班。在工會動員下，超過 1 萬 3,000 名員工拒絕加班，結果當天只有 18 班列車開出。為了因應勞動節連假的長程運輸需求，政府推出了所謂的「類火車」，協調民營客運業者加開接駁專車，運送返鄉度假的旅客。

2022 年 7 月 9 日，機車騎士發起了「交通解嚴大遊行」，上千輛機車首度行駛在 40 年禁行機車的臺北市忠孝西路，後在總統府前的凱達格蘭大道集結。這場活動是由臺灣機車路權促進會所發起，也獲得時代力量政治人物的聲援。他們的主要訴求是「兩輪車與四輪車的平權」，要求省道全面開放機車行駛、重機上國道等。

　　類似上述的場景，早就成為臺灣人日常生活之一部分。無論發生地點是在都市鬧區抑或是鄉村，其訴求是關於國際議題抑或是國內特定群體，其抗爭行動是帶來他人的不便抑或是衝擊執政黨的支持度，這些事件都可以當成「社會運動」來看待。

　　什麼是社會運動？在臺灣日常的使用脈絡中，這個詞彙並不是那麼普及，更多時候，媒體報導或是坊間論述是用「抗議」、「抗爭」來描述。的確，社會運動很多時候必須得採用上述集會、遊行、罷工等具有擾亂性質的抗爭形式，才能吸引媒體關注，促使官員不得不正視與回應。然而，社會運動並不見得一定得採取上述的體制外管道，民眾也可以透過召開記者會、園遊會、電影放映會、出版專書、打官司、綠色消費、生態旅遊等看似和平無害的方式，推動冀望的社會變遷。換言之，社會運動不只是在街頭上才看得到的群眾現象，它也存在於我們的日常消費（如「國際公平交易」、「有機產品」），抑或是社群媒體的各種活動通告。因此，怎樣算是「參與社會運動」這個問題，也變得有些模糊。參與集會遊行、加入罷工行列、連署請願是傳統的社會運動參與方式，但隨著社會運動的日常化，個人的消費選擇，甚至是在社群媒體的按讚與分享，這些看似舉手之勞、不費吹灰之力的個人舉動也不能被排除在外，因為這些鍵盤行動 (keyboard activism) 也有助於訴求觸及更多公民，喚起更廣泛的支持。

　　我們經常可以看到民眾集結示威，要求政府官員出面解決問題，但是社會運動抗議的對象除了政府部門以外，也可能是針對企業或其他，有時不會要求政府介入。環境團體要求企業履行企業社會責任 (corporate social responsibility)，或是利用股東身分進行倡議 (stakeholder activism)，即是明顯的例子。有時，社會運動的行動對象恰好是另一項社會運動，目標就是要阻撓他們的對手取得運動成果，這即是所謂的反制運動 (countermovements)。舉例而言，近幾年來臺灣出現了教會人士主導的反同婚運動，其訴求的對手即是多元性別社群，包括女同性戀者 (lesbian)、男同性戀者 (gay)、雙性戀者 (bisexual) 與跨性別者 (transgender) 等所發起的爭取婚姻平權運動。

最後，社會運動通常是由無權無勢的民眾所發起，因為他們的權益無法在正常管道獲得伸張，不得不訴諸於公眾的注意與關切。社會運動雖然常被稱為一種 「弱者的武器」 (weapon of the weak)，不過這種武器也可能被強勢者所挪用。社會運動有時也可能是由政治人物帶頭，號召其支持者走上街頭。例如，近年來臺灣出現若干進口食品安全的爭議，包括美國牛肉、美國豬肉、日本福島五縣食品等，民間消費者與環境團體雖然表達了意見，但是主要聲量卻來自於反對黨的政治人物，美豬進口甚至演變成 2021 年的全國性公投議題。除了政治人物，企業或其他權勢者也可能動員群眾，採取集會遊行等常見的社會運動手法，維護其受威脅的利益。在美國，"astroturfing" 一詞經常被用來形容這種「假草根運動」，AstroTurf 是一款著名的人工草皮產品，它看起來像是草根 (grassroots)，卻不是真正的草根。

回到「什麼是社會運動」的問題，在此我們可以採用 Tarrow (1994: 3–4) 所提的定義：「社會運動是一種持續性的集體挑戰，由一群彼此團結的人民所發動，共同目的在於改變現狀。」

這裡有四項重點。第一，社會運動涉及諸多人的共同參與，「一個人的社會運動」是不存在的現象。公開舉發組織內部不端行為的吹哨者 (whistleblowers) 或許有可能憑一己之力帶來巨大的衝擊，但其本身並不是社會運動。第二，社會運動是一種「目的取向」的行動，其追求的共同目的可能涉及物質利益（例如污染賠償、積欠薪資等），也可能是象徵性的（例如群體的尊嚴與去污名化、某種生活方式被公眾接納等）。傳統而言，共同目的會在公共領域被討論與爭辯，因此純粹私人領域的議題通常不會形成社會運動。不過，公共領域是複數而不是單一的，知識份子在媒體上投書、庶民在路邊攤談政治、網路鄉民的論戰等，都算是公共領域的展現。此外，公私領域的劃分經常被重新定義，例如女性主義者提出「個人的即是政治的」(personal is political)，將防治家庭暴力、性騷擾議題提升為運動訴求，或是少數族群與多元性別社群指控主流社會的各種微歧視 (microaggression) 【按：即是主流群體有意或無意以刻板印象來貶損少數群體的行為】等，都涉及新的公共議題之提出，以及公私領域的重新界定。第三，社會運動通常是以「挑戰者」的姿態登場。一方面他們所代表的通常是被忽略、被邊緣化的群體，其訴求如果實現，勢必衝擊到既有的秩序安排，甚至危及優勢者的既得利益；另一方面，社會運動也常採取「體制外」的手段，就算是事先合法申請、事後和平落幕的集會活動，也打破了日常生活的例行化空間秩序。第四，社會運動不能被簡化為一次性的抗爭行為。在行動之後，如果沒有進一步的組織化，以及成員持續性的參與，也不能算是社會運動。舉例而言，聳動的動物虐待新聞經常引發網路熱議，甚至產生集結抗議之行動，但這種突如其來、迅速消失的「鄉民正義」事件並不屬於動物保護運動。

　　總言之，社會運動是結合了「團結」、「共同目的」、「集體挑戰」與「持續性」等元素所產生的現象。在此，定義社會運動純粹是為了分析便利，幫助我們將一些經驗上有別的現象區隔出來，並採取同一套概念語言加以分析，使得某些現象的共同性獲得彰顯，從中歸納出產生作用的相同過程與普遍機制。不過，分析的區隔界線是人為設定的，追問什麼是社會運動的核心本質，抑或是某一場抗爭事件是不是社會運動，很可能不是最重要的問題。更有建設性的提問在於：如果該事件可以視為社會運動，那麼相關的理論與概念可以發揮何種解釋作用？

　　若我們重視社會運動上述的四大特徵，意味著我們採取了特定的視角，因而產生了下面的意涵。首先，社會運動具有高度的政治性格。社會運動是一群邊緣化群體的一種政治手段，他們採取體制外的策略，以獲取統治菁英的讓步。對於挑戰群體而言，拒絕體制所容許的管道是重要的，因為現存的體制製造了不平等的分配結果，同時剝奪了他們發聲的管道。社會運動是弱勢群體的政治參與管道，就如同優勢群體憑藉其社會資本，利用關係與遊說來保障自己的利益。因此，即便社會運動帶有體制外的性格，它的目標仍是指向現存的政治體制。承認社會運動的政治性，意味著社會運動可以與政黨、利益團體相提並論，它們同樣都是利益匯集的政治行動。在早期的學術研究作品中，社會運動是與風潮 (fad)、恐慌 (panic)、神祕崇拜 (cult) 等現象一同被歸類為集體行為 (collective behavior)。這種觀點預設了行為是外來刺激的直接反應，而不是深思熟慮、有責任感的行動，容易忽略社會運動的政治性格，而將其窄化成為某種病態的心理現象。

　　其次，社會運動是一種工具性的行動。更確切地說，社會運動是為了達成某種外在的集體要求，一旦目的達成，社會運動就可以功成身退，光榮謝幕。用 Alberoni (1984) 的話來說，社會運動永遠介於社會的兩種狀態之間，一邊是具有創造性的初生狀態 (nascent state)，另一邊則是固定的日常制度狀態 (everyday-institutional state)。作為一種改造社會的集體力量，社會運動起源於初生狀態，但它卻企求達成日常制度狀態。就這個意義而言，社會運動的成功即是社會運動的揚棄，一旦挑戰者群體有了新的權力與文化承認，社會運動自然也沒有存在的必要。正視社會運動的工具性格，並非否定其訴求高度的理想性，或其所追求的願景之崇高的吸引力。運動議題愈能喚起參與者的熱情，就愈能引發廣大風潮，愈容易博取旁觀者的同情。社會運動試圖搭建通往美好未來的橋樑，但是沒有必要將手段本身視為目標，賦予過度神聖化的想像。

　　最後，既然社會運動具有政治性與工具性，那麼就不能排除某種可能，即社會優勢群體也可能動員一群彼此團結的群眾，以持續性集體挑戰的方式，共同追求保守的政治目的。簡單地說，社會運動也可以被用來強化某種社會支配，而不是挑戰不平等的現狀。基於這個理由，社會運動一詞應該被視為描述性的概念，而不是規範性的概念。描述性概念可以用來分析諸多具有相似特性的經驗現象，指認出一些具有普遍性的因果機制，並解釋各種立場不同的社會運動的發展。相對地，規範性概念沒有分析的效用，研究者武斷地挑選他們贊同的社會運動，而捨棄他們不認同的現象。社會運動必須被視為一種中性的政治載體，有可能被用來追求各種不同的價值，即便是那些令一些人厭惡的主張或訴求。

　　就日常使用來說，社會運動一詞也常與下列的詞彙相提並論，其指涉內容或有重疊，但是並非完全相同。

（一）公民不服從 (civil disobedience)

在 2014 年的臺灣太陽花運動與香港雨傘運動中，主事者都宣稱占領立法院或占領街頭的行動是屬於「公民不服從」。這個概念最早由美國作家梭羅 (Henry David Thoreau) 所創，他反對美國政府出兵攻打墨西哥，拒絕繳稅而被捕入獄。公民不服從是要挑戰不公義的政策或法律，因此以不合作的態度面對政府官員。甘地 (Gandhi) 領導的印度獨立運動、金恩 (Martin Luther King) 博士領導的美國民權運動後來也成為著名的公民不服從個案。這些例子點出了公民不服從的核心元素包括：行動是為了公益目的、採取非暴力方式、窮盡其他和平選項之後的最後手段、訴求與採取手段之一致性、手段的比例原則、主事者願意承擔法律後果等。公民不服從的爭辯通常是在法庭上進行，如果法官願意採納此種見解，當事者通常可以獲得較輕緩的判決。不過，並不是所有社會運動都意圖挑戰既有的法律，或者採取有違法之虞的手段，社會運動的範圍遠大於公民不服從。

（二）非暴力抗爭 (nonviolence)

非暴力的核心倫理精神即是抗爭行動不應對人施加暴力。在這個原則之下，各種能夠向當局者施加壓力的手段，例如罷工、癱瘓機構、占領公共空間等，都應積極採用，也因此非暴力抗爭有時又被稱為直接行動 (direct action)。非暴力抗爭經常與公民不服從連結在一起，甘地與金恩也是其著名的倡議者，不過非暴力抗爭一詞關切的是行動的手段，而不是行動的法律地位。非暴力抗爭如今已經成為一種自成一格的研究領域與實作，最著名的即是創立愛因斯坦研究所 (Albert Einstein Institution) 的夏普 (Gene Sharp)。他曾臚列了 198 種非暴力抗爭的手法。依循此邏輯，我們不能說凡是和平理性的社會運動，都是非暴力抗爭，因為如果運動主事者只依賴集會、遊行等例行手段，沒有試圖升高對峙，那就不算是非暴力抗爭。

（三）自力救濟

臺灣許多地方抗爭都是以「自救會」為名義，這樣的名稱其實來自於 1980 年代中期開始出現的「自力救濟」一詞。在當時，政治威權控制開始解體，民眾抗爭四處擴散，尤其是為了保衛自己的權益而發起的行動。法律學家在既有的「公力救濟」管道（例如法律訴訟）之外，創造出「自力救濟」的新名詞。許多當時的社會運動案件（例如高雄後勁反五輕運動）都是以自力救濟的名義進行，這樣的傳統持續至今。不過，自力救濟仍與社會運動有明顯區隔。法律意義的救濟通常是指當事者的民事權利，尤其是涉及財產損失，並沒有包括社會運動所追求的可能目標。此外，許多以自救會為名的抗爭行動經常是所謂的「鄰避」(Nimbyism) 事件，亦即是「不要在我家後院」(not in my back yard)，不會形成持續性的參與，因此其社會運動的性格不明確。

（四）陳抗事件

晚近臺灣媒體經常使用這個詞，這是警察系統的用語，原意是指「陳情抗議事件」。這個詞十分類似中國的「群體性事件」，同樣是採取了官方治安維持之觀點，尤其是關切抗爭行動對於政府機關的影響。理所當然，人民陳情抗議之訴求五花八門，不見得涉及社會運動的議題，社會運動也不必然採取這種方式。

（五）集體行動 (collective action)

有些學術研究作品中，社會運動與集體行動是可以相互替代的同義詞。不過嚴格來說，社會科學所使用的集體行動所指涉的範圍更廣泛，也包括生產者之間的聯合行為（限制產量、提升售價等），抑或是共有資源的管理與取用等，例如東港櫻花蝦的捕撈共同規定。

二、社會運動的現代性

Tilly (2004: 3–4) 指出，社會運動的形式包含了下列三種元素：(1)「活動」(campaign)：有組織地、公開地向權威提出集體宣稱 (collective claims)；(2)「社會運動劇碼」 (social movement repertoire)：採用若干特定的政治行動形式，例如組織特定目標的協會、舉行公開會議、遊行、守夜、集會、請願、發傳單等；(3) 公開展現參與者的價值 (worthiness)、一致 (unity)、數目 (number) 與信念 (commitment)。

Tilly 所列舉的三種元素都具有特定的歷史脈絡，是在西方現代性出現之後才開始逐漸成形。從人類社會建立正式的政治組織以來，被統治者就不斷地抵拒統治權威的要求，無論是關於物質的榨取、人力的徵調，或是風俗、信仰、習慣的改變。歷史上形形色色的起義、暴動、叛變，都可以視為一群人共同目的之展現，而且這個共同目的違背了統治者的期望。西方中世紀的宗教異議、農民叛變遠比現代的社會運動劇烈，參與者表現出更大的狂熱、使用了更高強度的暴力手段，受到的鎮壓也更為殘暴。至於現代激進政治的特色並不在其手段或狂熱程度，而是在於訴求一套嶄新的政治綱領，且參與者相信徹底改造社會的可能性。

根據 Walzer (1968: 1–21) 的研究，現代激進政治是特殊的時代產物，它預設一套改造社會的綱領、當事者對於政治局勢的客觀超然評估，以及達成預想狀態的策略。革命家都知道，不能混淆未來的願景與當下的現實；要改造社會，首先要理解當前的社會局勢，試著回應「該怎麼辦」(what is to be done) 之提問。現代激進政治必然是一種意識型態的政治，試圖摧毀當事者認為已經頹敗的世界，並且根據想像中的藍圖重新塑造。在激進政治的知識想像中，政治行動有其目的性，即是要用來實現新浮現的願景。就這個意義而言，革命是現代世界的產物，因為它所設想的是一種不可逆轉的變遷，歷史不再是依循「一治一亂」的循環。意識型態的出現，意味著現代政治活動愈來愈具有反思性，被壓迫者的主張與訴求有可能基於地域、族群、階級、宗教，甚至是各式各樣的文化認同。因此，社會運動也成為被壓迫者抒發這些訴求的共同管道。

其次，社會運動劇碼的概念意味著，有一些行動類型被明顯地標誌為抗議，因此凡想要發動社會運動的群體，都可以採取這種鮮明的行動，藉此彰顯集體意圖，例如靜坐、遊行示威等行動早已經是「模組的」(modular) 的社會運動劇碼 (Tarrow 2011: 38)。以往，異議的表達是附著在既有的傳統儀式之下，不滿的群眾只能利用節慶的時機，故意顛覆儀式表演的內容、嘲笑奚落達官顯要，或攻擊他們所憎惡的人士。從天主教國家的狂歡節到臺灣的媽祖繞境，宗教節慶容許了平常禁止的行為，也因此埋下可能引發暴力衝突之種子（例如搶神轎）。傳統社會的群眾缺乏一種自主的語言，以精確地表達他們的心聲。Thompson (1974) 分析工業化之前的群眾抗議， 發現抗爭通常帶有濃厚的平民文化 (plebeian culture) 特性。抗爭的參與者是匿名的，他們沒有意圖表明自己的身分，只是以迅速而直接的行動攻擊他們所厭惡的官員、稅吏、商人。這個時期的抗爭通常缺乏嚴密規畫，憤怒的群眾只能利用既有的節慶儀式，用暴力宣洩他們的不滿。

依附在舊有的文化傳統下的抗議表現手法是高度受限的。一方面，抗議者必須等待節慶的到來，才有行動的可能；另一方面，既有的儀式也限制了抗議的議題，例如在以社區為中心的儀式中，就無法表達跨區域的訴求。我們可以說，社會運動劇碼之浮現相當程度解決了抗議者需要花費的溝通成本，使反對群體能更有效地推動他們的集體挑戰。此外，社會的現代化帶來集中的人群、溝通媒介的普及以及更便利的交通，這些因素也讓抗議活動得以突破空間與時間的限制。

最後，參與者展現出來的價值、一致、數目與信念，就是在宣示他們的團結。無論在哪一個時代，數目眾多、眾志成城的人民，都能對統治者造成威脅。然而現代社會中，人民的團結形態出現了關鍵性的質變。過去，當人民的生活方式面臨資本主義衝擊時，其抗爭是訴求於傳統文化，用舊有的道德觀念來譴責新的壓迫 (Calhoun 1982)。道德經濟 (moral economy) 是傳統社會的主流想法，認為經濟資源的使用應該符合道德規範，而不是順從市場的供需機制。經濟活動是為了滿足在地人民的生計，尤其是為了社群的互惠與濟弱扶貧的重分配 (Thompson 1971)。因此，搶糧暴動 (food riot)、強迫商人以公道價格販售等做法成為 18 世紀常見的抗爭。然而，當 19 世紀社會主義的理念出現，意識型態取代了傳統道德，成為一種具有普遍性的人民團結方式之後，反對資本主義的抗爭不再侷限於個別的傳統社區、職業行會，而可能發展為全國性，甚至國際性的社會運動。也正由於意識型態發揮作用，反對資本主義的力量不再限於直接的受害者，非受害者也可能基於理念的認同而加入抗爭的行列。現代性的發展容許更多元的人群組合方式，也凸顯了團結的政治意涵。

　　因此，如同資本主義、民族國家、大眾媒體、核心家庭等現代社會的基本制度，社會運動也具有深刻的時代性格。就歷史發展而言，Tilly (2004: 16–37) 指出西方的社會運動是在 18 世紀中期逐漸開展，並產生比較明顯的固定特徵。在 1760 年代，英國的 John Wilkes 和支持他的群眾在倫敦街頭鬧事，要求真正落實人民的自由權；同時，美洲大陸的 Samuel Adams 與其他愛國志士在波士頓集會，共同反對橫徵暴斂的英國政府。這兩起抗議均採取了公眾集會、遊行、請願等劇碼，以集體的訴求來動員群眾，也都以人民的名義挑戰統治者，共同開啟了最早的社會運動。

　　在接下來的兩百多年，社會運動的形式開始被更多的群體採用。就空間分布而言，社會運動也逐步向歐美以外的地區擴散，甚至形成了跨國性的運動。在這段漫長的時期，社會運動出現以下三個面向的發展。

　　首先，社會運動開始成為一種普遍而常態的政治現象。在 19 世紀，許多社會改革是以社會運動的形式出現，例如廢除奴隸制度、追求社會主義、爭取民族獨立、爭取男性普選權。另一方面，保守派試圖抗拒社會變遷，他們也發現社會運動是十分有用的武器。因此，19 世紀也出現了排外運動、反猶太運動、宗教復興運動等，這些保守的訴求一樣能夠獲得群眾的青睞。到了 20 世紀，這種「右派對於社會運動形式的占用」(Tilly 2004: 89) 更進一步延伸。法西斯主義者不只在義大利、德國、日本取得了政權，他們的領導者崇拜、口號、制服、群眾組織更是為全世界各國仰慕者所致力仿效。換言之，社會運動成為中性的載體，可以用來實現各種主張，無論它們是進步的、反動的、或者難以歸類的。

其次，社會運動的制度化，促成了更多議題進入公共討論。社會運動日益成為一種政治生活的基本模組 (module)，顯示社會運動是有用處的，因此才激發出如此廣泛的學習與占用。相對於選舉與遊說，社會運動的政治參與成本較低，所需要的技術門檻也較低。更重要的是，成功的社會運動並不一定需要龐大的群眾基礎。人多固然好辦事，但是巧妙的策略、有利的時機、創新的組織方式，更有助於社會運動發揮其影響。因此，社會運動的形式有助於政治議題的多元化發展，容許更多元的群體形成。舉例而言，女性主義者強調政治權力的分配不只存在於公共領域中，日常生活中的性別關係也會受到權力的形塑。從這個觀點出發，女性主義開創出一系列的社會運動議題，例如反對性騷擾、反對家庭暴力、要求同工同酬、爭取合法墮胎權、爭取公共托兒服務等。也就是說，婦女運動其實是眾多議題的組合。社會運動作為一種有創意的政治參與形式，為女性主義者提供了多元的管道，使其能夠不斷地開創新的議題。

最後，就長期而言，政治體制總是成功地消解社會運動的衝擊，將它的影響限制在一定的範圍之內。威權政體之所以嚴格限制人民的集會結社，原因在於即使是一場非政治的社會運動，也可能導致政權變天；相對地，在民主政體下，失控的社會運動至多造成生命財產的局部損失，執政者卻可以高枕無憂地繼續掌權

(Waddington 1998)。對於執政者而言，抗議某種程度上是可以被忽略的。此外，在當代民主中，社會抗議的合法化也意味著抗議者要遵守一些規定。儘管抗議本身會擾亂我們的日常生活，例如遊行會占據街道與阻礙交通，集會則會吸引人潮、製造垃圾；但更重要的是，抗議變得可以預測，贊成者、反對者或甚至是沒有意見的人，都知道抗議大概會如何結束。當然，這並不是說社會運動變成純粹無用的武器，但無論如何，這種制度化的趨勢，也使得社會運動通往最終目標的道路更為漫長而曲折。

三、壓迫、抵抗與社會運動

社會運動通常起源於壓迫，但並非所有的壓迫都會形成社會運動，沒有社會運動也並非意味著壓迫不存在。從壓迫到社會運動，需要一連串的主、客觀條件配合，才能促成被壓迫者的團結與共同目的之浮現。事實上，大部分的被壓迫者都缺乏這些有利條件，沒有採取公然反抗的選項，只能偷偷摸摸地採取 Scott (1985) 所謂的「日常抵抗」(everyday resistance)。

日常抵抗是一系列因地制宜的弱者策略，其目的並不是推翻壓迫性的體制，而是試著讓自己在現有體制下的損失降到最低，以維持生存 (Scott 1985: 301)。抵抗之所以是日常的，原因在於這些生存策略高度依附於生活情境之下。被統治者沒有脫離統治情境的可能性，他們被迫要與壓迫者直接周旋。換言之，弱者缺乏另一個獨立的行動場域，例如工會、市民社會、公共領域等，無法公開地表達對於現有體制的不滿。然而，任何一種統治都依靠統治者的監督，而監督永遠有看不見的死角，在其中被壓迫者可以遊刃有餘地進行日常抵抗。Scott (1985) 最早在 1970 年代的馬來西亞農村發現了這項抵抗的祕密。當時，綠色革命帶來了農村階級結構的分化，獲利的富農開始違背原先的村落道德約束，以更苛刻的方式來剝削比他們貧困的鄰人。儘管村落內沒有爆發公開的階級鬥爭，貧農的抵抗卻無所不在。他們到處散發惡毒的謠言，摧毀富農的名譽，或更直接地偷竊富農的不義之財。因此，表面上富農仍是村落內的領導人，受到普遍的尊敬，但是實際上他們的地位與財富卻一直備受挑戰。

Scott (1990) 後來以更有系統性的方式，探討抵抗的諸多形式。抵抗被視為一種具有高度戲劇表演性的藝術；在統治者面前，弱者必須隱藏自己的不滿，表現出統治者喜歡看到的卑躬屈膝，才能確保在統治者看不見的地方，以自己的方式來討回局部的公道。為此，偽裝與欺騙的手法是必要的。更重要的是，抵抗者也要盡可能維持「公開」與「隱藏」兩個領域的區隔性，尤其要避免來自於內部的背叛，將抵抗的祕密透露給統治者。

進一步來看，抵抗的藝術可以稱為一種實踐知識 (practical knowledge)，亦即是口耳相傳的做事方法 (Scott 1998: 311)。實踐知識高度附著在具體的實踐情境之中，沒有辦法被規則化與體系化，也無法在沒有脈絡的情況下傳授。深厚的實踐知識展現，成為一種知道如何靈活運用的竅門 (knack)，令抵抗者能夠在資源有限的情境下，獲得最有利的結局。Scott (1998) 認為，統治的最極致想像是將複雜的社會關係簡單化，成為有規則的秩序排列。他使用「可識讀性」(legibility) 一詞來統稱國家統治者所掌握的社會狀況。如果社會關係可以一覽無遺，那麼由上而下的社會工程改造 (social engineering) 將變得更為容易，例如現代主義的都市規畫、農村集體化都具有這樣的政治野心，試圖徹底改造既有的人

際關係與生活方式。面對這種國家主導的「可識讀性工程」，來自
於基層的實踐知識有助於抵抗這樣的統治手段。

　　簡單地說，在無法採取社會運動的前提之下，抵抗是一種弱
者存活的伎倆。抵抗沒有意圖要推翻壓迫體制，但是不可否認地，
無所不在的抵抗迫使統治者付出更多的代價，也使得統治秩序的
維繫充斥更多不確定性。從另一個角度來看，日常抵抗可以視為
社會運動的預演，一種未經協調的彩排。一旦時機變得有利，被
壓迫者運用他們累積的實踐知識，將私底下的抵抗轉化為公然的
反抗，社會運動的號角也就正式響起了。

　　更進一步來說，從日常抵抗到社會運動，被壓迫群體需要經
歷下列的過程：

（一）建立個體之間的聯繫

　　日常抵抗是純粹以個體的存活為目的；相對地，社會運動則
是要改變群體的命運。被壓迫者要建立內部的團結，形成一股集
體力量。在形塑個體間聯繫的過程中，認同促成一個強大的群體
觀念，將自身與他人緊密地連結在一起。很多時候，共同的生命
歷程使得同一世代擁有相近的觀點，更容易集結成社會運動（見
第 3 章）。

（二）形成運動組織與網絡

　　日常抵抗是高度個體化的藝術，但是社會運動卻需要共同協
調。為了持續挑戰更強大的對手，社會運動需要匯集資源，形成
運動組織作為指揮中樞。此外，被壓迫者之間是否存在事先的人
際網絡也是一項關鍵。孤立的個體只有憑藉高度的抵抗意志才能

生存，但是如果有綿密的網絡，將有助於提升彼此的內聚力與促進訊息傳遞（見第 4 章）。在資訊社會當中，網際網路與社群媒體已經重新形塑我們的生活，也是推展社會運動不可或缺的媒介（見第 5 章）。

（三）掌握外部的政治機會

日常抵抗需要認清局勢，確切遵守游擊戰的準則「敵進我退、敵退我擾」。社會運動要求更高的政治環境敏感度，菁英聯盟的不穩定、政治盟友的存在、執政者的鎮壓意願都是需要考慮的環境變項。成功的社會運動往往善用既有政治機會結構所釋放的空間，取得更有利的議價籌碼（見第 6 章）。

（四）建構運動的世界觀

日常抵抗者活在一個無情無義的世界，抵抗是求生的本能，沒有倫理學上的對與錯。相對地，社會運動需要指控當前體制的不義，提出解決方案，並且指出未來世界的圖像。社會運動需要建構新的意義，邀請參與者加入這個集體志業。要理解社會運動的意義創造過程，構框的概念是十分重要的（見第 7 章）。

（五）利用非理性的力量

日常抵抗必得要「奸詐狡猾」，隨時隨地保持清醒的理智。相對地，社會運動需要的是熱情的信念，才能喚起激昂的參與。不同於狹隘的理性主義觀點，情緒的運作並不一定違背手段與目的之算計。情緒的力量也有規則可以依循，有時更能成為理性行動的強大心理動力。因此，與其將這些現象貶為「反理性的」

(irrational)，不如說它們不同於理性，是「非理性的」(non-rational)。情緒的解放帶來勝利的信心，抗爭行動的儀式化表演強化了參與者的認同。有些時候，被壓迫者的宗教信仰也可以成為抗爭的武器，將虔誠的信徒轉化成無畏的戰士（見第 8 章）。

（六）促成社會變遷的後果

日常抵抗者不期待壓迫的消失，他們早就學會適應體制，而不是改變體制。相反地，點燃社會運動的火把是對未來的期待，希望集體努力能夠帶來改變。在邁向願景的道路上，動員形式、政治條件、與菁英的互動共同決定社會運動所能改變的幅度（見第 10 章）。另一方面，保守派的動員則使社會運動面臨更嚴峻的考驗，過往的國家－社會運動互動格局也轉化成為更複雜的「國家－社會運動－反制運動」之三角關係（見第 9 章）。

本書的編排架構，即依循上述的過程，以呈現社會運動的冒險之旅。在進入社會運動的討論之前，第 2 章將簡述社會運動研究的理論流變。上個世紀末，社會運動研究典範之間曾出現激烈的辯論與交鋒，然而進入本世紀，取而代之的是更綜合取向的分析途徑，「理論標籤」喪失了區分的作用。因此，從第 3 章開始的敘述，將不會著墨於概念的理論起源及其過往的爭議。最後，第 11 章會回顧臺灣本土的社會運動研究之發展，並指出其邁向建制化的歷程。

第 2 章
社會運動研究的典範與理論

　　社會運動研究的發展有內在的理路，也有外部的因素，其中最重要的外在條件即是當時有哪些重大的社會運動成為了知識謎團，需要加以解答。從 19 世紀開始，古典社會學家關注社會運動如何成為一股改造社會、創造歷史的力量。托克維爾 (Alexis de Tocqueville) 分析法國大革命的起源，啟發了後續的「國家－社會運動」之分析。馬克思 (Karl Marx) 關切工業勞工階級的形成，以及他們如何組織化、採取共同的行動。韋伯 (Max Weber) 主張科層化是不可避免的趨勢，這股力量也會作用於挑戰資本主義的勞工運動。涂爾幹 (Emile Durkheim) 雖然沒有直接探討社會運動，但他對於集體情緒、儀式、神聖性的討論也提供社會運動文化分析之理論靈感（何明修 2005: 18–38）。儘管古典社會學時期有些探索，但社會運動開始成為社會學內部一個獨立領域，仍要等到第二次世界大戰之後。

　　在 1950、1960 年代，研究者開始關切共產主義運動與法西斯主義之起源。在冷戰初期的時代氛圍下，這些現象被視為民主體制的威脅，因此最初出現的典範「集體行為理論」通常將社會運動視為社會解體所引發的病態心理後果。同時，「理性選擇理論」的典範採取相反的預設，認為社會運動是理性的行動，追求共同的利益，只是這樣的情況不容易發生，因為這不一定符合個體的利益計算。60 年代以降，新左派運動，包括民權運動、反戰運動、生態運動、性別運動等席捲西方社會，同時一批前學生運動份子進入學術體制，他們不似前人以負面的有色眼光看待社會運動（見 Flacks 2004: 135–7），因而催生美國 70 年代的「資源動員論」到 80 年代的「政治過程論」之分析取徑，在歐洲則形成「新社會運動理論」。美國的資源動員論、政治過程論與歐洲的新社會運動理論之對立，在當時被視為不可化解的典範對抗，甚至經常被簡化為「策略」與「認同」之對立。

新左派風潮過後，保守派的反撲隨之登場，各種抵制墮胎權、性別多元化、保障少數族群的反制運動紛紛出現，社會運動也開始常態化，進入既有的政黨體制，成為民主體制下常見的現象。全球化的年代下，社會運動的跨國擴散與串連加劇發展，與革命、民族主義、民主化、族群衝突等現象的界線也變得模糊不清。「抗爭政治」的提出，代表著一種整合性的理論取向，既有的典範對立已經不再具有意義，重點在於找出這些現象背後的共同機制。除了抗爭政治的分析之外，更晚近的「場域理論」與「參賽者競技場分析」也出於類似的動機。

一、集體行為理論

集體行為理論是過往主流學界的共識，其觀點帶有明顯的保守主義色彩，基本上將社會運動的參與視為一種偏差行為。集體行為理論學者試圖解答，為何民眾會支持偏激的政治主張，進而參與其行動？Kornhauser (1959) 主張，現代化迅速地拆解了舊有的社會連繫，新的穩定社會關係的建立卻很緩慢，促成了群眾社會 (mass society) 的現象，個人呈現高度的原子化 (atomized) 狀態，不再被整合進入某個社會組織。原子化的心理後果即是高度的焦慮與疏離感，也因此提供了參與極權主義運動的動機。Hoffer (1951) 認為，只有在社會上一無所有的人，才會投身於政治狂熱主義。他們的自我是如此貧瘠，迫使他們擁抱一個更廣大的集體理念。缺乏社會資源的個體只有孤伶伶的自我，無法產生有意義的人際關係，因此他們才會獻身於一個攻擊現狀的群眾運動。群眾運動的參與者根本不在意運動的目的與意識型態，他們只是為了尋找心理緊張的發洩管道。因此，參與法西斯主義運動、共產主義運動或猶太復國主義，只是純然的機運問題。

政治權力、經濟財富、社會聲望等分配不一定會重疊，有一派學者提出「地位不一致論」(status inconsistence)，例如貧窮白人可能因為經濟地位低於其種族地位，容易形成認知失調 (cognitive dissonance) 之心理緊張，因此憎恨那些社會地位比他們優越的少數族群，例如猶太人知識份子。這也是為何沒落中的舊中產階級往往成為法西斯主義的溫床 (Bell 1960: 103–23; Eitzen 1970; Rush 1967; Lipset and Raab 1978)。現代化過程帶來新的流動機會，某些群體的地位晉升，但是其他群體可能喪失既有特權與優勢聲望，因此採取保守的態度，抵抗各種變遷。「地位政治」(status politics) 一詞常用來描述這種現象：面臨地位向下滑落的群體，例如面臨勞工運動衝擊的舊中產階級、受到民權運動威脅的白人勞工階級，成為極端政治的支持者，試圖阻擋現代化所帶來的文化衝擊 (Scott 1985)。

集體行為理論也常借助所謂的相對剝奪感 (relative deprivation) 來解釋參與者的動機。根據 Davies (1962) 的說法，相對剝奪感起源於實際回報與預期回報的落差，一旦這個落差在短期內急速擴大，革命就容易發生。集體行為理論學者通常認為，傳統社會是封閉的，因此人們雖然貧窮，卻安分守己。現代化帶來了各種變動，種下了不穩定的因素。Huntington (1968: 41) 指出，現代化激發出逐步升高的期待，但是執政者卻不一定能夠滿足這些期待，因此「如果說，窮國看起來是不穩定的，並不是因為他們是貧窮的，而是因為他們想要努力成為富有的。」換言之，想要追求財富的窮國民眾容易產生相對剝奪感，而安分知足的窮國民眾正因為沒有期待，所以不會產生這種不滿。

　　無論是群眾社會、地位不一致或相對剝奪感，集體行為理論背後的預設即是當時主流的功能論，主張正常社會應是一個能彼此協調的整體。極端社會運動的出現，意味著社會秩序的否定，原有的社會喪失了其主導價值與規範，不再能整合各種角色，因而形成了偏差的人格。換言之，廣泛的社會運動風潮意味著社會的一種病態，亦即社會秩序的崩解。

　　在功能論看來，文化系統的作用在於透過社會化與社會控制的方式，形成可預期的人格與角色。然而，一旦社會化與社會控制的機制失靈，原有的道德觀念無法再發揮約束作用，反體制的行為就會產生。一般而言，快速的社會變遷會使社會秩序的維繫更加困難，舊有價值規範失效，社會互動處於不確定的情境下。Johnson (1966) 認為，革命產生於社會不均衡狀態 (social disequilibrium)，因此秩序的維持愈來愈依靠純粹的暴力鎮壓，而缺乏正當性。結構功能論大師派森思 (Talcott Parsons) 指出，1960 年代的大學生抗議是源自於快速的高等教育擴張，使得校園的社會化機制無法及時發揮作用。高等教育的作用，在於讓學生學習運用認知理性、內化成就動機、接受功能分化的權威，這些社會化成果都是成功的現代人所必須具備的條件。學生運動展現了校園社會化的失敗：學生要求認知理性要為政治服務，而不是只為了純粹的學術研究；他們反對大學教育的菁英性格，主張更全面性的社會參與；他們否定教師的權威，要求校園的民主化 (Parsons and Platt 1970)。簡單地說，派森思認為學生運動來自於校園體制的危機，使得新進學生沒有順利接受一套符合當代社會需求的文化觀念。

功能論學者認為，一旦社會整合失敗了，行動將會缺乏準則依據，脫序違法的行為更容易產生。社會結構的不均衡引發了個人人格的緊張，激發出具有攻擊性的行為。派森思也以同樣的理由來說明為什麼法西斯主義會在現代社會興起。在派森思看來，工業化與現代經濟生活的不穩定導致了人格結構的緊張，這種心理不安全感無法被社會整合機制所吸收，導致極端政治行為的產生 (Parsons 1954: 124–9)。

另一方面，功能論學者認為社會運動是過渡性的，不會帶來新的社會演化。社會演化通常表現在更複雜化的制度安排，以及更高層次的文化整合。整個社會變遷過程是朝著更分化、適應力更強的方向和目標前進。這種過程並不是人為或有意識的，而是社會演化邏輯的直接後果。如果說馬克思主義將社會抗爭視為孕育下一個社會型態的生產陣痛，是社會發展必經的道路，那麼功能論則把社會抗爭看成疾病所導致的呻吟。呻吟即便能反映痛苦，卻不是治療疾病的方法，故功能論也認為社會抗爭是無助於社會演化的。因此，社會運動本身是一種偏差行為，違背了社會的常規，但這些作為通常只是短暫的失序現象，不可能對整個社會體制產生重大的影響。Smelser (1959) 對於 19 世紀英國棉織工人的抗爭研究就反映了這種觀點。他認為，工人的不滿反映工業化過程中家庭與經濟的分離，這個過程使得工人離開傳統的家戶生產，進入現代的工廠體制，抗爭只不過是心理不適應所產生的幻想、攻擊與焦慮。「只有在這些爆炸性的元素被控制住之後，」更積極的社會分化與演進才是有可能的 (Smelser 1959: 406)。同樣地，派森思認為 1960 年代的新左派抗議，並不能否定美國是最先進的社會演化模式。民權運動所要求的種族平等、學生運動所要求的自由，都符合美國的主流文化，這些運動只不過是以美國的價值來挑戰美國的現實，爭議的焦點只是在於社會制度的改良幅度是否合理 (Parsons 1991: 260–1)。這也意味著，這些社會抗爭只是暫時的現象，不會導致革命性的變遷。

　　除了社會學的功能論以外，集體行為理論也呼應了當代政治學的多元主義觀點。Dahl (1971) 指出，當代民主體制是所謂的多元政體 (polyarchy)，權力是平均分散的，沒有任何一個社會群體可以單獨壟斷政治資源的分配，也沒有任何一個群體會永遠被排除在外。體制內的政治參與包括協商、聯盟、妥協等手段，對於所有群體都是開放的。既然體制內管道是暢通的，採取社會運動的手段就是不理性的舉動。簡單地說，如果民意代表能夠完全反映民意，政府官員也依據民意施政，那麼又有誰會走上街頭拉白布條？體制內的政治參與是目標取向的，公共政策的決定取決於不同團體之間的相互作用；體制外的社會運動只是情緒表達，並不會導致實際的社會變遷。很顯然，這種觀點傾向於將社會運動視為一個必須被解釋的依變項，而不是一個可以用來理解社會變遷的自變項。一旦體制內與體制外的政治區分被如此認定，那麼不遵守規則的抗議活動就缺乏理性的基礎。

　　綜觀集體行為理論的主張，社會運動源自社會不均衡，其本身無法帶來新的社會秩序；它來自於病態的心理狀態，而不是理性思考或價值追求。不過，後續研究者開始質疑這樣的心理學假設，他們發現認知不協調、疏離感等心理緊張也不必然會引發社會運動。將社會運動視為某種情緒抒發，或是個人發洩內心壓力的結果，完全忽略其意識型態的導向，是一種十分可議的研究預

設 (McAdam 1982: 8, 10–1; Meyer and Hammond 1971: 98)。隨著集體行為論的沒落，以及社會學功能論與政治學多元主義觀的失勢，大部分的學者已經不再採信這種解釋方式。

　　新興規範論 (theory of emergent norm) 經常被視為集體行為理論的支流，不過其主張與理論預設並不相同。新興規範論援引符號互動論 (symbolic interactionism)，強調人類使用有意義的符號進行互動；透過這些符號的表達與理解，社會行動才具有意義。Turner and Killian (1957) 將這項符號互動論命題應用於集體行為的研究。他們認為，所有的群體行為都可以區分為有固定規則可遵循的組織行為，以及依賴新興規範的集體行為 (ibid.: 12)。所謂的新興規範，是指一種能引導群眾的依據，其作用在於取代原先日常生活的互動規範，在緊急的情況下提供行動參考。從規範的角度來看，集體行為不必然是非理性的、情緒性的，因為即使是處於非常態的狀態下，群眾行為仍受規範之引導 (ibid.: 16)。Turner and Killian (1957) 認為，集體行為的集結來自於新興規範的結晶化 (crystalization) 過程，也就是不同以往的觀念與想法浮現，並且獲得普遍的接納。在一開始，突如其來的危機使得原有的情境定義失效，既有的規範無法再充當行動的指引，個體缺乏安全感、焦躁不安，謠言與各種情緒傳染是這個時期的特色。但隨著新的情境定義浮現，群眾的內部凝聚力受到強化，共同規範也開始要求成員採取一致性的行動。至於新興規範的最極致發展則是符號化 (symbolization)，某個對象被群眾視為集體不滿的具體代表，因此激發出強烈的動員能量 (ibid.: 122)。

　　新興規範論與集體行為理論皆認為，民眾參與社會運動都是因為與正常社會情境斷裂，但前者認為民眾有能力建立一套非慣常的互動方式，促成彼此合作，後者則認為參與者是由偏頗的心理動機所驅動，只會帶來破壞與暴力。後續的研究者基本上假定，社會運動是常態社會的延伸，參與者將其承平時期的資源與認同帶入運動，而不是採取一套完全不同的行事邏輯，也因此，新興規範論的觀點也不再受重視。儘管如此，晚近學者開始關切某些自發形成的社會運動，這些事件常常沒有規畫、沒有意圖、也沒有先前組織的介入，但仍舊帶來了重大的影響。研究者發現，非階層化的組織、曖昧含混的情境、事先的情感提示 (emotional priming) 等因素，是促成這類自發性 (spontaneity) 抗爭的原因 (Snow and Moss 2014)。事實上，2011 年阿拉伯之春以降世界各地的占領運動也或多或少帶有這種特色，而這種新浮現的特徵也正是新興規範論所強調的。

二、理性選擇理論

理性選擇理論 (rational choice theory) 假定行動者是有能力做判斷的個體，他們所做的選擇解釋了社會為何出現某些現象與後果。這個分析取向拒絕將集體現象——無論是稱為社會系統或其他——當作解釋原因，因為既有結構並不會自動產生作用力。結構應被視為一種限制，減少了行動者當下所具有的選項，但是真正起作用的仍是當事者的選擇。理性選擇理論主張，行動是可以被理解的，而行動的理性即來自於個體心中的理由，以及對行動結果的預測。行動者通常採利己主義的動機，他們只關心行動對於他們自身的後果，並試圖極大化行動所帶來的回報 (Boudon 2003: 3–4)。

奧森的《集體行動的邏輯》(*The Logic of Collective Action*)

(Olson 1965) 是理性選擇學派探討社會運動的經典著作。在他之前，研究者認為集體行動極容易發生，因為現代化解除了舊有的約束，而新的規範仍未產生，自我利益的追求往往導致脫軌的行為。早先的研究者著眼於 20 世紀前半葉的社會衝突，尤其是法西斯主義與共產主義對於自由民主體制的衝擊，現代社會秩序的維持被視為艱鉅的任務。但在奧森之後，我們對於社會運動圖像的理解徹底地改變了。面對不利的情境，大多數的人民選擇了默默承受，而不是挺身而出。換言之，社會運動並不是自然而然的現象，社會控制的力量遠比想像中更為強大。因此，一旦社會運動形成，研究者的任務就是尋找另一股外來的力量，並解釋它為何能夠成功地抵消社會秩序的保守力量，使得民眾採取體制外的抗爭行為。

奧森認為行動是源自於個人利益的追求，但是他並不同意這種解釋可以適用於集體行動，直接假定共同的行動來自追求共同的利益。相反地，「理性、自利的個人不會為了共同的或團體的利益而採取行動。」 (Olson 1965: 2) 集體行動所追求的公共財 (public good) 具有不可分割的特性，無法排除沒有付出代價者的享用，因此最符合個體理性計算的抉擇是採取「搭便車」 (free rider) 的策略，自己不參與集體行動，避免付出參與的成本，而期待別人的參與和付出。

參與共同的行動需要花費代價，所以參與或不參與的決定就涉及了個人的成本效益分析。在通常的情況下，參與所要付出的代價遠大於所獲得的成果，因此，不參與成為一種正常而符合理性期待的結果。在此，團體規模 (group size) 是一個重要的議題。奧森認為，數量的差異導致了性質的差異。凡是愈多人所共同面對的利益，愈難以協調出一致的行動。在規模愈大的團體中，個體能從公共財中所獲得的好處愈少，因而愈不願意參與集體行動，故大規模團體的公共財供給是沒有效率的，或是處於「次佳狀態」(suboptimality) (ibid.: 29)。在小團體中，成員較容易彼此協調與聯繫，進而產生共識；反之，大團體的共識成形更困難，更需要花成本溝通。團體規模越大，組織的成本就越大 (ibid.: 46–7)。在此情況下，理性的個體並不想要貢獻自己的力量，共同利益被忽略與遺忘成為了常見的現象。

賽局理論 (game theory) 的學者，如 Hardin (1995)，試圖以「囚犯兩難」(prisoners' dilemma) 模型來解釋集體行動的困境。典型的囚犯兩難可用下列的表格來呈現：

表 2–1　古典的囚犯兩難

	甲不認罪	甲認罪
乙不認罪	甲被判 1 年，乙被判 1 年	甲被判 0 年，乙被判 5 年
乙認罪	甲被判 5 年，乙被判 0 年	甲被判 3 年，乙被判 3 年

囚犯兩難的模型是假設兩位嫌疑犯被逮捕之後，隔離審訊下所面臨的抉擇。由於缺乏其他證據，兩位嫌疑犯的口供將成為判決的唯一依據。基本上，每個嫌疑犯只有認罪或不認罪的兩種可能，但無論自己選擇哪一種，命運仍會取決於另外一位難友的決定。換言之，個體的選擇是獨立的，但是集體的後果卻是相互依

賴的。如果甲不認罪，而且乙也不認罪，那麼甲乙都將被判 1 年；但若乙選擇認罪，他即是所謂的污點證人，享有「窩裏反」的保障，因此乙將會被判無罪，甲則因為缺乏悔意被判更嚴屬的 5 年。如果甲的選擇是認罪，而乙也認罪，兩人都會被判 3 年；如果乙選擇不認罪，那麼則由甲享受「窩裏反」的好處。

在這種情況下，甲、乙兩人如果能夠相信兄弟義氣，一致矢口否認，那麼結果將會是對雙方最有利的情況。然而問題正是在於，如果其中有一人招了，那麼不認罪的傢伙就會倒楣。即使甲、乙兩人平時私交甚篤，他們仍會注意到這個現實：可以出賣對方以獲得對自己更有利的結局。對於甲、乙而言，他們都有理由猜測對方會選擇認罪的，認為對方想要當污點證人。因此，理性選擇論主張，大部分的人都會選擇認罪，也就是落於右下角的格子，並不是對於集體而言最有利的結局。

古典的囚犯兩難模型也可以用來解釋集體行動的困境。同樣地，甲、乙的決定都是各自獨立的，無法預知對方的意圖。根據奧森的預設，參與是要付出代價的，成功集體行動的淨回報等於新獲得的福利減去付出的成本。在此，我們假設成功的集體行動所帶來的公共財是 10 單位，甲、乙兩人將分別獲得 5 單位的好處。參與所要花費的總成本是 6 單位，有可能是一人支付 6 單位，或者是兩人各付出 3 單位。如果甲、乙兩人都一起參與，兩人將分別獲得 2 單位淨回報；如果甲不參與，只有乙一個人獨立負擔，那麼甲將不勞而獲 5 單位，而乙所得到的（5 單位）少於他所支付的成本（6 單位），因此他的回報是 –1 單位。如果甲、乙都沒有參與，那麼兩人沒有付出，也沒有收穫。下表呈現甲、乙兩人考慮是否要參與集體行動時所面臨的抉擇：

表 2-2 作為囚犯兩難的集體行動

	甲參與	甲不參與
乙參與	甲得 2 單位， 乙得 2 單位	甲得 5 單位，乙得 -1 單位
乙不參與	甲得 -1 單位，乙得 5 單位	甲得 0 單位， 乙得 0 單位

　　對於甲個人而言，最佳的情況是搭便車，即完全由乙來貢獻參與的成本，自己卻不參與。即使自己有心想要參與，甲也有可能猜測乙想要搭便車，那麼結果將會是犧牲了自己，照亮了別人。綜合來說，個體理性的考慮導致了右下角的結果，亦即是一種次佳狀態，而不是左上角的情境。換句話說，集體行動不太可能從自利的動機產生，這即是 Lichbach (1995) 所謂的「造反者之兩難」(rebel's dilemma)。

　　以理性自利的原則出發，奧森挑戰了素樸的常識觀點。他認為團體利益並非來自於個人利益的累積，因此集體行動的出現是困難與少見的現象。此外，個人的理性計算也往往導致集體的不理性結果，並沒有一隻「看不見的手」將個人的自利行動導向集體的福祉提升。自家各掃門前雪的結果，就是忽略了公益。面對這種集體行動的困境，奧森提出了解決方案。他指出，在一些沒有組織代表的潛在團體 (latent group) 之中，可以透過「強制手段」與「選擇性誘因」 (selective incentive) 來化解這項難題 (Olson 1965: 134)。強制手段將成本分擔、轉化為無法逃避的義務，剝奪了群體成員的選擇權利，選擇性誘因則是貢獻者才能獨享的好處，而不像是公共財那樣不具有區辨性。奧森分析美國工會的實際運作，指出有強大議價能力的工會通常是強制性地要求成員加入，貢獻其應繳納的會費。同時，工會也常舉辦一些聚餐、出遊等活動，為會員謀取額外福利。很顯然，這種解決方法仍是因循個人自利的邏輯，增加個人參與的收穫或是不參與所面對的代價，以提升參與意願。

然而，這些符合個體理性計算的解答仍有其侷限，只適用於相對較為制度化的壓力團體，因為他們可輕易實施強制入會，或提供選擇性誘因的措施，對於社會運動而言則不盡然。誠如學者所指出的，「與企業界、社交俱樂部、黑手黨等相比較，社會運動組織在提供選擇性誘因方面是處於競爭的不利位置。」(Fireman and Gamson 1979: 12) 社會運動組織本身就是一種志願結社，而且通常是代表弱勢、被邊緣化的利益，又該如何採取這樣的策略？因此，強制手段與選擇性誘因都不是可行的社會運動策略。奧森本人似乎相信，社會運動的參與較適合由心理學來解釋 (Lichbach 1995: 10–1)。理性的個人不參與抗議，只有不理性的人才有意願。如此看來，理性選擇理論與集體行為理論可以相互補充和援用。

奧森的說法如果是正確的，那麼社會運動應該很不容易產生，但是 1960 年代盛行的種種社會抗議卻令人很難接受這套觀點。Hirschman (1982: 78–9) 諷刺地指出，奧森之所以受到重視，在於他所談論的事正好是被當時的社會現實所否定的。一旦社會抗議的風潮減弱，人們又能從他的作品獲得令人安慰的解答，彷彿 60 年代的社會運動原本就不應該發生。奧森的理論引發了社會運動研究學者的一系列辯論，試圖解答他所遺留下來的難題。大致上來說，後續的回應有兩種進路。第一種回應是完全拒絕奧森的前提與推論，認為理性選擇的模式過度簡化了社會運動的參與。第二種回應則是接受奧森的前提，但是修正其中的若干假設，以解釋集體行動的出現。

　　首先，許多學者拒絕奧森的理性選擇假設，認為個人自利並不是促成運動參與的主要動機 (Fireman and Gamson 1979; Ferree 1992)。新社會運動理論學者主張，當代主要的社會抗議並不是為了要求利益，而是為了建立新的文化價值。因此，非物質性的認同才是社會運動的主要動力（見第四節）。情緒社會學者注重社會生活中的非認知性元素，認為社會運動的出現與其說是利益匯集之後果，不如說是自尊、驕傲、憤怒等積極性情感的動員（見第 8 章）。學者也提出了「團結誘因」(solidarity incentive) 的概念：在強烈整合的社群之中，成員會將自己的集體參與視為報酬，而不是一種要承受的代價 (McAdam 1982: 45–6)。Hirschman (1982: 89) 更進一步主張，公共參與有時本身就是一種樂趣，能帶來心靈的滿足與自我的充實，因此不能算是成本。簡單地說，這些解答拒絕了奧森的集體行動圖像，他們認為理性選擇是一種錯誤的理論導引，無助於分析社會運動的起源。

　　其次，許多研究者即使在理性選擇的理論典範下，也沒有接受奧森的悲觀結論，而是主張自利前提下，集體行動仍有可能產生。Lichbach (1994, 1995) 回顧了既有的研究文獻，整理、分析出相當有意義的四大取向：（一）市場 (market) 取向：藉由增加福利、減少成本、增加成功機率等，以提升個體參與集體行動的動機。（二）社區 (community) 取向：主張超越個體層次的社會存在，透過共有知識確保共同參與、訴求共同價值以克服個體的自私自利。（三）契約 (contract) 取向：接受個體主義的本體論預設，但認為社會秩序是人為的，個體可以透過共同協商，確保每個人都貢獻自己的心力，其方式包括自治組織、交換與相互協定。

（四）層級 (hierarchy) 取向：強調社會組織對於個體的優位性，解決方式包括納入外來動員者、重新組織個體、強制加諸協定、監督背叛者等。

集體行動困境並不是無法克服的障礙，同屬於理性選擇派的學者提出了諸多解答方式，不過沒有一種解答是萬靈丹。Lichbach (1994: 23) 指出，每一種取向都事先預設了其他取向作為條件。契約的前提條件在於市場，否則交易的個體無法取得彼此同意。同樣地，穩定的市場交易則奠基於社區的共同價值與階層的強制力。總結來說，現實的社會運動總是成功地綜合動用各種解決途徑，領導者會試圖訴求共同價值、建立組織，並強調不參與的嚴重後果 (ibid.: 25-6)。因此，集體行動的理性選擇分析可以與制度分析、文化分析互補，而不是完全對立。

理性選擇派的學者內部也激發出有趣的辯論，其爭議焦點即在於：什麼才是理性選擇？Muller and Opp (1986) 主張，社會抗議的參與動機無法用私人利益來解釋。從調查研究中，他們發現追求公共利益是比較重要的動機，而且相當程度地影響了參與抗議的個體計算。許多社會運動參與者都明白地表示，自己的決策是著眼於更廣大的群體利益，而不只是自身而已。這種基於價值理念的考慮被稱為「軟性誘因」(soft incentive)，能夠用來解答許多並不直接涉及參與者自身利益的社會運動，例如和平運動 (Opp 1986)。Oliver (1984) 的研究也指向相同方向，她發現積極參與者通常抱持比較悲觀的看法，認為一般大眾都比較自私，因此更需要少數人的主動投入，深信「如果我不參與，就不會有人參與」

之道理。在某些情況下，設想搭便車的心態不但不是集體行動的障礙，反而會激發出更強烈的參與意志。因此 Muller and Opp (1986) 與 Oliver (1984) 都指出了反思性的重要性。正統的理性選擇理論主張，個體會設想他人的搭便車心態，因此拒絕參與；但在某些情況下，個體正是因為這樣的反思與想法，反而強化了自己的參與。

總結來說，自從奧森提出集體行動的難題之後，理性選擇的學者試圖以各種方式來解答這個知識上的困惑：為何理論上集體行動是不容易產生的，但是現實上社會運動卻無所不在？上述的討論試圖指出：奧森的難題並不是無法克服的障礙。若要使理性選擇更能夠發揮其理論解釋效力，更廣闊的制度、文化與反思性也必須被帶入分析。

三、從資源動員論到政治過程論

1960 年代風起雲湧的新左派運動，引起大西洋兩岸學者對於社會運動的重視。研究者試圖尋找一種新的分析途徑。在美國，傳承於結構功能論的集體行為理論受到嚴厲挑戰，新一代研究開創了「資源動員論」(resource mobilization theory) 的分析途徑；在歐洲，研究者則是重新檢討古典的馬克思主義分析架構，試圖放棄過時的階級中心論，但是同時保有對資本主義的鉅觀分析。

John McCarthy 與 Mayer Zald 兩位社會學家最早創立資源動員論，其動機是為了回應集體行為理論與理性選擇理論帶來的挑戰。他們認為，集體行為理論採取了「民心論途徑」("hearts and minds of the people" approach)，將社會運動限定為由基層的人民所發起，並將他們的心理不滿視為社會運動的起點 (McCarthy and

Zald 1987a: 338–40)，但美國 1960 年代以來的社會運動經歷了專業化的轉向，社會運動不再是由草根群眾所發起，而是由專業改革者所領導。資源動員論探討的起點並不是人民的不滿；事實上，不滿總是無所不在，也不一定會形成社會運動，故重點並不在於人民是否具有改變現狀之意願，而在於他們「是否有能力」改變現狀。他們強調，不滿其實可以由議題企業家 (issue entrepreneurs) 定義，是資源匯入導致不滿爆發，而不是既有的不滿帶來資源匯入 (McCarthy and Zald 1987b: 18)。其次，資源動員論接受奧森的觀點，單純的自利動機不會驅使潛在獲利者自願投入社會運動的行列，關鍵在於所謂的「良心支持者」 (conscious constituencies)，也就是那些儘管自身不會獲益，但仍然基於理念認同而自發性投入社會運動的群體，例如勞工運動中的知識份子、黑人民權運動中的白人。McCarthy and Zald (1987b: 27) 認為，良心支持者的存在將奧森的論證顛倒過來：既然潛在受益者無法自發形成一場社會運動，外來的資源即可適時填補這項需求。他們進一步期待，這種依賴外來資源的社會運動組織變得更為專業化，更依賴外界的捐款。

資源動員論以經濟學來類比思考社會運動，社會運動組織就如同個別的公司 (firm)，忙於向消費者（公眾）推銷自己的理念產品。同一種產品通常有多家公司競爭，同一家公司也可能同時經營不同的產品市場，所以「社會運動產業」 (social movement industry) 的概念被用來指涉同一個議題領域裡的社運組織之總合，而所有社會運動產業的總合則可以稱為「社會運動部門」 (social movement sector)。就如同經濟領域有商業週期的榮枯變化，整個社會運動部門的規模也反映著傳播科技、政治氣氛、國民收入等因素的變化。

　　資源動員論相信，1960 年代的社會運動風潮顯示出流向該部門的資源增加，其中重要的變遷趨勢包括：（一）社會富裕化：總體的可支配資源 (discretionary resources) 增加，其中有一部分收入流向了社會運動，而不只是追求純粹的個人物質滿足 (McCarthy and Zald 1987b: 27-8)；（二）高等教育擴張與專業人士的成長：某些群體獲得彈性化的工作時間表，可以將更多的時間投入社會運動的參與 (McCarthy and Zald 1987a: 355-7)；（三）專業改革者的出現：政府機關或私人基金會為知識份子提供愈來愈多就業機會，後者很可能將自己所掌握的資源投入社會運動，成為所謂的「職業利他者」 (occupational altruist) (Zald and McCarthy 1975: 358)；（四）政府福利計畫的投入：隨著公部門社會福利經費的成長，社會運動組織愈來愈有可能取得這些資源，並且用來從事動員活動 (McCarthy and Zald 1987a: 360-1)；（五）新傳播技術的出現：社運團體開始依賴電視廣告、郵寄廣告等傳播科技，向分散的支持者宣傳理念並爭取支持，化解了因缺乏緊密的動員基礎結構而導致的動員困境 (McCarthy 1987: 59-61)。

　　資源動員論對於社會運動的持續發展抱持樂觀的態度，因為支持社會運動的資源呈現成長的狀態。不過，到底什麼是資源？早期資源動員論的學者似乎將資源視為有利於運動動員的各種條件，不需要進一步解釋。Freeman (1979: 174-5) 則提供更細膩的分類，將資源分為有形的、專業的、地位的與非特定的。除了常見的物質資源與人力資源，Cress and Snow (1996: 1095) 還增添了道德資源與資訊資源。有些批評者指出，資源動員論甚至連最基本的資源概念都沒有嚴格定義 (McAdam 1982: 32; Kitschelt 1991:

336)，但也有學者為其辯護，主張資源的性質與類別可以進一步釐清 (Edwards, McCarthy, and Mataic 2019)。

資源動員論的基本預設在很多面向上都反映了美式民主的認知，即政治權力是趨向分散的。由於美國的政黨是低度組織化的，利益中介與匯集的功能較為薄弱，因此社會運動的動員經常越過政黨，直接向國會或行政部門施壓。在這樣的背景脈絡之下，政治面向在傳統資源動員論中是被壓抑的 (Meyer 1990: 7, 1993: 162–3; Mayer 1991: 50–8)，研究社會運動與國家之互動關係的研究者通常也不會以資源動員論之名稱來描述自己的立場 (McAdam 1982: 20–35; Jenkins and Eckert 1986; Piven and Cloward 1992)。

70 年代興起的資源動員論接受奧森的前提，強調社會運動源自共同利益，採取資源匯集與組織運作的手段，後續的「政治過程論」 (political process theory) 也採納這個出發點，進一步區分「資源」與「機會」的概念。Doug McAdam 在 1982 年出版的《政治過程與黑人起義之發展》(*Political Process and the Development of Black Insurgency*) (McAdam 1982) 一書中提出了政治過程論。McAdam 指出，工業化與都市化等社會變遷的過程不是直接促成抗議的原因，而是間接的——結構變遷改變了既有的權力關係，使挑戰者享有更優勢的議價空間，同時也提高了執政者採取鎮壓的成本。因此，社會運動的出現反映了政治機會的擴張，挑戰者更能採取抗議的手段；相對地，當政治機會開始緊縮，社會運動則會進入衰退階段。

McAdam 將這種政治生活中的權力關係總合稱為「政治機會結構」(political opportunity structure)。他強調，許多足以撼動既有政治生態的因素，例如戰爭、國際政治局勢、失業、人口變遷等，都有可能改變既有的政治機會結構，因此無法窮舉所有因素 (ibid.: 41)。在 McAdam 的分析中，1961 至 1965 年是民權運動的極盛時期，政治機會結構的擴張表現於：（一）黑人選票的重要性成長，逼使民主黨政府採取支持民權運動的行動；（二）冷戰帶來的國際壓力，使執政者要回應國際社會對於美國種族不平等的批評；（三）種族成為最顯著的議題，使得民權團體獲得北方自由派白人的支持 (ibid.: 156–63)。在 1966 至 1970 年間，政治機會結構則逐漸收縮，使得民權運動面臨愈來愈不利的環境，包括：（一）保守派的動員造成了黑人選票的大幅消失，最後將共和黨尼克森拱上總統寶座；（二）越戰等其他議題的出現，使得公眾對種族問題的關切下降 (ibid.: 192–201)。

此外，McAdam 也批判資源動員論對於外來菁英的樂觀期待，認為運動的資源並不一定要來自於外部。他強調民權運動中自有組織資源 (indigenous organizational resources) 的重要性，例如黑人教會、黑人大學、民權組織都在動員過程中扮演了十分重要的角色 (ibid.: 29–32, 125–42)。McAdam 也發現，基金會與慈善團體的捐款總是在抗議動員之後才出現，故菁英的支持不是促成抗議的主因 (ibid.: 122–4)。

McAdam 對於資源動員論的另一項批判在於它忽略了民怨 (grievance) 的重要性。傳統資源動員論拒絕將社會運動視為心理狀態的後果，他們用外在資源的問題取代了對內在心理過程的探討。不滿被假定為普遍存在的，而只有當外在資源匯入時，抗爭才有可能出現。在 McAdam 看來，民怨的出現也涉及了集體定義的過程，一旦政治機會結構開啟，從屬者也更能夠感受到自己的力量，相信有能力改變現狀。換言之，所謂的「認知解放」
(cognitive liberation) 也是動員過程中一個必要的環節，其本身也
受到政治過程的影響 (ibid.: 35)。

　　McAdam 將政治機會結構、自有組織資源、認知解放三項要
素組合成為所謂的「政治過程論」，作為一套解釋社會運動興起與
衰退的理論模型。在 McAdam 看來，這一套解釋架構可以取代集
體行為理論與資源動員論，成為未來社會運動研究的理論導向。

　　在理論立場上，政治過程論和資源動員論一樣反對心理學解
釋，認為社會運動的本質是政治的與理性的，不能被化約為心理
狀態的表現，許多評論者因此根本上認定兩種理論是同一套說法。
舉例而言，Charles Tilly 在 1978 年出版了《從動員到革命》(*From
Mobilization to Revolution*) 這一部經典著作，他在其中提出包括利
益、組織、動員等基本概念的「組織模型」(organizational
model)，也提出涉及政體成員、挑戰者、機會、威脅等概念的「政
體模型」(polity model) (Tilly 1978: 56)。Perrow (1979) 區分出兩種
「資源動員論」。第一種資源動員論 (RM1) 的代表性人物是 Tilly，
第二種資源動員論 (RM2) 則包括 McCarthy 與 Zald。RM1 將抗議
視為「以『非常態』的方式進行常態政治」，社會運動具有高度的
政治性格，抗爭即是以其他方式來從事政治 (politics by other
means)。相對地，RM2 則較為狹義，特指 McCarthy 與 Zald 所提
出來的社會運動專業化理論，亦即社會運動愈來愈由外來的專業
知識份子所領導 (ibid.: 199–202)。

　　如果放在更長遠的理論發展脈絡來看，Perrow 所謂的 RM1
即是後來的政治過程論，RM2 即是早期的資源動員論。資源動員
論成為一種廣泛使用、但有時不夠精準的標籤，反映出資源動員

論的成功：它已經不只是一種研究取向，而是社會運動研究的共同預設，可以不斷地吸收其他理論途徑的觀點 (Zald 1991: 353)。因此，政治過程論雖然名稱來自 Tilly，卻是一個理論上的綜合模型 (ibid.: 36)。大致而言，資源動員論較重視社會層面的組織過程，而政治過程論較關注與國家的互動，兩種取向雖然有若干差異，大致上仍是相容與互補的。

到了 1990 年代，政治過程論的三個組成要素經歷了微調。首先，「政治機會」開始取代「政治機會結構」，很顯然是為了削弱結構決定論的色彩。其次，「認知解放」一詞帶有過度強烈的目的論意涵，後來也讓位給更通俗與普及化的「構框」(framing)。最後，「自有組織資源」變成了「動員結構」。自此，政治機會、構框、動員結構這三個面向，成為社會運動研究的核心概念 (McAdam, Tarrow, and Tilly 1997: 152–9; McAdam, McCarthy, and Zald 1996: 1–17)，過往的理論標籤與其間的差別，也逐漸變得不再重要。

四、新社會運動理論

歐洲的新社會運動理論源自於馬克思主義。研究者試圖說明：為何各種和平、生態、性別運動興起，但是古典馬克思主義所期待的勞工階級卻毫無行動？為何新左派運動取代了舊左派運動？

在馬克思的分析中，工業無產階級是資本主義創造出來的新興社會力量，也是資本主義的掘墓人，推動社會主義的到來。相對於此，新社會運動論者認為，勞工不再扮演創造歷史的角色。André Gorz 認為，在後工業社會時代，進步運動不再來自於工業無產階級。愈來愈多人從事非專職的工作，沒有完全投入勞動力市場， 這些所謂的 「後工業新無產階級」 (post-industrial post-proletariat) 將成為社會的中堅份子。新一波的左派運動不再是用一套新的政治經濟體制取代舊的，而是要限制經濟對於人們生活的侵占，並且從工作以外的領域建構生命的意義 (Gorz 1982: 84–9)。Touraine 指出，隨著後工業社會的興起，知識生產取代了過去經濟生產過程中的勞資對立，成為社會的主軸。文化成為社會衝突的主要場所，經濟衝突反而成為次要的。因此，Touraine 認為無產階級不再能扮演馬克思所預期的革命角色。他強調，隨著生產性勞工的相對減少，工會參與率也逐漸降低，工會不再是一股體制外的未馴化勢力 (Touraine 1986)。相對地，學生、新中產階級取代工業無產階級，成為後工業社會的運動主力份子，原因在於他們直接涉及知識的生產與傳播，掌握後工業化社會自我生產的關鍵。對於 Touraine 而言，新時代的階級鬥爭不再涉及剩餘價值占有的生產領域 ， 而是存在於 「工作以外的生活」 領域 (Touraine 1977: 163)。

哈伯瑪斯 (Jürgen Habermas) 指出，晚近資本主義的特色在於國家介入經濟體系，透過社會福利政策改變了市場分配的結果，避免資本積累的危機惡化。階級對立不再是晚近資本主義的組織原則，社會矛盾的主軸也從經濟體系轉移到社會文化體系，因此出現了所謂的「正當性危機」(legitimation crisis)。人們開始發現，現有的物質分配規則是受到人為力量的影響，而不是自然而然的市場邏輯，因而質疑現有的分配是否符合正義原則。對於哈伯瑪斯而言，經濟財富可以透過政府規畫創造出來，但是文化的意義卻是一種無法被管理與生產的資源。主政者為了說服公民接受現有的秩序安排，經常利用傳統的文化觀念，或是假借現代科學的權威。因此，文化本身成為「有爭議的」，導致「一些過去被歸為私領域的生活面向之政治化」(Habermas 1975: 72)。無論是後工業社會理論，或是晚近的資本主義理論，在在宣告勞工運動的終結，並且期待從文化領域看到新的抗議風潮。

　　新社會運動經常被稱為「左派反威權的」(left-libertarian)，他們抗拒市場與資本的力量，也反對官僚對於個人生活的控制，要求直接民主與社群的自主性 (Kitschelt 1990: 180)。新社會運動雖然與老左派共享某種程度的價值親近性，尤其是對於資本主義的不信任，但其不一定能在既有的政治市場之中找到代言人。一旦社會面臨了經濟成長與環境保護之間的政策兩難情境，新社會運動的主張並不一定能獲得體制內左派的全力背書，最根本的原因即是新社會運動直接挑戰了老左派的社會民主信念，認為資本主義是可以被改革的。以核能發電為例，1970 年代歐洲左派黨積極擁抱這項新科技，認為核能可以解決石油危機帶來的經濟衰退，卻忽略了核能對環境的危害，使新社會運動與政黨之間充滿關係緊張 (Wagner 1994: 30)。由於重視公民的直接參與，新社會運動認為傳統政黨與工會的官僚化組織方式是社會控制的一環，而不是通往社會解放的道路。許多歐洲新左派運動都強調「自主」，宣稱自己獨立於既有的左派政黨與工會 (Katsiaficas 2006)。 Offe (1984) 認為，晚近資本主義最大的改變在於國家的介入，造成行政管理組織的高度分化與複雜化。在福利國家體制中，權力不再位於某一個高不可攀的控制高地。新的反抗基地存在於公民社會，而不是政黨。新社會運動刻意疏離現代的政治部門，改以另一種方式來從事政治 (Keane 1984: 31)。

　　新社會運動的出現也代表了社會分歧結構 (structure of social

cleavage) 的進一步改變 。 1970 年代以前的政治對抗是以重分配 (redistribution) 為軸線：保守派要求保護個人經濟自由，維護市場自由運作；激進派則要求公平分享社會勞動的果實，以社會正義限制商品化的邏輯。新左派以體制外社會運動的形態出現，持續地向主流政治提出強而有力的挑戰，體制內政黨與常態政治的吸納能力正在消退之中 (Offe 1990: 233)。仇外、反移民的新右派運動獲得不少勞工階級的支持；同樣地，高教育、高收入的專業人士也傾向於支持新左派運動，例如綠黨與環境運動 (Kriesi 1999)。這些現象共同顯示出，新政治的社會基礎與舊有的社會分歧格格不入，而憑藉前者廣泛的社會動員，一個新的政治勢力版圖正在重新劃定。

　　新社會運動理論者承襲馬克思主義的鉅觀思考，總是將社會變遷與社會運動放在一起研究 。 Alain Touraine 用 「歷史性」 (historicity) 這個概念來描述社會運動本身所具有的改造能量，亦即能夠從舊社會的母體中孕育新社會的胚胎 (Touraine 1988) 。 Touraine (1985: 78) 強調，社會運動提出一套新的價值範疇，預先宣布未來社會的圖像 ； 沒有理念層次 ， 社會運動就不存在 。 Touraine 的學生 Alberto Melucci 進一步指出，社會運動具有社會預言的性格，往往是一種針對未來狀況的集體投射。「他們事先宣布正在成形的事物 。 」 (Melucci 1996: 1) 受到法蘭克福學派的影響，許多研究者認為新社會運動的使命在於實現未完成的現代性，保衛溝通理性以防止系統力量的介入與扭曲 (Eder 1982: 11; Kriesi 1988a: 356; Rucht 1988: 316)。

　　這樣的觀點來自哈伯瑪斯對於現代社會的診斷，也就是所謂「生活世界被殖民化」(colonization of life world) 之命題。在他看來，由於社會演化的開展，貨幣與權力的系統媒介得到了運作自由，不再受到規範的節制，也因此限縮了生活世界的自由溝通。許多生活事務的決定愈來愈不是眾人共識的結果，而是純粹的功能要求。系統施加結構暴力於生活世界之上，使生活世界喪失了自主性，而造成這種畸形發展的兩種系統媒介——貨幣與權力，分別體現在自由市場與現代國家官僚。當前的生活世界在兩者之間的夾縫中求生存，溝通理性的基礎則一步步被侵蝕。新社會運動是一種由下而上的參與，拒絕生活的各個層面被納入管理，要求重獲發言與決定的權利。透過更草根的政治參與，新社會運動彰顯了自主性與團結的價值 (Cohen 1982)。不過，這些研究者並沒有為所有的新社會運動背書，事實上，他們對於若干「激進的」基本教義立場持保留態度 (Habermas 1987: 391–6)。

　　新社會運動反對科層化的組織模型，拒絕領導者與追隨者的角色制度化，要求普遍而直接的參與,「訴諸於自發性、反威權主義、反對層級」(Melucci 1996: 103)。相對於此，舊社會運動將焦點放在結構性的議題，揚言要改造或推翻資本主義、殖民主義、威權統治，卻忽略了其他更為微觀的日常議題，例如免於公害污染的生活品質、免於核武威脅的安全、沒有性別歧視的工作場所等。這些訴求都是日常生活中的議題，也是新社會運動的抗爭訴求。隨著批判焦點的轉移，新社會運動所追求的不再是徹底的政經結構改造，而是將日常生活進一步民主化 (Melucci 1988: 247)。Offe (1984: 173) 曾強調，新社會運動拒絕政黨政治的邏輯，採取議題式的參與策略。對這些學者而言，新政治的策略轉向並不是一種退步。新社會運動尊重既有的制度邊界，不挑戰資本主義民主的正當性，但是他們仍在從事某種意義下的根本改造，這也是為何某些學者將這一類型的社會運動稱之為「自我設限的激進主義」(self-limited radicalism) (Cohen and Arato 1994)。

新社會運動將日常生活視為社會衝突的場域，伴隨而來的是一種新浮現的社會參與形式，運動者不再只從事政治動員或是群眾組織，更可以致力於生活方式的選擇。認同 (identity) 的形塑成為了新社會運動的核心議題之一。新社會運動學者強調，社會運動不能只被當作一種純粹的政治性現象，只是追求新的利益或權利，文化改造本身往往就是運動的目標 (Melucci 1994: 107)。如果只關注社會運動的政治作用，文化往往被化約為動員的工具，不過文化認同就是新社會運動的一部分，也是最受重視的社會參與方式。換言之，新社會運動強調的是認同建構，而不是政治策略 (Cohen 1985)。

相對於以往的研究途徑，新社會運動理論帶有強烈的規範性格。研究者不只是關切要如何適切地理解晚近的社會抗議風潮，也期待新社會運動能夠扮演新時代的行動角色，在晚近資本主義中取代勞工階級，繼續推動社會解放的大業。

新社會運動理論的確帶來知識上的挑戰，尤其是對於被資源動員論與政治過程論主導的美國社會運動研究而言，新社會運動所強調的鉅觀視野、文化分析、集體認同，都十分具有啟發性。到了 1980 年代晚期，新社會運動理論的洞見逐漸被學界重視，愈來愈多的學者試圖整合美國與歐洲之間的對立取向，提出一套能夠兼顧策略與意義的分析途徑 (Klandermans, Kriesi, and Tarrow 1988; Rucht 1991)。事實上，1990 年代之後，社會運動研究的文化轉向（見第 8 章）以及對於認同的重視（見第 3 章），都可以說是受到了新社會運動的刺激。不過，儘管如此，新社會運動理論

學者還是過於關切應然的問題，而疏於處理經驗層次的分析
(Kriesi, Koopmans, Duyvendak, and Giugni 1995: 239; Koopmans
1999: 98)。就以歐洲的婦女、生態、和平運動研究而言，這些學
者過度誇大新政治與舊有的政黨政治之疏離，事實上這些現象仍
舊可以放在政治機會結構的概念下分析（見第 6 章）。

　　更重要的是，新社會運動學者所強調的認同、自主性、文化
取向等特徵，並不是晚近才有的產物。在一篇著名的文章中，
Calhoun (1993) 批判新社會運動理論過於強調晚近社會運動的創
新性格，過度簡化了以往的社會抗議。他指出，19 世紀初的各種
民族主義、宗教復興、社會主義、女性主義、神祕主義等運動都
各具豐富特色，也都試圖建立其自身的認同，而不只是單純的政
治現象。因此，Calhoun 十分諷刺地稱這些運動為「19 世紀初的
新社會運動」，言下之意即是新社會運動理論的說法經不起歷史的
考證。

五、抗爭政治與其他整合式途徑

　　資源動員論與新社會運動論在 1980、90 年代的爭論已經落
幕，隨之而來的是一個綜合的取徑，將先前社會運動、革命、民
族主義、民主化等分立的研究領域都整合進「抗爭政治」
(contentious politics) 的單一典範。這個典範的建立是由 Charles
Tilly、Sidney Tarrow 與 Doug McAdam 等三位傑出的美國學者所
領導。他們的合作開始於 90 年代中期的一篇導論 (McAdam,
Tarrow, and Tilly 1996)，進而延展出一系列合著 (McAdam,
Tarrow, and Tilly 1997, 2001; McAdam and Tarrow 2000, 2011;
Tilly and Tarrow 2007)。這三人來自不同的研究背景：McAdam 是

以研究美國民權運動聞名的社會學者；Tilly 關注法國大革命以降的歐洲抗爭運動，其研究與歷史學者有許多對話；Tarrow 一開始則是研究義大利的地方政治。Tilly 對於歐洲革命的研究 (Tilly 1976) 以及社會運動的理論化 (Tilly 1978) 有極高聲望，McAdam (1982) 與 Tarrow (1989) 則在 80 年代分別以研究美國民權運動及歐洲左翼運動廣為人知。他們將抗爭政治界定為：（一）「關於抗爭，亦即對於他人提出涉及利益的要求」（二）「至少互動中的一方（包括第三者）是政府」(McAdam, Tarrow, and Tilly 1996: 17)。此外，抗爭政治可以再分為「被框限的」(contained) 與「踰越性的」(transgressive)，後者涉及創新的要求與行動，亦是關切的重點 (McAdam, Tarrow, and Tilly 2001: 7–8)。

　　除了打破原先研究領域的限制，抗爭政治典範還採取下列新穎的途徑：

（一）以機制與過程為核心的分析

　　機制 (mechanism) 是固定不變的因果關係，而過程 (process) 則是由多個上述的機制所組成。舉例而言，串連 (brokerage) 是一種「連結原先缺乏關係的群體」的機制，而串連與其他機制的組合有可能促成「聯盟形成」(coalition formation) 的過程。需要強調的是，機制與過程的區分取決於研究者的觀點，而沒有絕對的必然性 (Tilly and Tarrow 2007: 214)。更重要的是，機制與過程的討論是為了避免變項式的思考，亦即只尋找變項之間的關係，而忽略了機制與過程在整體結果中所扮演的角色 (ibid.: 29)。

（二）關係論 (relationalism) 的視野

　　過往的研究通常採取結構主義或行動者取向的解釋，新社會運動理論與資源動員論的對立大致上符合這項分歧。相對地，關係論則主張行動者之間所形成的關係與網絡本身即具有意義，也是分析與觀察的重點，並不能化約為結構的產物或行動者的工具 (McAdam, Tarrow, and Tilly 2001: 22–4)。

（三）超越古典研究議題

　　這三位學者指出，動員結構、機會與威脅、構框過程、抗爭劇碼 (repertoires of contention) 這四大概念已經成為古典研究議題 (classical research agenda)，有必要加以超越。舉例而言，相對於靜態與客觀的機會與威脅，研究者更要重視行動者如何進行「集體評估」(collective attribution)，判定外在條件是否有利。動員結構也不是一開始就為了社會運動而存在，要轉化成為抗議用途，行動者也得對於既有的人際關係進行「社會挪用」(social appropriation)。

（四）成對比較 (paired comparison) 的研究策略

　　相對於大樣本數的統計分析與單一個案的研究，研究者主張應積極尋找跨越時間脈絡的成對個案進行比較，例如比較法國大革命與印尼教派衝突中的兩極化，以建構出普遍性的機制與過程。

　　抗爭政治研究典範的倡議是否獲得成功？晚近以來，抗爭政治一詞開始取代社會運動，原先專屬於社會運動研究領域的概念，開始有更廣泛的應用，以機制為中心的分析途徑與關係論的觀點也獲得更多重視，這些轉變的確要歸功於這三位學者。不過，原先倡議者預期的是突破、甚至取代原有的古典研究議題，用一套新的機制與過程取而代之，這一點並沒有實現。舉例而言，在比較晚期的著作中，「政治機會結構」 的概念 (Tilly and Tarrow 2007: 45) 依舊存在，並沒有被其他機制或過程所取代。在一篇事後回顧的文章，McAdam and Tarrow (2011) 也承認當初的野心太宏偉，提出了太多不易操作與使用的機制清單。

　　另一項整合式提議則是連結社會運動研究與組織研究 (organizational studies)，試圖提出一套可以通用的分析概念。儘管資源動員論很早就強調，社會運動不能化約為缺乏組織領導的集體行為，然而後續的發展卻鮮少納入組織研究的洞見。不過，這兩個研究領域確實採用了某些高度類似的概念。舉例而言，社會運動研究者使用的「政治機會」，非常類似組織研究者強調的「治理結構」 (governace structure)。組織研究者指出參與者或多或少會接受同一套行事的信念與想法，即所謂的 「制度邏輯」 (institutional logic)，這個概念也與社會運動研究常見的構框概念不謀而合。 組織研究從 1980 年代以降出現了新制度論 (new institutionalism) 的觀點，重視觀念如何形塑組織行為，並特別強調同型化 (isomorphism)、秩序與穩定，但社會運動研究則重視衝突與權力變遷。因此，兩個研究領域有互補性，可以進一步整合，例如研究者應更關注社會運動獲得政治回應之後，如何在既有的制度下持續發揮作用 (McAdam and Scott 2005)。

　　倡議者進一步提出了 「策略行動場域」 (strategic action field) 理論，試圖將社會運動與組織兩個研究領域的洞見，提升為更具有廣泛性的理論命題 (Fligstein and McAdam 2012)。此外，也有些社會運動研究者不滿過於結構主義的政治機會命題，主張改採「關係性場域」(relational field) 的說法 (Goldstone 2004)。場域理論最著名的研究者自然是布迪厄 (Pierre Bourdieu)，但 Fligstein and McAdam (2012: 24–6) 指出布迪厄過於關心場域內部的位置與權力之分配，較少關注社會運動，以及場域的形成與變化，後來提出的策略行動場域，則是由相互察覺並進行互動的行動者所組成。這些行動者可以區分為處於優勢位置的「在位者」(incumbents)，以及不處於優勢位置的「挑戰者」(challengers)，他們最重要的行動憑藉即是社交技巧，並共同接受某一套「內部治理結構」(internal governance structure) 的管轄。既有的場域可能因為外部的衝擊或內部的矛盾，引發挑戰者的積極動員，形成相互衝突的短暫插曲。倘若挑戰者取得勝利，他們將重新修正內部治理結構，確立後續場域之穩定。

　　策略行動場域的提出，反映 McAdam 長期以來對於「運動中心」 (movement-centric) 研究的不滿與反思 (McAdam 2004: 209; McAdam and Boudet 2012: 2)。研究者經常只考察社會運動的內部動員過程，而忽略更廣大的社會與政治環境。如此一來，社會運動與其他同時發生的現象（例如政黨政治的競爭）之間的關聯性往往被忽略，社會運動帶來的影響也容易被誇大。就這一點而言，場域的概念能夠填補運動中心論的空缺，避免其可能帶來的偏差。

　　最後，James Jasper 最早是研究歐美的反核運動 (Jasper 1990)，但後來轉向社會運動的文化研究，因此特別關注行動者的生命歷程與道德觀念如何形塑出有創意的抗議行動 (Jasper 1997, 2004, 2014)。Jasper 與其同夥強烈抨擊政治過程論所帶來的決定論色彩，認為容易將社會運動簡化為動員結構、政治機會、構框的固定公式，其中政治機會更是帶來過度強烈的結構主義色彩，忽略了行動者的主觀認知 (Goodwin and Jasper 1999, 2012; Jasper 1998)。Jasper 也強調社會運動中的情緒，以及其如何影響運動策略的選擇 (Goodwin, Jasper, and Polletta 2000, 2001, Jasper 2018)。很明確地，上述的抗爭政治研究典範之提出，部分原因是為了回應 Jasper 等人的批評。不過，Jasper (2004: 3) 依舊認為，機制的術語仍沒有擺脫結構主義的陰影，因為其用意仍是解釋鉅觀的過程，沒有從個體行動者出發。

Jasper (2004) 指出，社會運動就是一系列的選擇，因此研究者必須要回歸行動者的處境，亦即他們如何進行「策略行動」。研究者應特別關注行動者如何打破日常常軌，採取對手沒有預期的行動，這個創意迸出的時刻帶動了結構變遷，也翻轉了歷史的進程 (ibid.: 7)。Jasper (2004) 強調，理性選擇理論所設想的行動者過於單薄，彷彿處於歷史與文化的真空，但現實的考慮不會只涉及個體利益的計算。要正視社會運動的選擇，就要面對一系列的策略兩難，包括組織的兩難 (organization dilemma)，亦即是否要建立領導階層、確立決策核心等。

從策略行動出發，Jasper 進一步提出「參賽者」(players) 與「競技場」(arenas) 的分析模型 (Jasper and Duyvendak 2015; Duyvendak and Jasper 2015)。參賽者不只包括社會運動者，企業、基金會、媒體、專業者等也有可能主動參與、涉入社會運動的政治角力，不能將他們簡化為社會運動的對手或盟友。更重要的是，參賽者本身也有可能成為競技場，例如社會運動內部存在不同意識型態取向的派系，試圖爭奪運動的主導權。競技場一詞是要用來取代原有的結構，特別強調不同參賽者之間的互動；同時，由於不同涉入程度的觀眾，社會運動策略也明顯帶有表演的意圖，試圖營造意圖的觀看後果。此外，參賽者／競技場的模型也試圖進一步拆解「國家」。一方面，法庭、警察、軍人、情治單位分別代表不同意圖的參賽者，各自以不同方式對待社會運動；另一方面，作為競技場，在國際層級與國內層級，所謂的「國家」即是意味著不同的參賽規則（例如政府回應國際環境協定與國內抗爭之方式有所不同），社會運動主事者需要採取相異的因應策略。Jasper (2015: 18–9) 提到，競技場與前述的場域看似相近，都是用來指涉社會運動所附著的制度環境，但他認為場域模型仍過於靜態，預設零和的衝突格局，無法處理跨場域的鬥爭。

　　總之，抗爭政治、策略行動場域、參賽者／競技場分析等新浮現的研究取向儘管有明顯差異與對立，但在若干方向卻高度一致，例如遠離結構決定論，重視行動者的主動性、試圖避免社會運動中心的分析、採用一套兼顧社會運動與其他相關現象的分析概念等。然而，這些理論性的突破也沒有完全取代所謂的古典社會運動研究議題，至多只是補充其不足之處。就這一點而言，自資源動員論以降的作品已經大致界定了社會運動研究的範圍與通用術語，儘管後來持續出現各種批評與調整，但是其帶來的挑戰只是局部的。再者，過往的典範對立不復存在，大部分研究者都認可綜合性取向之必要性。因此，在接下來的部分，本書將以古典社會運動研究議題為章節編排之基本結構，包括動員結構（第4 章）、政治機會（第 6 章）、構框（第 7 章）、劇碼（第 8 章），再以這個基礎納入若干新興研究議題，例如網際網路（第 5 章）、反制運動（第 9 章）。

第 3 章

個體與集體之間：
認同、生命歷程與世代

一、個體與集體的連結

　　1987 年解除戒嚴令之後，臺灣勞工運動猛烈爆發，隔年農曆新年期間，首度因為年終獎金爭議而爆發罷工風潮。桃園客運前後五天沒有出車，帶頭抗爭的是剛當選工會常務理事的司機曾茂興 (1941–2007)。原先司機在春假執勤，一天只有 100 元的加班費，經協商後資方只願意提高至 300 元。在桃客司機堅持五天罷工之後，資方同意事後不追究責任，並且加發年終獎金 6,000 元。事後，曾茂興參與從南到北的客運員工抗爭，因此被公司藉故開除。在 1996 年 12 月，曾茂興帶領 300 多位因關廠歇業而遭積欠薪資的勞工，在內壢車站附近的鐵道擋火車，中斷了縱貫線鐵路交通長達一個多小時，事後政府官員終於同意協助勞工「代位求償」，先以「勞工貸款」的名義發放救急金給失業勞工。

　　曾茂興是埔里出生的客家人，從事木工的父親很早就往生了，他從小學就到處打工以貼補家計。曾茂興只有初中學歷，當公車司機之前，他曾在台電、榮工處當過黑手。1975 年蔣介石去世，榮工處要求所有員工戴孝，但曾茂興就愛與黨部主管唱反調，拒絕配合，而且因為他沒有加入國民黨，升領班比同梯同事晚。他當領班時還向上司抗議，因為班員都被叫去開國民黨的小組會議。曾茂興很早就成為黨外運動支持者，固定閱讀黨外雜誌，也到處去聽候選人的政見發表會。事實上，桃園客運有深厚的黨國背景。獲得特許經營許可的是桃園吳家。當時內政部長是吳伯雄。勞委會主委鄭水枝先前擔任桃客總經理。

　　臺灣勞工運動的登場有賴於許多曾茂興這種基層出身的領袖，但其實曾茂興是偶然走上工運的道路。原本他並沒有參加工會的籌組，後來因腳踏車事故住院，在醫院期間無意間翻閱了《勞基法》，才猛然發現公司所給的嚴苛待遇根本是違法的，因此決定出馬競選工會幹部。此外，也只有他曾因為參與勞工抗爭而入獄兩次：第一次是 1991 年因為聲援遠東化纖罷工而判刑兩個月。第二次則是 2000 年因臥軌案被判一年十個月，後來因為陳水扁總統特赦而提前出獄。

　　曾茂興在 1994 年卸下自主工聯會長一職之後，他就沒有專職收入，家計與開銷是靠著家人辛苦打工賺來的，他至多只有不定期的勞教演講機會，根本無法貼補家用。他曾應徵汽車廠檢驗工、水泥預拌車司機等工作，但是雇主根本不敢用他。曾茂興分別在1998、 2001 年兩度以無黨籍名義參選立法委員， 不過都不幸落敗，第一次甚至因為票數過低，無法獲得選舉補助款來歸還欠銀行平鎮老家抵押的 250 萬元。2003 年起，他獲聘為總統府國策顧問，他將薪水拿出來維持一個協助勞工爭取權益的民間團體。

　　曾茂興與其他在戒嚴時期成長的臺灣人一樣，沒有機會接觸社會主義或是左翼思潮。他帶領勞工抗爭，是因為親身經歷的勞工壓迫，以及素樸的正義感。踏入工運之後，曾茂興對於知識份子的論述不感興趣。勞動律師經常提到所謂 「勞動三法」，亦即《勞基法》、《工會法》、《勞資爭議處理法》，但是曾茂興對於法律條文沒有耐心，他常說自己的勞動三法是「刀法、棍法、槍法」。有一次，曾茂興去美國拜訪了左翼社會學大師華勒斯坦(Immanuel Wallerstein)，他們談了臺灣工運發展的現狀。回來之後，曾茂興就到處問別人：「如果華勒斯坦的一段話，要讓工人回家想三天，那這樣的社會主義理論是有用的嗎？」

　　曾茂興具有馬克思主義所謂的「階級意識」嗎？抑或他憑藉

的是勞工相挺的「兄弟義氣」？曾茂興相信舉頭三尺有神明，害人
之事自然會得到報應。在他生命晚期，他幾乎是逢廟必下車參拜。
他也將民間信仰帶入勞工抗爭。在桃客時期，他曾多次帶領工會
幹部一同去義民廟上香，發誓不得當背叛兄弟的「工賊」。苗栗客
運罷工也是他早期參與的重要事件。當時罷工能堅持三週之久，
部分原因在於有 18 位苗客司機參與神明會。他們輪流祭拜一尊關
帝爺，形成緊密的信仰連帶（見何明修 2008）。

　　曾茂興最後的 20 年人生，幾乎完全與臺灣的勞工運動緊密地
綑綁在一起。病逝前一個月，他趁著家人不注意將身分證與照片
放在西裝外套的口袋。他還拿春節收到的紅包，抽出五十一張新
鈔票，準備充當往生後的「手尾錢」，隱約呼應著「五一勞動節」。
在臨走前夕，他還是惦記著自己的勞工身分。

　　曾茂興的工運故事，凸顯了許多值得關注的研究問題。為何
會有人積極投入一個爭取共同權益的社會運動，甚至甘願犧牲自
己的利益？是哪些特定的機緣與經歷（被黨國體制迫害、受黨外
運動啟發、意外發現的勞工法定權益）使他走上了長期的社會運
動參與？他又是如何看待自己的勞工身分？社會運動研究者常使
用「生命歷程」與「認同」來理解這種個體與集體的連結。不過
在進一步討論之前，我們先要理解公共參與的意義。

　　主流常識頌揚私領域的價值，個體的幸福即來自於私生活的
圓滿。大多數人的滿足來自於他們的私生活，包括成功的生涯、
聲望與財富的累積、親情與友情的陪伴、夢想的實現等，很少人
將生活的意義寄託在某一種超越個體的理念，或將自己的存在價
值附屬於某個團體。理性選擇理論將個體視為總是將效用極大化
的理性人，會盡可能地利用有限的資源，換取自己偏好的滿足，

因此對私領域的關注無疑不利於社會運動的產生。從純粹自私的角度來看，過於積極的公共領域行動令人質疑，當事者不是好出風頭，就是懷抱其他見不得人的意圖。公共關注也帶有高度風險，過於熱心的參與者可能要付出極大的代價。

然而 Hirschman (1982) 指出，純粹的私領域追求也會滋生不滿。私領域的滿足是一系列的工具性行動，最終目標很容易無限向後延伸，例如唸書是為了找好工作，工作是為了買房子，買房子是為了結婚等。純粹私生活的關注帶來匱乏，原因之一即是這種手段與目的之辯證，造成終極目標的退位與消失，因此很少人符合理性選擇理論的假設，總是欲求不滿，渴望更多。事實上，私人欲望的滿足往往帶來幻滅與厭膩，或者可能進一步轉化為自我反思，轉向追求更有意義的目標。相對於此，公共參與最大的特徵就在於行動本身即是一種回報，而不必等到最終目標的落實。投身於某一項公共議題帶來心靈的充實，個體與集體的緊密結合也是一種自我實現。Hirschman 將私人利益與公共參與視為同樣重要的兩種行動類型，從私人關注轉向公共參與會帶來滿足，但是長期參與也容易耗盡熱情，促使參與者脫離運動的隊伍，其週期性的擺盪構成了社會運動風潮的興衰。

這一章將要探討促成社會運動參與的兩個因素，亦即認同與生命歷程。簡單地說，認同是「一種個體與更廣大的共同體、範疇、實踐與制度的認知性、道德性與情感性的連結」(Polletta and Jasper 2001: 285)。認同是一種想像中的關係，將想像者與另外一群人連結在一起，形成一個共同的「我們」。認同也預設了選擇性的強調與忽略，在性別、階級、學歷等諸多身分特徵之中（無論這些特徵是與生俱來被賦與的或後天形塑取得的），只關切某些面

向，只將某些人視為與我們相同。換言之，認同是人為，而不是
先天註定，也就是社會建構的後果。儘管如此，這不代表認同虛
幻、沒有作用；相反地，晚近以來的政治爭議愈來愈帶有象徵性
意義，涉及文化意義的使用，而不只是實際的經濟資源分配問題。
運動認同是各種社會運動必備的元素。只有當個體在觀念上，將
自己視為一個更廣大群體的成員之一，社會運動的訴求才有號召
力。認同固然是觀念性的力量，但是這並不意味著認同只需要透
過語言溝通就可達成。事實上，只有當認同與既有社會網絡、制
度、文化傳統結合，才能發揮動員的效果。

　　其次，社會運動也有其「生命歷程」(biography) 的面向。一
方面，個人生命史的一些特徵會影響他們對某一項運動的參與意
願，例如 1960 年代之後，青年、高學歷、新中產階級成為各種新
興社會抗議的主力。另一方面，深入的運動參與也會改變個人後
續找工作、擇偶、信仰、消費、居住、子女教育的抉擇。換言之，
社會運動也會改變某些參與者的生活。Mills (1996: 35) 指出，社
會的歷史與個人的傳記之關係一直是古典社會學家的核心關懷。
作為一種創造歷史的力量，社會運動提供了一個很好的觀察對象，
能幫助我們理解各種細微的個人起源，以及它們如何深刻地改造
了我們的日常生活。

二、社會運動中的認同

　　認同建構是社會運動的核心過程，亦即如何強化一群人的共
同認知，激發出共同參與的意願。無論社會運動的目標是為了爭
取文化承認或資源重分配，認同都是必要的元素，因為只有透過
我群與他群的邊界劃定，才能區分出社會運動的主體與對手。社

會運動追求一群人的共同利益，但是只憑客觀存在的利益，並不
會自動產生共同的行動。在社會運動出現之前，需要一套認同建
構的過程，以強化抗爭群體的內聚力。為了使爭取共同利益的工
具性行動產生可能 ，群體內的溝通行動是必要的 (Cohen 1985;
Pizzorno 1978; Offe and Wiesenthal 1980)。動員過程不只涉及客觀
資源的安排，也攸關行動者主觀的評估與決策。

　　社會運動的集體認同即是一群人由互動中產生的共享意義，
這些觀念性元素促成他們採取一致性的行動，共同認定他們所要
爭取的目標，以及對抗的另一個群體。Melucci (1989: 35) 指出，
認同建構並不是遵循著利益計算的邏輯。利益的誘惑無法改變某
人對自己身分的認定，更遑論投身於群體的共同事業。擁有共同
的認同意味著相互扶持，有時甚至可以違背個體的利益，以達成
犧牲小我、完成大我的目標。因此，可以這樣說，認同的力量在
於營造出一個可以共同行動的主體，讓群體成員察覺到彼此共享
的利益。Cohen and Arato (1994: 548–55) 認為晚近以來的社會運
動不能被化約為純粹的策略性行動，而是從事一種所謂的雙重政
治 (dual politics)：社會運動採取文化溝通行動，形塑集體認同，
從而催生一套民主的、平等的、團結的互動關係；另一方面，這
些聚集起來的力量也會作用於政治體制，例如形成常設的組織，
尋求政黨支持、遊說政策等。

　　成熟的運動認同是相對穩定的，並不會隨著時間任意改變。
除了促成運動的參與，強烈的認同也能使個別參與者樂於在日常
生活實踐他們的理念，例如環境人士隨身攜帶環保餐具，從事綠
色消費；女性主義者改變她們的日常用語、家務分工方式以及對
感情生活的態度等。就這個意義而言，認同才能使行動者具有行

動力。他們不只是被動地反映環境,而是積極地改造他們所處的生活世界 (Melucci 1996: 71-3)。

　　強烈的運動認同來自於學習,而不是由先天的身分所決定的。從事後的結果來看,認同的形成就是自我的重新發現,讓運動的參與者認知到昨非今是,積極擁抱一個嶄新的角色。認同是經由共同的協商 (negotiation) 所創造出來的 ,只有置身於溝通情境之中,個體的認同才能由共享的意義脈絡中產生。個人認同是反思性的結果 , 而不是原初既定的本質 (Cohen and Arato 1994: 377-8)。透過公共的對話,參與者分享共同的我群意識 (we-ness),從而劃分群體的外在邊界。然而,我們也不應採取某種過於理想化的觀點 , 認為認同形塑不涉及利益 , 抑或是超越利益的考量 。Goldberg (2003) 指出 , 認同形塑可以被視為一種分類鬥爭 (classificatory struggle),也就是認同不只是純粹的觀念性事物,同時也攸關象徵性資源分配的衝突。舉例而言,當婦女運動強調女性認同自己作為女性,也就是忽略其他非性別的身分差異,並涉及「女性身分應獲得更多資源與權力」的實際利益鬥爭。換言之,認同形塑固然涉及觀念性元素的重新組合,但是沒有必要賦予認同過度觀念論 (idealistic) 的解釋 。認同政治也是一種物質利益的重分配政治,提出一種嶄新的認同,就意味著該群體應該取得更多的資源。

　　此外,認同形塑也不應該只存在於對話與協商的溝通過程,彷彿只要當事人想法改變,行動就自然產生。那些能夠發揮動員作用的認同 , 經常附著於特定的社會條件與制度安排 。 Tilly (2002: 33-4) 進一步指出,片面強調認同的觀念面向,容易導致一種「現象學個體主義」(phenomenological individualism) 的謬誤:

此謬誤將認同化約為純粹個體稟性 (disposition) 的產物，其內容存在於個體意識之內，可以由任何當事者修改或創新，而免於社會關係的干擾。一旦認同被認定可以由個體自由創造，研究者便只能描述運動認同的形成過程，而無法進行因果解釋。Tilly (2002: 47–8) 主張，認同的研究需要回歸到社會關係的基礎上，避免將認同視為純然內在於個體的產物。從這個觀點來看，認同形塑是社會關係的重新組合，建構新的認同就是建立一套新的社會關係，重新認定自己屬於哪一個群體。

　　從上述觀點來看，強烈的運動認同並不只依賴參與者內在的信念，而是需要附著在具體的制度安排，才能維繫我群與他群的社會邊界。單憑藉個體的意志，很難持續維持違背主流社會文化的運動認同，因為家人、朋友、同事的網絡會不斷施加同化的壓力，迫使當事者放棄自己的運動信念。舉例而言，美國的女同志女性主義 (lesbian feminism) 能夠長期維持獨立的運動認同，關鍵在於另類的支持網絡能夠串連起參與者的日常活動，並透過互動不斷地強化認同 (Taylor and Whittier 1992)。一旦這些日常網絡消失了，女同志的個體認同將不足以支撐運動團結，容易導致運動社群的分裂與相互不信任 (Franzen 1993)。美國的犁頭運動 (Plowshares Movement) 是受基督教啟發的激進和平運動，企圖實踐《聖經》所訓示的「鑄劍為犁」的反戰信念。犁頭運動參與者占領核武相關的場址，破壞設備，因而入獄服刑。除了強烈的基督教和平主義認同，犁頭運動能夠長期持續的原因也與成員的集體生活有關，教會負擔起運動成員的家庭生計與子女安置，讓參與者無後顧之憂 (Nepstad 2004)。

　　熱情的運動積極份子通常相信理念的說服力量，他們認為只要能夠成功地傳播理念，就可以達到動員的效果。然而實際上，社會關係的有無、強弱與性質都會影響認同的形態 (Gould 1995: 13–23)。因此，一旦參與者處於矛盾的社會位置，例如同時擁有抗爭群體與支配群體的人際網絡，可以預期地，他們的集體認同將處於分裂的狀態，對於運動參與逐漸失去熱忱 (White 2001)。

外在的政治氣氛也可能改變運動社群內部的關係，因此影響認同的方向與強度。一旦受到外界的質疑，社運組織經常被迫要與某些激進的立場劃清界線，重新定義運動認同，排除某些極端的成員，以換取公眾的接受 (Gamson 1997)。有時候，運動認同的窄化則來自於運動成員的政治評估。在 1960 年代中期以後，某些黑人運動組織逐漸相信體制內的改革不可能實現，開始排斥白人民權人士的參與，採取分離主義的激進認同 (Robnett 2002)。

強大的運動認同往往需要其他文化傳統的支持，不可能無中生有。如果運動領導者能夠適切地選擇採用既有的文化資源，使得運動能夠獲得舊有傳統的精神支持，又免於其束縛，那麼將更容易釋放出廣大的動員能量。1989 年天安門學生運動促使學生勇於公然抵抗共產黨政府戒嚴令的力量，部分也是因為政府指責學生運動「製造動亂」（「四二六社論」），讓這些自詡為菁英的中國知識份子感到受辱，因而產生義憤填膺的情緒，激發出強烈的參與意志 (Calhoun 1994: 38)。這種菁英主義的文化價值具有雙重的性格：一方面，知識份子的榮譽提供了學生抗拒政權的勇氣；另一方面，這種榮譽也建立在不平等的集體認知之上，因此學生嘲笑他們所瞧不起的工人階級，認為這個運動不需要勞工參與 (Walder and Gong 1993)，將解放軍軍人視為「沒有水準的鄉下人」(Perry 1994)。十分類似地，Einwohner (2003) 的研究指出，從純粹的成敗機會來計算，1943 年華沙的猶太人起義是不理性的，結果證明抵抗納粹軍隊的生還率是零。促成猶太人起義的動機在於族群尊嚴與認同，與其面臨被遣送到集中營的命運，他們寧願選擇光榮戰死，也不願馴服地任人宰割。因此，猶太人的歷史記憶成為武裝抗暴行動的最主要支柱，社會運動的認同來自於更深遠的、對自己族群文化之忠誠。

運動認同強化了某些人的內聚力，同時也會產生排斥的效果。同樣是女同性戀女性主義的個案，一旦女同性戀被抬舉成為女性主義的最高價值（「女性主義是理論、女同性戀是實踐」），其他性取向的婦女就被剝奪了參與的機會 (Phelan 1993; Ryan 1989)。在美國，女同志女性主義的參與者通常是白人中產階級，因此女同性戀作為一種「政治正確」的標籤，容易邊緣化工人階級與其他種族的女性主義者 (Eder, Staggenborg, and Sudderth 1995; Taylor and Rupp 1993)。根據 Gamson (1995) 的研究，「酷兒運動」也面臨了同樣的實踐困境。酷兒認同反對傳統同志運動的平權路線，他們要求自己與主流社會的差異被肯定，而不是被忽略。儘管有這種強悍的獨立宣示，酷兒認同的號召也只包括同性戀、雙性戀與跨性別，且由於這個認同，這些群體的差異性被低調處理，彷彿他們面臨完全相同的壓迫處境。

三、生命歷程與世代

並不是每個群體都有意願參與社會運動，某些群體是抗爭現場的常客，另外有些群體則通常不會與抗爭聯想在一起。資源是社會運動出現的關鍵之一，可支配時間 (discretionary time) 的有無，成為影響社會運動參與的關鍵，例如有寒暑假自由時間的大學生、工作時間較彈性的專業人士，就成為 1960 年代之後各種社會抗議的主力部隊 (McCarthy and Zald 1987b: 355–7)。 這也可以解釋臺灣地方環境抗爭的一個明顯現象：為何大部分的參與者都是上了年紀的老人家?在 1987 到 90 年間的後勁反中油五輕運動，當地居民圍堵了煉油廠西門的行動持續了三年多（地球公民基金會 2015: 52–4; Ho 2005b; Lu 2009），也只有這些有閒暇的阿公阿嬤，才能夠風雨無阻地長期駐守圍堵現場。同樣的理由也可以解釋美國家庭主婦在反對有害廢棄物運動的重要地位。家庭主婦是社區生活的靈魂人物，接送小孩上下學、購物等工作，讓她們有時間和機會與其他社區居民互動 ，因而成為運動的活躍份子 (Szasz 1994)。在臺灣，爭取特色公園與遊樂場的媽媽，經常需要將學齡前兒童帶在身邊，一同出席官方會議，因此媽媽們需要相互照料，共同解決育兒的工作需求（鄭珮宸 2020: 178–81）。

另一方面，資源亦受到生命歷程因素的影響。一般而言，年紀輕 、 未婚 、 沒有子女的人 ，較有可能投入高風險的社會運動 (high-risk activism)（Wiltfang and McAdam 1991 ， 亦見 Nepstad and Smith (1999) 之批評）。香港在 2019 年爆發反送中運動，抗議者試圖阻止《逃犯條例》的修正，避免香港市民被中國大陸法院要求引渡受審。香港政府拒絕傾聽民意，反而動用更強大警力鎮壓，使反對運動從和平集會演變成為勇武抗爭。截至 2020 年六月抗爭一周年，有超過 9,200 人被捕，1,900 人以上被起訴，141 人被判刑。 在這場前所未有的運動中 ， 香港的中學生 (Tong and Yuen 2021) 與大學生 (Ho and Wan 2021) 扮演了很重要的角色，往往是前線抗爭的主角。

研究者通常以 「生命歷程可及性」 (biographical availability)

的概念，來理解個體特質對於參與社會運動的影響。以 McAdam
(1988) 研究 1964 年的自由之夏 (Freedom Summer) 為例，這是一
個美國北方大學生利用暑假時期，深入南方的密西西比州幫助黑
人完成選民登記的運動。自由之夏運動最大的特徵之一即是其高
度的危險性，許多運動成員的生命安全受到保守派白人的武力威
脅。McAdam (1988: 11–24) 指出，只有在特定的歷史脈絡下，才
能夠支撐這樣強大的理想主義動員。這一群戰後嬰兒潮世代
(babyboomers) 面臨前所未有的資本主義經濟高峰，即使高等教育
迅速擴充，大學畢業生大幅增加，他們也不需擔心就業問題。在
優渥的物質條件下，他們養成了高度的樂觀主義，相信個人努力
可以改造命運。原先他們天真地相信美國政治體制所宣稱的價值，
後來卻發現赤裸裸的種族壓迫，激發了他們的良心，因而熱情地
參與民權運動。McAdam (1988: 41–53) 進一步分析這些參與者的
生命歷程背景，發現大部分的學生來自北方菁英學校與中上階級
家庭，暑假不需要打工賺學費，有閒暇可以投入理想主義的實踐。

　　自由之夏的故事顯示，即使在最無私的社會運動中，物質條
件的存在仍是必要的。誠如 Bourdieu (1984: 55) 精闢的見解：「經
濟權力首先即是一種與經濟所需保持距離的權力。」只有在沒有
求生存的經濟壓力下，崇高的利他動機才有可能實現。Bourdieu
and Passeron (1979: 46–9) 的研究指出，巴黎的大學生比法國外省
的大學生更願意認同自己屬於左派，也更傾向從事異議運動。在
巴黎，大學生多數來自於富有階級，他們與家人共同居住，也接
受家庭的經濟支助，很少在外頭打工。正是由於這些社會特權，
巴黎大學生才能與他們的社會起源保持距離。巴黎大學生並不只
滿足於課業成就，更熱衷於課堂外的政治辯論。與外省的大學生

相比，巴黎大學生擁有更多的知識資源，如眾多的圖書館、博物館和教授；相對地，鄉下的大學生則更依賴學校的課程，很少有機會挑戰教授的權威，缺乏參與運動的動機。

在臺灣的學生運動中也可看到類似現象。相對於其他大學，臺大學生高度參與學運是顯著的現象，1980 年代學運甚至可以概分為「臺大系」與「非臺大系」兩股勢力（何榮幸 2014；鄧丕雲 1993；Wright 1999）。一般的解釋強調臺大的自由學風、批判傳統等知識性因素，但不可否認地，通常臺大學生的家庭背景比一般大學生優渥。在沒有賺學費的壓力，以及畢業後不愁沒工作的情況下，參與運動的代價自然大幅降低。這多少可說明為何許多學運份子出身臺大。

高等教育是階級向上流動的重要管道，因此大學生過往被視為未來的菁英份子。不過，隨著全世界的高等教育擴張，大學文憑與專業白領工作已經不能再畫上等號。此外，在有些發展長期停滯的地區，青年承受了沉重的經濟苦難，看不到自己的未來出路。隨著資本主義更加彈性化，非典型雇用成為常態，愈來愈多的工作職位是兼職，抑或是所謂的零工勞動 (gig work)，大量年輕人淪為所謂的「不穩定無產階級」(precariat)。2011 年爆發的阿拉伯之春 (Arab Spring) 席捲北非與中東地區，憤怒的群眾推翻長期執政的獨裁者，其中一個推動抗爭風潮的主因即是所謂的「青年凸出」(youth bulge)。由於出生率提升，眾多的年輕人競逐停滯的經濟機會，種下了廣泛的社會不滿 (Beck 2014; Kurzman 2012)。突尼西亞小販 Mohamed Bouazizi（26 歲）的自焚抗議、埃及青年 Khaled Mohamed Saeed（28 歲）死於警方虐待，最終成為阿拉伯之春的導火線。在 2011 年夏天，受債務危機波及的南歐國家，包括希臘、義大利、西班牙、葡萄牙等都出現了反撙節 (austerity) 政策的抗議風潮。歐洲福利國家通常有優沃的退休金制度，老年人的生活獲得保障，但年輕人所需要的教育支出經常是預算縮減的犧牲品，他們也面臨了更嚴峻的失業問題。因此，南歐青年成為了反撙節抗爭的主力 (della Porta 2015; Tejerina, Perugorria, Benski, and Langman 2013)。

在美國，1980 年以後出生的千禧世代 (Millennials)，在大學畢業後成為各種新興抗議運動的參與者，包括 2011 年的占領華爾街運動、「黑人的命也是命」(Black Lives Matter)、校園反性騷擾、第二代移民（亦即「夢想者」(Dreamers)）等。與先前世代相比，千禧世代是數位原生民 (digital natives)，擅長使用網路媒體工具，他們的運動形態強調自發性，拒絕層級化組織與領導權威。在畢業之後，不少千禧世代背負沉重的學生貸款，又落入不穩定的勞動力市場，因此他們的抗議活動在 2008 年金融風暴之後爆發 (Milkman 2017)。

在臺灣，從 2008 年的野草莓運動到 2014 年的太陽花運動，青年學生的抗爭主要是「七年級生」與「八年級生」。與先前 1980 年代的學生運動者相比，新一波的青年世代經歷了高等教育擴張與大學文憑貶值，這是過往學生運動者所不曾面對的現象。學生抗議的議題（例如都市更新、土地徵收等）多與「公平正義」密切相關，或多或少反映了他們的世代情境，「22K」（青年低薪化的代名詞）也成為經常出現的抗爭語彙 (Ho 2019: 74–9)。太陽花運動之所以形成廣大風潮，也是因為當初政府強推的「海峽兩岸服務貿易協議」被認為是圖利大財團西進中國，開放中國投資與移民，卻不利於中小企業與青年勞動者。值得注意的是，大學生的經濟地位改變，不僅重新定義了學生運動所關切的議題，同時也改變了學生運動的表現風格。從中國的五四運動與天安門運動，到臺灣 1990 年的野百合運動，都可以察覺傳統的大學生菁英主義，這表現在採用中國士人「死諫」傳統的絕食抗議劇碼。不過，太陽花運動沒有絕食抗議，也沒有在空間上區隔學生與非學生的參與者。根據一份現場抽樣調查，占領立法院行動的參與者有 56% 具有學生身分、74.1% 是三十歲以下的年青人、84.3% 具有學士以上學位（陳婉琪、黃樹民 2015: 151–2）。太陽花運動的基調並不是知識菁英「憂國憂民」之救國悲憤，反而充滿各種來自網路的搞笑用語（「Z>B」、「小熊為廷」、「大腸花論壇」等）。換言之，大學生的專屬地位消失了，取而代之的是青年世代的共享文化，跨越學生與非學生的界線 (Ho 2014b)。

另外，臺灣婦女運動的發展也與參與者的生命歷程背景有密切關係。1982 年創辦的「婦女新知雜誌社」是臺灣婦女運動的先驅，當時的女性參與者在大學時期大多就讀文學院，後來也有赴美留學的經歷。高學歷與專業的背景使臺灣婦運的發展充滿了中產階級的性格（王雅各 1999: 59–62，亦見李元貞 2014: I, 41–3; 顧燕翎 2020: 101–4）。同樣地，臺灣最早的女同性戀團體「我們之間」也是由年輕的高學歷人士發起。根據趙彥寧 (2001: 56) 的說法：「組成者的知識階級與象徵資本屬性從未受到質疑。」

從這個角度來看，被支配者的最大悲哀並不只是他們處於邊緣化的社會處境，被剝削了美好生活的機會。更重要的是，被支配者也缺乏構思另一種社會圖像的知識工具，被鎖死在封閉的世界之中，看不到超越與突破的可能性。換言之，物質的剝削也意味著被剝削者只能忙於物質生活的滿足，缺乏能夠支撐社會抗議的生命歷程資源，因此更難改變他們的共同命運。

　　在臺灣，促成 1980 年代種種社會運動出現的原因之一，即是 1970 年代後期逐漸增加的返國服務留學生。這些回國的留學生當中，不少人以大學教授、知識份子的身分參與或支持不同類型的社會改革，且在大學校園之間引起一股學生參與社會改革的風潮（王甫昌 1999: 530–1）。這些留學生在國外接觸到自由空氣，理解民主是一種理所當然的生活方式，因此積極投入海外獨立運動 (Cheng 2017; Lynch 2003)。同樣地，在解嚴之前，臺灣的反核運動主要是由幾位留美歸國的教授（例如林俊義、張國龍等）所倡導。從他們的生命歷程來看，這些反核教授幾乎都是在 1970 年代留學出國，正好遇到美國反核運動興起，發生於 1979 年的三哩島 (Three Mile Island) 事件是促成他們開始質疑核能發電的關鍵事件 (Ho 2003: 689)。

　　事實上，由於臺灣長期處於威權統治，統治當局嚴格管控、監視島內流通的言論，留學生是少數可以接觸國際潮流與新知識的群體。在日本統治時期，赴東京求學的留學生就扮演了重要的運動角色。他們受到第一次世界大戰結束後民族自決的風潮影響，有機會認識來自於中國、朝鮮的政治運動者，因此開始產生「臺灣應該是臺灣人的臺灣」的民族意識，成為 1920 年代反殖民運動的重要勢力（王詩琅 1988: 7–8, 42）。

　　優勢的家庭背景、樂觀主義的世界觀、先進文化的接觸，這些生命歷程因素均有助於社會運動的產生。從另一方面來看，參與者生命歷程的差異也會影響社會運動的路線發展。Whittier (1997) 研究美國婦女運動為何會走上激進女性主義的路線，發現其中一個關鍵即是比較晚進入運動領域的世代沒有前一代的學運經歷，她們傾向於將性別解放視為最首要的目標，而不將婦運放置於新左派意識型態之下。因此，造成社會運動激進化的原因並不一定是由於運動路線的移轉，而是因為參與者生態的改變，由另一群世界觀完全不同的世代取得了主導權。同樣地，范雲指出臺灣婦女運動有類似的世代取代效應。1980 年代的婦女運動中，參與者多數擁有較優勢的階級與教育背景，因此採取社會服務、立法遊說與文化宣傳的運動策略，鮮少投入激進的抗爭；但 1990 年代的婦運參與者則由於其成長過程受到各種社會抗議的耳濡目染，較願意進行草根動員 (Fan 2019: 88, 96)。

根據 Gitlin (1980: 127–45) 的研究，美國學運組織 SDS (Students for a Democratic Society) 也歷經了類似變化。在 1960 年代初期，SDS 是一小群有共同左派意識的學生團體，他們在各個校園進行宣傳與動員。反戰運動風潮帶來了突如其來的媒體知名度，使得 SDS 成為新聞的熱門焦點，也吸引了許多不同背景的學生參與。然而，60 年代中期陸續加入的學生缺乏共同的意識型態，他們被 SDS 的媒體形象所吸引，相信激進的口號與行動，而不是紮實的社會分析，使 SDS 在 60 年代後期走上了恐怖主義與暴力的邊緣化道路，引起社會反感，最終解體收場。

個體的生命歷程背景影響了社會運動的產生及其取向；同樣地，密集的運動經驗有可能在參與者的生命歷程中留下不可磨滅的印記，甚至決定了往後一系列的生涯發展。社會運動的參與有可能帶來自我概念的轉變 (Kiecolt 2000)，其中一種是參與者認同階序之調整，使得某一種認同晉升到更主導的位置，因而貶低了原先的主要認同，歐美 1960 年代的學生運動引發出新一波的婦女運動即是明顯的例子。對於許多女性學運份子而言，新左派的意識型態雖然表面上宣稱追求解放，實際上卻複製了父權主義的性別支配。在學生運動中，女性參與者被分配到文書、後勤的次要工作；在運動組織中，性別議題的討論是被壓制與邊緣化的。因此到了 70 年代，婦運脫離了新左派的共同框架，追求純粹的性別認同 (Evans 1979)。同樣的情況也發生在美國的同志運動，在 60 年代的新左派風潮下，同志運動是反體制的，追求社會解放，但是隨著新左派運動的沒落，同志運動成為單一議題，並且採取較溫和的路線，要求社會接納 (Armstrong 2005)。

　　Lichterman (1996) 的研究指出了另一種社會運動與個體生命歷程的連結。美國 1960 年代的社會運動風潮遺留下了一種「個人化政治」(personalized politics) 之實踐，運動積極份子在他們的生活領域中實現他們的理念。對於他們而言，個人化的政治即是一種尋求生命意義的方式，他們只能在一系列的運動活動中實現更圓滿的自我。這個政治參與需要的是強烈的認同，而不是組織網絡，其成功的判準是心理滿足感，而不是外在的報酬，因此更能夠維繫長期的運動參與。1980 年代末期的美國社區環境運動，例如各種反有害廢棄物的抗議，即是展現了這種個人化的政治實踐。日本 1960 年代的新左派運動經歷了反美日安保協約、反對成田機場徵收土地、全共鬥等重大抗爭事件，少數激進派在 70 年代走上暴力革命路線，一般認為是以失敗告終，沒有能改造日本戰後的保守體制。安藤丈將 (2018) 的研究指出，新左派運動儘管沒有能撼動體制，仍留下了「日常性的自我變革」的思想遺產，在運動風潮結束後，持續引導各種關於社區、生活、消費等相關議題的草根公民行動。

　　共同的成長背景促成參與社會運動的意願，反過來說，共同的社會運動參與也會形成一個世代的共同標籤。世代 (generation) 向來是社會學重要的分析範疇。古典社會學家 Mannheim (1936) 指出，世代的政治意涵在於成長時期的共同經歷容易形成特定的世界觀，成為一整個世代共享的價值觀。對於社會運動參與者而言，在相同的時代氛圍中成長，經歷相同的歷史事件衝擊，容易養成相似的世界觀，有助於運動認同的形成。根據周婉窈 (1989: 13) 的分析，1920 年代的臺灣反抗殖民統治運動是由「乙未戰後新生代」【按：乙未即是 1895 年，臺灣成為日本殖民地】所發起，因為「他們生得夠早，還能目睹早期日本統治的血腥彈壓，深知亡國之痛；但另一方面，他們接受了新式教育的洗禮，與上一代人有很不同的人生與社會視野。」

蕭阿勤 (2008) 指出，1970 年代是臺灣政治文化劇變的關鍵時期，當時參與文學與歷史論戰的青年知識份子從原先的「中華民族」官方敘事出發，但是最後卻得到「回歸臺灣現實」的結論，鼓吹並且投入各種政治與社會改革活動。無論其省籍背景，這一群所謂的「回歸世代」批判了 1960 年代的逃避與消極文化，並且拒絕前一輩的「流亡心態」（外省人）與「懷舊敘事」（本省人），因此推動了臺灣的本土化。

在歐洲的脈絡中，「六八世代」是指曾參與 1968 年學生抗議（例如法國巴黎五月風暴、德國柏林反越戰抗議）的那一群人。在南韓，參與過民主運動的群體被稱為「三八六世代」，這是指他們在 1990 年代時約為 30 多歲，在 1980 年代就讀大學，在 1960 年代出生。在 2000 年之後的南韓政治界，三八六世代已經逐漸取得主導權 (Lee 2007: 301–2)。香港的 2014 年雨傘運動以大規模的公民不服從方式爭取民主，長達 79 日的街頭占領運動吸引了許多年輕人參與，也促成了一個「雨傘世代」的崛起 (Ku 2019)。臺灣也有類似的說法，例如「保釣世代」（70 年代初期保衛釣魚臺運動的成員）（蕭阿勤 2017）、「野百合世代」（1990 年野百合運動的成員）（何榮幸 2014；吳介民、范雲、顧爾德 2010）、或「太陽花世代」（2014 年太陽花運動的成員）。這些世代的稱號顯示，特定社會運動事件留下了長期的作用，持續影響參與者的日後生涯發展。

　　在某些情況下，運動理念也會深刻地烙印在參與者的日常生活中。Gitlin (1987: 72–7) 指出，美國 1950 年代的反共風潮摧毀了社會主義的運動組織，但是卻沒有根除左翼的勢力。面對極不友善的政治環境，美國的左派份子形成了一個互動緊密的生活世界。他們的醫生、律師、朋友都是信仰社會主義的圈內人，而他們的小孩從小就被教導要懷疑主流媒體、教師、政治人物的說法。舉例而言，一位社會主義家庭的子女很深刻地記得，當他告訴父母，學校老師在上課時提到「我們失去了中國」，他的父母則是告訴他：「不，我們支持的那一邊勝利了。」（指共產黨在 1949 年擊退國民黨，取得中國政權）換言之，成長於左翼家庭的小孩是包著紅色尿布長大的 (red-diaper babies)，而他們長大後促成了 1960 年代的抗爭風潮。

　　臺灣也有社會運動參與的跨世代傳遞之現象。自 1980 年代以降的社會運動風潮以來，當初許多年輕參與者已經成家立業、養兒育女。在太陽花運動當中，有些家庭主婦攜帶家裡的年幼子女共同參與街頭占領運動。從她們的角度看來，運動參與和自身的母職角色連繫在一起，也是她們所期待的下一代教育 (Yang 2017)。在 2019 年，臺灣的中小學生發起了「周五護未來」的氣候行動，他們用罷課、靜坐、街頭宣講的方式，以喚起國人對於氣候變遷議題的重視。其中有些參與的中小學生本身就來自所謂「環二代」家庭，他們的父母是環境運動的積極參與者，因此樂見下一代為環境保護的主張發聲（廖書荷、張弘潔 2021）。香港曾經是全世界唯一每年都舉行大規模六四天安門事件追悼活動的城市，持續到 2020 年才因為《國安法》被迫中斷。長期以來，六四紀念晚會是香港民主運動的重要活動之一，許多年輕香港人在家長與教師的鼓勵下參與，成為他們的政治啟蒙 (Lee and Chan 2013)。

運動參與結束後，當事者仍有可能保有原初的運動認同，並且運用於其他非運動之場域。Katzenstein (1990) 指出，儘管 1980 年代被認為是保守主義當道的時期，先前婦女運動所種下的種籽卻在美國政治制度內萌芽。即使在一向保守的天主教教會與軍方，女性要求性別平等的聲音也開始獲得重視。相對於主流婦女運動採取正面攻擊，直接挑戰父權社會，Katzenstein (1990) 將這種形式的運動稱為「非干擾式的動員」(unobtrusive mobilization)，原因在於她們先接受既有制度的遊戲規則，然後才挑戰其中的性別壓迫。同樣地，這種非干擾式的動員也意味著一種社會運動的生命歷程遺產，在積極的運動參與之後，當事者回到了她們的個別工作與生活場域，並且在其中實現自己的運動認同。

要確切梳理出社會運動參與所造成的生命歷程影響，並不是件容易的事。首先，要分辨影響來自參與經驗，抑或意識型態或其他因素，在方法論上就有其挑戰性。其次，要能找到關鍵性的參與事件，並且明顯區分出參與者與未參與者兩個群體，也有其難度。對於這個難題，McAdam (1989) 對自由之夏的研究頗具啟發性。他找出了兩群人，一群是有實際參與自由之夏的人，另一群是報名後卻臨時沒有出現的人。他發現這兩群人呈現顯著的差異，實際的參與者會強化個體的運動認同，以及帶來另類的生命選擇。他們不僅傾向於在日後涉入更多的抗議議題，且有工作狀況不穩定、晚婚等特徵，其中不少參與者為了維持他們的運動信仰，甚至犧牲個人的生涯發展機會。另一項研究是關於 2004 年舊金山同性婚姻登記的參與者，儘管舊金山市政府的創新措施只維持一個月，卻成為美國同志運動的重大事件。研究者指出，曾親身經歷舊金山事件的男同志與女同志，事後有較廣泛的社會運動參與，其投入程度也較為密集 (Taylor, Kimport, Van Dyke, and Andersen 2009)。

　　個體生命歷程與集體歷史的緊密糾結，向來是社會運動研究的旨趣之一。要促成社會運動的起步，必須要有若干生命歷程背景的參與者；另一方面，社會運動本身也會改變參與者後續的生命歷程發展。很顯然地，集體並不是個體機械累加的總合。經歷了共同的動員過程，一個更緊密的集體浮現，同時也使個體獲得全新的自我。這種個體與集體之間的相互辯證，向來是社會運動研究最引人入勝之處。

結　論

　　這一章處理認同、生命歷程、世代等問題，這些概念都涉及了個體與集體之間的互動過程。認同是一種想像性力量，使得想像主體將自己與另外一群人視為命運共同體。認同在既有的社會關係之外，描繪出另一幅社會關係的圖像：某些未曾見過面的人被認定與我們十分親近；某些在我們身邊的人則被當成外人，甚至是要反抗的對象。

　　任何成功的社會運動都需要參與者最低限度的默契，他們必須相信彼此面臨相同的處境，需要共同一致的行動，才能改變自己的命運。因此，建立集體認同是社會運動必要的環節。不過必須強調的是，認同是觀念性的建構，但不意味認同超越利益，或與利益無涉。認同設定了一套想像的社會秩序，在其中被壓迫者的地位與自尊獲得肯定，這種觀念化的過程就涉及了象徵利益的重新評估，也是一套運動組織的策略。更重要的是，認同的建立不是憑空想像的，彷彿利用觀念性元素就能在純淨的社會真空中進行。現實的運動認同必須透過人際網絡傳遞，會受到政治環境影響，也受制於既有的傳統文化。只有當這些物質因素被考慮進來，我們才能完整地理解社會運動的認同建構。

　　最後，關於生命歷程的問題。社會運動是諸多個體的集合，除了共同的運動認同以外，參與者之間也可能享有一致的養成背景、成長環境、時代氛圍等個體生命史特徵。共同的生命歷程因素可促成某一種社會運動產生，相異的生命歷程因素則有可能導致社運組織內部的鬥爭，甚至演變成路線爭議。從另一個角度來看，社會運動要求參與者親身投入，而不只是貢獻外在的資源，如捐錢了事。因此，社會運動比其他形式的行動更容易改造參與者的自我，使他們走向另一種生命選擇。在社會運動之中，個體生命歷程與集體歷史是交織混雜的，改造社會與自我追尋通常是同時發生的，這也是為何早期馬克思提到「革命的實踐」(revolutionary practice) 其中一個關鍵即是「環境的改變和人的活動的一致」(the coincidence of the changing of circumstances and of human activity) (Marx 1975: 422)。

第 4 章

組織與網絡：
社會運動的動員結構

一、有組織的行動

　　計程車穿梭大街小巷，隨叫隨停，是都市交通不可或缺的便利工具。不過，計程車司機很可能是最孤單的勞動形態，每天單獨而長期地困在車廂，與他們互動的是短暫相逢的不知名乘客。司機沒有固定工作的地點，也沒有經常互動的同事，像是都市裡的游牧民族，習慣獨來獨往。儘管工作環境高度個人化，他們卻共同面臨被不合理制度壓迫的處境。自 1970 年代以來，政府長期凍結個人牌照之申請，司機需要「靠行」才能執業。司機自行購買的汽車需要登記在少數有照的車行下，每年還需要繳納各種權利金給車行，被迫成為所謂的「車奴」，承受車行的剝削。

　　車行壟斷的陋習存在已久，一部分原因在於計程車司機很難形成共同行動，爭取他們應有的權利，這樣的情況到了 1992 年，因為地下電台運動而出現了轉機。1990 年代初期，民進黨政治人物在市區架設簡單的小功率發射器，突破黨政軍壟斷的新聞媒體。地下電台除了討論時政，還鼓勵聽眾打電話 call-in（叩應）分享自己的心聲，這種「一塊錢就讓你當主人」【按：一塊錢是指撥打公共電話的花費】發揮了「卡拉 OK 精神」，引發廣大的熱潮。「全民電台」當時有個「阿珠開講」的節目，經常談論運匠的心聲，廣受歡迎。在 1993 年底，這些司機聽眾開始集結，組成了「全民計程車司機聯誼會」，半年內就召募超過 800 位會員。

　　這群計程車司機爭取「運匠出頭天」，將車行壟斷當成封閉的黨國體制，而民主就是可以自由登記的個人牌照制度。在一系列的陳情行動後，臺北市在 1996 年開放合作社登記，中央政府則是在 1998 年重新開放個人牌照。全民計程車司機每天聽廣播，可以隨時得知發生在臺北街頭的大大小小抗議事件，因此經常出現在 90 年代中期教育改革、反核、爭取老人年金等遊行集會（蔡慶同 2005）。

透過地下電台所搭建的溝通網絡，運匠從節目收聽者變成叩應者，再成為行動者。事實上，由於其特有的原子化與流動性高的工作形態，如果不是透過廣播節目的媒介，我們也很難想像計程車司機如何形成能夠共同行動的主體。這一章將處理的主題是「動員結構」，亦即促成社會運動參與的正式或非正式管道 (McAdam, McCarthy, and Zald 1996: 3)。大致來說，社會運動的動員結構可以分為社會運動組織，以及事先存在的人際網絡 (pre-existing interpersonal network)。全民計程車司機的個案，顯示個別孤立的運匠如何形成彼此熟識的人際網路，再進一步組織化，產生新的社會運動組織。

Granovetter (1978: 1430) 指出，1960 年代的文獻都採取一個不切實際的假定：參與社會運動的成員彼此都是陌生人，缺乏橫向的聯繫。實際上，我們要不要參與一場遊行抗議，就如同日常生活中的購物、找工作、看醫生等行為，也會與親朋好友交換意見，他們的態度也會影響我們的決定。在涉及共同權益的議題，只有透過社會關係的聯繫，個體才會體認到彼此共同的處境，進而認知到個體的不幸來自於集體的壓迫。透過社會關係，人們可以確認參與的立場、分擔風險，提高了參與行動的可能性。從這個角度來看，社會運動通常是一組既有社會關係的延伸，而不是社會關係的斷裂 (Useem 1980)。

社會運動的參與者並不是一群烏合之眾，而是涉及領導者與追隨者的預先分工。在每一次抗爭之前，社會運動組織必得負責

籌劃諸多事宜，例如動員群眾、宣傳理念、組織指揮體系，無疑
是社會運動的靈魂中樞。組織的成立標誌著運動的開展，組織的
解體則代表運動的沒落。分析社會運動組織的運作原理（例如組
織與環境的關係），以及組織正式化的利弊得失，將有助於我們理
解社會運動的走向。

　　至於人際網絡的重要性，是社會運動研究中最能獲得證實的
結論之一 (McAdam 2003: 285)。大部分的社會運動都是召募一群
彼此認識的人，在一個既有的社會情境中發生，而且透過現存的
管道傳播。烏托邦的思想可能只在哲學家的頭腦中孕育，然而追
求烏托邦的社會運動則需要附著於既有的人際網絡。此一事實也
代表，要求改變社會的行動源於既有的社會結構，不是無中生有。
研究社會運動的網絡起源，等於是討論社會結構的辯證，一方面
它維持了某一種形態的壓迫關係，另一方面則為自身埋下了反抗
與變遷的種子。

二、社會運動組織：競爭與合作

　　McCarthy and Zald (1987a: 20–3) 認為，促成或抵抗某一種社
會變遷趨勢的想法只是一種潛在的意願，並不一定能夠發揮政治
影響力。如同政黨體制匯集各種社會部門的利益，形成能夠影響
政策的民意，社會運動組織也將各種潛在的意願集合起來，並且
充當他們的代言人。缺乏組織代言的意願等同不存在，也不會發
生作用。例如每個社區居民都感到治安敗壞，生活品質惡化，卻
沒有人將這些意見組織起來，形成具體的行動，那麼這些不滿也
等於不存在。不過，社會運動組織並不只是被動地反映某些既有
的意願，有時候也可能採取主動，積極地定義民怨，進而形塑出

可被他們代言的意願。社會運動的出現要歸功於所謂的「議題企業家」(issue entrepreneurs)，只有當他們將原本視為理所當然的社會處境，重新建構成一個「社會問題」的時候，新的集體參與空間才被正式開啟 (Schonfeld, Meier, and Griffin 1979)。

　　一般的看法認為，追求相近目標的組織應該會齊心協力、相互合作；然而實際上，社會運動組織之間的關係相當複雜。社會運動組織有可能相互競逐媒體注意與發言權，而且仰賴相同來源的資源供給。不同的社會運動組織有時願意放棄彼此的立場差異，形成特定議題的聯盟組織；但多數時候，路線的爭議會形成嚴重的派系傾軋，使合作變得困難。造成社會運動組織競爭的原因之一，在於他們對資源的依賴。從人口生態學 (population ecology) 的角度來看，組織的數量反映了外在環境的資源供給量 (Minkoff 1997)，組織的密度更直接影響社運組織的存活率。一旦環境變得不利，例如政府打壓社會運動、公眾對於社會運動的認同減弱、捐款與參與的意願降低，資源競爭的壓力便會提高。若環境變得更有敵意，資源取得能力較弱的社運組織就面臨被淘汰的威脅 (Minkoff 1994)。國際恐怖主義的發展也可以用這個道理來理解。舉例而言，賓拉登 (Osama bin Laden) 的基地組織 (Al-Qaeda) 在 911 事件中建立了激進的反西方形象。然而，賓拉登晚年卻擔心後續出現的伊斯蘭國 (ISIS) 等團體搶奪了基地組織的風采 (Bergen 2021: 217)。誠如 Zald and McCarthy (1987: 168-9) 的觀察，衝突最激烈的社運組織往往意識型態最相近，而不是立場迥異，因為他們的資源供給來源重疊性太高，容易引發共食性的競爭。

　　在資源競逐過程中，一種常見的社運組織策略即是提出更為局部化的運動路線，只針對某些特定議題進行宣傳。對於任何組織而言，尋找適切的生存利基 (niche) 是能夠站穩腳步的第一步。McCarthy and Zald (1987a: 35) 指出，「如果某個社會運動產業競爭更激烈，新的社運組織將會採取更窄化的目標與策略。」舉例而言，美國的環境運動在歷經了長期的動員之後，已經成功地喚起一般大眾的環境意識。隨著整個環境運動產業的成長，各個環境團體的運動策略也呈現多元化的發展，有些團體側重國會遊說，有些則以直接行動為主。即使在相似的保育主張中，海洋生物、森林、鳥類、河川等不同的領域也產生各式各樣的分工，形成對單一議題的關切 (Dunlap and Mertig 1992)。為了開創組織的利基，社運組織也試圖發展出獨樹一幟的抗爭方式，使得公眾可以一眼就辨認出他們的風格，例如「綠色和平」(Greenpeace) 與「地球第一！」(Earth First!) 就大量採取戲劇化的非暴力直接行動，例如阻止核武試爆、捕獵鯨魚、原油開採。這些「細心算計的違法行動」(calculated law-breaking) 不只造成被抗議對象的困擾，同時也為主事組織帶來亮麗的媒體宣傳以及豐碩的捐款 (Rucht 1995)。della Porta (2013: 70–112) 分析全球的政治暴力行動，發現無論是基於極左派、極右派、民族認同、宗教信仰等意識型態，都共同會經歷「競爭性升級」(competitive escalation) 之過程。在經歷了國家鎮壓之後，某些社會運動組織走上激進的暴力路線，開始以武力攻擊軍警人員。這些行動獲得支持者的同情，也提升了這些組織的知名度。

　　社會運動的聯盟通常是議題取向的，通常只是針對單一事件或訴求，社運組織的合作關係也需要適切的條件配合。聯盟運動最明顯的效益即是提升議題的能見度，更多社運組織的支持連署能夠形成不容忽視的力量，獲得媒體與執政者更多的注意。聯盟運動匯集了眾多組織的力量，便可以進行所謂的「中層動員」(mesomobilization)，以及協調與整合其他組織的「微觀動員」(micromobilization)，形成濃密而相互交織的動員網絡，促使更多人參與 (Gerhards and Rucht 1992: 558–9)。聯盟運動即是社運組織的資源匯集，達到更廣大的動員效果。

臺灣的社會運動出現過不同形態的聯盟。例如，樂生療養院保存運動始於 2004 年，當時漢生病患院民組成的自救會，與大學生組成的「樂生青年聯盟」試圖阻止捷運新莊線機廠的興建，避免日治時期的院區被破壞。在 2007 年前後，運動出現了新一波的動員高潮，參與者以個別的方式參與保存運動，包括司改團體的跨海訴訟、中南部學生組「樂生公車」北上參與遊行、學界連署並且集資登廣告、部落客製作支持保存方案的網路圖文等（邱毓斌 2007: 11–6）。這些多元化的運動策略並沒有事前彼此協調，而是由不同參與者各自發起。相較之下，在 2006 年民間監督政府治水特別預算運動中，環境團體較熟悉政策的制定過程，實際參與的社區大學則以在地民眾為主，兩者的關係是互補與分工的（李翰林 2008: 117）。

太陽花運動經常被歸類為學生運動，實際上社會運動組織的參與也扮演了重要的角色。由數 10 個環境、勞工、人權、福利、婦女等倡議組織組成的「反黑箱服貿民主陣線」是最早倡議反對「服貿協議」的團體，等到抗議學生占領立法院之後，這些社會運動組織仍舊持續參與，以「我們 NGO」的立場採取一種不同於學生運動者的介入策略。他們避免公開發言，在幕後處理一些維繫運動的必要工作（許恩恩、吳介民、李宗棠、施懿倫 2019: 29–31）。

　　聯盟運動也需要其他條件的配合，不同社運組織的成員與領導人互有重疊、執政者的鼓勵、彼此可進行任務分工等，都是促成聯盟的重要因素 (Zald and McCarthy 1987: 171)。對於不同性質的社運組織，參與聯盟運動的成本效益計算也有差異。大型而科層化的社運組織本身的資源較為豐富，更有能力支應聯盟運動組織的需要，但這些組織通常有自己事先排定的活動議程，而且決策需要透過上級的認可，沒有辦法完全投入聯盟運動。相反地，資源匱乏的組織比較有參與的熱情，因為他們只能透過這種方式來發揮影響力。不過，他們也擔心聯盟運動被強勢的成員組織所把持，淪為其附庸 (Staggenborg 1986)。另外，聯盟運動也可能帶來同化的壓力，迫使各個成員組織必須暫時放棄不符合主流價值觀的議題或策略。在美國 1970 年代爭取性別平權的運動中，為了爭取大部分選民的認同，婦女運動聯盟組織試圖壓制社會主義女性主義與女同性戀的聲音，避免被保守派貼上負面的標籤。理所當然的，這種聯盟運動的策略引發了後續一連串的內部爭議 (Mansbridge 1986: 131)。

　　無論社運組織的關係是競爭或合作，資源持續而穩定地供給是組織生存的關鍵。即使在最需要理念認同的社會運動中，社運組織也必須將意識型態追隨者轉化為會員，讓他們願意提供必要資源，例如會費與義務參與，否則將難以匯集成一股集體力量。

三、社會運動的組織形態：科層組織及其不滿

　　組織的形態是另一項社會運動研究的議題，早年討論深受 Michels (1962) 的「寡頭鐵律」(iron law of oligarchy) 理論所影響。

Michels 基本上依循韋伯的科層組織理論，認為社會運動組織需要專業化，有明確的階層分工與領導統御，才有辦法追求集體目標，因為只有科層化組織才能因應複雜而多樣的事務，以最有效率的方式來處理共同行動的協調問題。但是，組織的專業化發展也可能令組織為求生存，迫不得已犧牲運動的目標，或者內部的角色分化複製、延續了不平等的社會關係。簡單來說，追求民主的社會運動需要組織的力量，但是組織會帶來寡頭化的後果，也就偏離了所企求的民主化目標。

　　後續的討論試圖證明，Michels 所設想的寡頭鐵律劇本並不是社運組織發展必然的結果。進一步來看，科層化組織至少包括了兩個面向，首先是專業化 (professionalization)，亦即專職人員取代志願工作者的趨勢；其次是正式化 (formalization)，即組織運作的規章化與命令的階層化 (Staggenborg 1989)。Zald and Ash (1987: 130–1) 就指出，寡頭化只會發生於那些依賴物質誘因的社運組織，例如勞工運動組織訴求階級利益。若社運組織的資源來自於沒有涉及自身直接利益的良心支持者，專業化反而會成為社會運動的助力。相較於 Michels 的悲觀看法，有些研究者主張，科層化的組織不一定意味著保守化，反而是促成社會運動的關鍵，因為專業人士所具有的能力遠比被壓迫者的民怨更為重要 (Freeman 1973; Marx and Useem 1971; Tierney 1982)。

　　需要說明的是，即使在現今鉅型組織主導的社會下，社會運動的組織形態仍呈現多元化的樣態。專業化與正式化只是社會運動的一種組織方式，而且並不見得是最有效的一種。在此，有幾個理由可以說明：首先，能夠維持科層組織的運作，必須要有一定規模的資源累積，但是並非所有社會運動議題都能夠達到這種資源門檻。Gerlach (1999: 85–90) 指出，大部分社運組織呈現環節的 (segmentary)、多重中心的 (polycentric)、網狀的 (reticulate) 組織形態。環節的組織是由許多並非完全整合的次團體所構成，彼此的關係鬆散；多重中心的組織缺乏穩定的領導，經常處於領導權的競爭狀態；網狀的組織代表著一種不嚴密的網絡，而不是層級分明的命令與執行關係。很顯然，資源不足是造成這種組織去中心化的主要原因之一。

Freeman (1979) 對於 1970 年代美國婦女運動兩股流派所做的比較，也顯現了資源供給因素的差異。舊派的婦女運動是以全國婦女組織 (National Organization for Women) 為代表，主要從事法律遊說的工作，他們擁有較豐富的具體資源（例如金錢、空間與知名度）與社會地位，傾向於以專業化的方式來運作。相對地，新派的婦運投身於在地化的實踐，建立許多為女性服務的社區機構。雖然缺乏具體資源與社會地位，新派的婦運卻獲得較多有熱忱的參與者支持，願意投入時間義務協助，因此能夠形塑出廣泛的參與網絡。

其次，對許多社會運動參與者而言，科層化的組織違背了他們的運動理念。參與式民主 (participatory democracy) 是 1960 年代開啟的新思潮之一，去人性化的科層體制是其批判的對象 (Polletta 2002: 124–48)。資本與權力的集中固然是要挑戰的對象，但是傳統的政黨、工會與其他群眾運動組織也高度科層化，同樣帶來新的支配。新左派的社會運動強調過程與結果一樣重要，沒有必要為了達到一個遙遠的民主目標，而採用非民主的手段。在許多新社會運動中，領導者的輪替、以共識而非投票來進行決策、密集的小組會議成為明顯的特徵，其目的即是在於盡可能地維持所有運動者的參與。與此相關，美國研究者發現 60 年代帶來了各種新權利的倡議與爭取，但是這些新興的團體通常是由專業管理者所主導，會員是消極與被動的，不需要他們積極介入，如此導致了公民參與和民主的退縮 (Skocopl 2002)。歐洲的綠色政黨發展體現了這種參與式民主的理念，因此在剛成立的 1980 年代，他們展現出一種異於主流政黨的運作邏輯，關注基層的參與，而不是極大化選票 (Kitschelt 1989)。臺灣的綠黨成立於 1996 年，當初是亞洲第一個高舉生態價值的政黨，也曾在中央與地方層級的民意代表選舉中取得席次。與其歐洲的夥伴相似，臺灣綠黨制度化較緩慢，一直到了 2014 年才有正式的提名規則 (Fell 2021: 191)。

　　最後，儘管科層化的社運組織有種種缺陷，但不可否認的是，它能夠存活較久，因此有利於長程的運動策略規畫。但是這並不意味著科層化組織是萬能的，能夠同時兼顧社會運動召募、動員、宣傳、抗爭、談判等多重任務。事實上，組織的穩定性往往犧牲了策略的彈性。Freeman (1973) 指出，雖然沒有正式組織化的婦女運動經常陷入「缺乏結構的暴虐」(tyranny of structurelessness)（按：即是過度重視成員的參與之負面後果），冗長的會議最後經常是「議而不決」，意識型態的內鬥也消耗了砲口一致對外的能量。但，正由於她們容許多元的參與，才能開發出許多日常生活領域的性別政治議題，以及富有創意的動員方式。Staggenborg (1989) 同樣研究美國婦運，她發現科層化的婦運組織受制於例行化的議程安排，無法開發新議題的動員。要推動新一波的抗爭運動，社運組織的決策必須更為迅速，資源調度必須更為靈活，而且主事者要願意承擔風險，這些都不屬於科層化社運組織之長處。

　　臺灣太陽花運動與香港雨傘運動中的學生組織之角色差異，

也提供了另一項值得觀察的面向。在臺灣學生占領立法院之前，「黑色島國青年陣線」（黑島青）是關注「服貿協議」最重要的學生組織，這是一個沒有正式立案的鬆散團體，參與的 20 幾位學生運動者同時也參與其他議題，其組織性格與界限並不明確。相對於此，香港雨傘運動中有兩個建制化的學生組織，香港專上學生聯會（學聯）與黃之鋒的學民思潮，其中學聯幹部曾與政府對談，被視為運動的主要發言人。學聯有悠久的歷史（成立於 1958 年），長期被視為香港學生運動的代表，在當時是由八所香港大學的學生會所組成，名下也擁有不動產。作為正式組織，學聯幹部有其固定任期，其重要決定的議決是採取共識決。在多方參與的協調會議中，學聯的代表往往無法做出承諾，抑或是推翻先前的決議，結果整個雨傘運動經常出現「議而不決、決而不行」的決策困擾。相對於此，黑島青的組織性格不明確，立法院占領行動新形成的決策機制不用考量學生的組織背景，而是以現場的功能需求為主（例如物資組、糾察組、媒體組等）。與香港相比較，原先低度組織化的臺灣學生反而能夠形成有效運作的決策機制，因應迅速變化的占領運動局勢 (Ho 2019: 140–4)。

除了科層化組織，其他形態的組織也有助於社會運動。Morris (1984: 139–73) 指出，某些與主流社會脫離、缺乏廣泛群眾基礎的「運動中途之家」(movement halfway houses) 扮演了重要的角色。正由於他們的參與人數有限，因而形成一個緊密連結、自由討論的小群體，容易傳遞運動的批判理念。美國 20 世紀初期和平運動遺留下的組織，例如高地人民學校 (Highlander Folk School) 等，為日後的民權運動打下重要的基礎。在 1982 年，海外臺灣人林哲夫在加拿大建立基督教城鄉宣道會 （Urban Rural

Mission，簡稱 URM），引進了非暴力抗爭的理念。解嚴之後，URM 在臺灣培訓上千位學員，許多人後來都成為社會運動的重要幹部（簡錫堦 2015: 60-2）。同樣地，民進黨政治人物主導的慈林教育基金會、青平台基金會等，也提供了社運人士交流的重要管道。許多教育改革運動者與社區運動者投入各地的社區大學，其組織形態也可以說是另一種的運動中途之家，能讓運動幹部獲得棲身之處，設計另類的啟蒙性課程、深入在地網絡，開展出新一波的運動動員。舉例而言，苗栗社區大學在 2004-2006 年間發起關機運動，鼓勵民眾關掉電視，「重新思考家庭價值」、「走出戶外運動」等（王本壯、周芳怡 2016）。位於新北市的蘆荻社區大學在 2019 年發起「庶民發電學習社區合作社」，他們號召基層成員共同參與小規模的綠能發電，推動公民電廠運動（周桂田等 2019: 141-72）。

　　因此，社會運動的專業化與正式化應該被視為一個組織變項，反映了運動理念、資源供給與政治環境的多重影響。在臺灣，社會運動組織的科層化程度較為薄弱，一個最明顯的現象是社運組織往往留不住運動人才，許多運動幹部寧願投身於政黨，以選舉來實踐參與熱情，而不是留在社運界奮戰（范雲 2003b）。除了工會、主婦聯盟生活消費合作社、荒野保護協會等少數例外，臺灣社會運動組織鮮少有廣大的會員，會費收入通常也無法支應專職人員的人事支出。

　　儘管臺灣的社會運動沒有形成大型會員組織，專業化與正式化也不明顯，仍有研究作品指出組織化趨勢影響了社會運動的發展。李丁讚、林文源 (2003) 主張，1990 年代的臺灣環境運動經歷了明顯的轉變，逐漸由專業的中產階級所主導，「組織技術」逐漸取代了民眾的直接參與。中產階級的文化品味與文化資本不同於低下階級，產生抑制草根參與的結果。顧忠華 (2003: 9) 發現臺灣社會運動有「機構化」的趨勢，組織開始提供專業服務，處理愈來愈複雜的經營事務。因此，社會運動組織出現了轉向非營利組織發展的趨勢。需要說明的是，臺灣社會運動的「機構化」轉向仍比其他民間社會部門（例如宗教團體、專業團體）更為薄弱。舉例而言，基金會是目前最穩固的非政府組織形態，原因在於基金會是財團法人，需要以一筆固定經費作為運作根據。與其他社團法人的組織相比，這些社運取向的基金會有董、監事會的規定，運作較為穩定，容許長期的社會參與。在臺灣的社會運動中，採取基金會形態的社運組織包括了消費者文教基金會（1980 年）、婦女新知基金會（1987 年）、新環境基金會（1987 年）、主婦聯盟環境保護基金會（1989 年）、人本教育基金會（1989 年）等，都是歷史悠久的團體。然而，成立基金會的財務門檻很高，例如以律師為主的司法改革倡議人士在 1995 年就決定籌組民間司法改革基金會，但也花了近兩年時間，才湊足全國性基金會所需要的1,000 萬元資金，在 1997 年完成登記立案（高榮志 2014: 108–9）。因此除了地球公民基金會（2007 年）、環境權保障基金會（2016年）等少數例外，後續的社會運動組織鮮少採用基金會的模式。

　　根據蕭新煌 (1999) 的調查，臺灣的基金會主要從事社會福利、學術研究、社會教育、文化藝術、助學、國際文化交流等目標，社會運動取向的基金會占比不到 4%。有研究者分析內政部登記的社會團體與財團法人（不含職業、工會、商會與宗教團體），發現服務型組織占約九成，僅有一成是倡議型組織（杜承嶸、官有垣 2018: 48）。這些事實顯示，臺灣的社會運動是非政府組織中制度化相當低的一環。

　　早期影響臺灣社運組織形態最大的因素是政治環境。在 1987 年解嚴之前，結社空間受到政府嚴格的管制。為了維持威權控制，同一性質的團體一個地區只以一個為限。在這種情況下，社運組織通常只得採用雜誌社的名義登記，以獲得合法的地位，比較著名的個案包括婦女新知雜誌社（1982 年）、新環境雜誌社（1985 年）。《人民團體法》1989 年通過後，臺灣人獲得了結社自由，但整部法律仍充滿了威權管制的色彩，例如社會團體是採取許可制，而不是報備制、內部治理一律採理監事制，理事長是由間接選舉選出、禁止主張「共產主義或分裂國土」（2011 年廢除）。在 1998 年廢除臺灣省之前，全國性團體一定要冠上「中華民國」名稱，以「臺灣」命名的團體按規定要向省政府登記。此外，一些以「陣線」、「工作陣」為名義的團體也不被官方接受，必得加上「協會」或「社」的字眼。臺灣的社會運動組織長期批評這些不合理的規定，內政部在 2017 年終於提出《社會團體法》草案，改採報備制，並且廢除內部治理的相關規定，不過至今（2022 年 9 月）這部法律仍沒有通過。

　　僵化的法律規定只是讓官方登記程序變得麻煩，實際上民主化之後的臺灣沒有帶來廣泛的公民結社風潮，主要原因仍在於一般民眾不願意參與自願性社團，抑或是捐款給倡議性團體。根據一項 2010 年東亞的社團參與調查，只有 36.6% 的臺灣受訪民眾參與一個以上的社團，遠落後日本 (82.9%) 與南韓 (76.1%)，而且臺灣人參與的社團主要是非政治性的宗教團體 (12.1%)、康樂性社團 (11.2%)、社會服務團體 (7.3%)（熊瑞梅 2014: 9）。儘管臺灣人樂於當服務人群的志工，也願意捐款給宗教慈善團體，抑或是國外難民（東日本大地震、烏克蘭戰爭），但仍舊沒有意願加入社會運動組織。

　　工會是勞工運動的組織基礎，臺灣的工會制度向來依循法律規定。解嚴後的勞工運動也曾試圖挑戰《工會法》的限制，例如自主性較強的工會在 1998 年組成了全國產業總工會，並且在 2000 年獲得官方承認，打破了以往的威權統合主義 (Ho 2006a)。原有的體制只容許職業工會，以及員工 30 人以上的廠場工會（以往稱為「產業工會」，但是實際上是「企業工會」）。職業工會向來人數居多，但是除了非常少數的例外 (Li 2015)，大部分的職業工會只是勞工取得勞健保資格的投保單位，未能為會員爭取勞動權益。2010 年的《工會法》修正是解嚴以來最重要的改革，放寬了教育業組工會的禁令，也開放新的「產業工會」類別，容許勞工參與跨企業工會組織。新的《工會法》帶來一波組織工會風潮，包括社工人員、幼教人員、護理師、高科技勞工、大學教師（高教工會）、大學助理（臺大工會）紛紛成立新的工會等。儘管工會籌組之規定更為開放，但也只有職業工會出現會員數的成長，企業工會的會員仍停滯不前 (Chiu 2017)。

　　專業化與正式化的組織能夠維繫較長期的運動參與，但專業化與正式化並不是社會運動發展的萬靈丹。無論是在國外或臺灣，社會運動的組織形態反映了多種環境因素的作用，並非只有一種最有效的組織策略。

四、事先存在的人際網絡：聯繫的強度與種類

　　社會運動的動員經常是依循著既有的人際網絡，社運組織只

涵蓋了其中非常有限的部分。在許多情況下，社會運動組織只是為了因應某些特殊事件的臨時性編組，組織之間的邊界模糊不清，容許成員跨組織的參與。學者用「社會運動共同體」(Staggenborg 1998) 或「社會運動家族」(della Porta and Rucht 1995) 來稱呼這種動員網絡，一個明確的意涵即是社會運動不能化約為組織的運作。

　　任何的社會結構都帶來某種形式的人群分類，以及人際交往的方式。在日常生活中，既有的家族、鄰里、朋友、教友、同事、同學都是重要的人際網絡，可以提供社會運動的動員管道。社會運動無法在脫離現實的真空情境中產生，而是循著既有的人際關係，以滾雪球的接力方式，一個人拉一個人，形成點、線、面的廣大動員。一個促成運動參與的人際關係之案例，即是海外保釣運動者林孝信的「循環信」。林孝信在 1967 年赴美國芝加哥深造，為了與同時出國的好友聯絡，他發現單向的一對一通信不是最好的溝通方式，因此發明了一種通信方式：「我信給 A1，A1 加上一些內容，連同第一封信傳給第二個人 A2，A2 再補上一些段後傳給 A3，這樣一直循環下去，每個人就可以知道所有其他人的信息。」（歐素瑛、林正慧 2019: 96–7）林孝信的循環信最多時曾分成八個循環，串連了近 80 位的美國留學生，這個聯繫網絡後來成為動員海外留學生參與保釣運動之重要媒介。

　　規模再龐大的社運組織，也無法觸及所有的動員網絡，若要促成更全面性的運動參與，社運組織也要借用成員的私人管道，將訊息傳遞給更多的人。透過事先存在的動員網絡，草根群眾更有可能發動自主抗議，而不一定要以建立新的社會關係為起點，運動的成本因而降低。研究者引用組織社會學的觀點，指出兩種考察的面向：首先是人群是否屬於同一種性質的 「範疇」

(category)，其次則是他們之間是否存在關係，即「網絡」(network)。因此，Tilly (1978: 63) 將組織定義為「範網」(catnet)，組織的力量就在於範疇乘以網絡。可想而知，如果組織的包容性 (inclusiveness) 愈大，那麼它能引發的動員力道也就愈大。以 Tilly 舉的例子來說明，印刷工會分會（高範疇、高網絡）就比所有的巴西人（高範疇、低網絡）或朋友（低範疇、高網絡）更容易形成行動。

　　科層化的社運組織並不是社會運動的起點，比較常見的情況反而是，這些組織是抗爭行動的產物 (Marx and McAdam 1994: 73)。此外，有些抗議事件是由既有的團體所發動，而一旦新的運動出現，這些團體成員便會立即成為運動份子，Oberschall (1993: 24) 稱這種現象為「集團招募」(bloc recruitment)。因此，追溯社會運動的起源要特別注意抗爭群體的內部網絡，「只要運動根植於既有的組織，占用他們的集體認同，搭便車的問題就容易克服。」(Friedman and McAdam 1992: 163) 歐洲新社會運動的興起有多種解釋，包括新知識階級出現、價值觀的轉變，以及政治體制吸納能力的下降等，但這些至多只能說明社會結構產生的推力，卻沒有處理真正使得運動參與成為可能的關鍵，其中一個經常被忽略的面向即是由社運組織、教會、工會、政黨所交織而成的動員網絡，能夠持續激發出參與的動機 (Kriesi 1988b; Diani and Lodi 1988; Maguire 1995)。在威權統治下，異議團體通常不見容於統治者，然而一旦公民開始呼朋引伴，釋放出來的抗爭衝擊便十分驚人。Opp and Gern (1993) 研究 1989 年前東德政治集會，異議團體並沒有發揮動員作用，真正促成 16 萬人在萊比錫 (Leipzig) 聚集的關鍵是自發性的朋友網絡。

事先存在的網絡附著在日常的社會關係中，而不是被社運組織創造出來。面臨不利的政治氣氛，運動成員也能暫時擱下公開的行動，利用日常網絡儲存已經累積的抗爭能量，維繫運動認同，為了下一波抗爭風潮準備。由於動員網絡附著於日常生活，形成一種去中心化的微觀傳播管道，執政者不容易切割處理，只能針對反抗份子進行打壓。誠如 Morris (1984: 75) 指出，社會運動組織會隱藏其動員網絡，特意將其抗議活動呈現為「自發性的」，以避免統治者的壓制。在美國 1980 年代保守派反撲的政治格局下，婦運人士就以設立強暴危機中心、受暴婦女收容所、書店、出版社、餐廳、靈性成長團體等另類機構的方式，維繫參與者的網絡 (Taylor and Rupp 1993: 38)。

社會運動研究從組織到網絡的轉向並不是獨特發展，而是順應著整個社會科學的典範轉移。在社會學理論學者開始構思鉅觀結構與微觀行動的連結，他們發現了中層 (meso-level) 分析的重要性。例如，1980 年代興起的新經濟社會學重視行動的「社會鑲嵌性」(social embeddedness)，網絡的因素可以解釋許多經濟領域的合作行為。在政策研究領域，學者也發現政策網絡 (policy network) 的重要性，政策參與者之間的關係往往決定了政策創新的可能性。最後，網絡分析的方法論革新，包括一系列的概念定義、測量與模式化、分析軟體的突破等，也讓學者更有辦法處理複雜的網絡關係。在這個基礎之上，我們也要進一步追問人際網絡對運動動員的解釋效力。如果人際網絡早於動員之前就存在，那要如何解釋社會運動的突然產生？如果說動員網絡附著在日常生活的各個領域，那麼網絡就是無所不在的，但是一個無所不在的東西，要如何結合成社會運動？大部分的研究者都同意，自由空間的存在有利於被壓迫者的結合，但是它又是如何發揮作用的，仍需要進一步解釋 (Polletta 1999)。

在當前的社會運動研究中，只試圖證明動員網絡的存在是不足的，真正的知識挑戰在於詳細說明網絡所能夠產生的作用 (McAdam and Paulsen 1993; Passey 2003)。在此，我們可以從 McAdam (1982) 關於民權運動的研究中梳理出網絡的兩種作用。首先，McAdam 指出網絡具有「溝通」的功能。個體有可能因為接受外來的訊息，認知到改變現狀的可能 (ibid.: 50)。其次，網絡也提供了所謂的「團結誘因」。在強烈整合的社群之中，成員會把自己的集體參與當作實際的報酬，而不是一種要承受的代價。另一方面，溝通性的網絡並不一定與團結性的網絡重疊。一般而言，能夠促成團結的網絡附屬於某個界線分明的群體，這也意味著網絡所連結的個體通常具有高度的同質性。同質性強的群體通常會帶來同質化的道德壓力，個體被鼓勵接受一套共同享有的看法，異議或是認知的不順從可能面臨制裁，帶來團結效果。不過，團結性網絡很難帶來新的訊息，容易產生團體迷信 (groupthink) 的負面效果。相對地，溝通性網絡的價值在於能夠打破群體界限，將異質性的個體連結起來。由於新的訊息通常產生於群體之外，因此跨群體網絡的溝通功能遠勝於群體內網絡。

上述的跨群體網絡與群體內網絡即是 Granovetter (1973) 所謂的弱聯繫 (weak tie) 與強聯繫 (strong tie)。社會關係的強弱程度涉及了參與個體的投入成本，弱聯繫是異質性組合，通常具有高度的工具性，而強聯繫則是同質性組合，往往涉及情感的投入。以往，強聯繫被認為比較有作用，因為它連接了具有相同屬性、相互認同的人群，但是 Granovetter (1973) 的翻案文章指出，強聯繫不能發揮與外界溝通的作用，而且個人能擁有的強聯繫數目有限，弱聯繫因此開始獲得社會學家的高度重視，被認為是創新與力量的來源。為了證明弱聯繫的力量，Granovetter (1973: 1373–6) 比較了兩個美國波士頓的社區運動：西城 (West End) 與查理士城 (Charlestown)。這兩個工人社區都面臨都市更新的威脅，西城缺乏正式組織，居民之間雖然有朋友、家族的強聯繫，卻沒有同事的弱聯繫，無法組織強大的反對運動；相對地，查理士城居民有弱聯繫，能夠取得社區以外的支持協助，因此能避免自己社區被摧毀。

　　不過，正因為強聯繫通常涉及情感投入，個體與所屬的群體緊密地連結在一起，且群體身分資格不是一種可以任意轉移的外在資源，一旦個體所屬的群體面臨危機，強聯繫往往也帶來道德義務的壓力，成員很難不參與。例如，當美國民權運動成功地建構在黑人教會的強聯繫之上，參與抗議活動也就成為「上教堂的角色延長」(Jasper 1997: 38)。趙鼎新研究 1989 年中國學生運動之社會關係。當時北京許多大學集中於海淀區，由於校園空間的設計，學生的日常生活被壓縮在十分狹小的宿舍空間。一旦抗議風潮產生了，不參與的學生會遭遇來自室友、同學的道德壓力 (Zhao 2001: 244–7)。因此，強聯繫與弱聯繫都是以不同方式促成社會運動的產生，我們應該採取更平衡的觀點，注意到它們不同方式的貢獻。

　　Putnam (2000) 用「社會資本」(social capital) 來指稱一種信任他人與他人合作的能力與意願。一個群體所擁有社會資本愈多，就愈有可能形成團結與互助，激發出共同的行動。Putnam (2000: 23) 指出社會資本的兩種作用：「凝聚」 (bonding) 與 「跨接」

(bridging)。凝聚作用使得同質性的成員能夠緊密相連，形成一個團結的群體；相對地，跨接作用則是連結起異質性的成員，打破他們的社會隔離。他強調，大部分的結社活動都兼具凝聚與跨接的雙重作用，因此兩種作用不是「非此即彼」(either-or) 的互斥關係，而是「或多或少」(more or less) 的問題。很明顯地，凝聚性的社會資本是近似強聯繫，而跨接性的社會資本則是接近弱聯繫。

　　必須留意的是，某些類型的社會網絡不但無助於社會運動，反而會造成其阻礙。舉例而言，侍從主義 (clientelism) 是一套恩主 (patron) 與追隨者之間不對稱的交換網絡，這套既有的人際網絡本身並不利於行動。Gould (1996) 指出，在國家權力集中化的過程中，與地方有高度連結的恩主關係，可能被中央政府收編，會參與抗爭行動的菁英通常缺乏地方連結，或者連結可能因政府的介入而被威脅。這個道理可以用來說明日本地方政治與環境抗爭的關係。根據 Broadbent (2003) 的研究，日本的地方頭人 (boss) 與自民黨政治人物有密切的侍從交換關係，在工業開發過程中，地方頭人容易獲得個人利益，因此他們通常會壓制地方反對運動的產生。然而，如果地方頭人與保守的政治機器產生分歧，他們所擁有的地緣與血緣網絡往往有助於環境抗爭運動。在臺灣的地方環境抗爭中，地方派系政治的影響也是不一致的。垃圾場與焚化爐的設置之所以經常引發激烈的地方反彈，其中一個原因即是這些設施並無法為地方頭人帶來可以分配的利益，容易引發派系動員，形成地方性的反抗運動。相對地，在一些工業開發的案例之中，廠商回饋、承包、人事任用都可能用來攏絡地方頭人，達成化解地方派系反對的作用。一旦這些領袖被收編了，基層民眾的抗爭就很難持續 (Ho 2010)。

社會運動的網絡分析也必須說明為何動員集中於某些網絡，而不是其他類型的網絡。對於大部分經歷社會化的社會成員而言，日常生活總是提供我們各種各樣的社會聯繫，但並不是每一種網絡都會產生等值的動員效果。 Gould (1993) 研究法國巴黎市民的 1848 年革命起義與 1871 年公社起義。他指出，兩場行動雖然主要成員都是勞工階級 ， 但是參與者的網絡與認同並不相同 。 在 1848 年 ， 巴黎起義者是著眼於其共同的經濟利益 ， 強調階級認同；到了 1871 年，由於都市重劃，勞工的生活重心是在職業混雜的社區，因此促成行動的是濃密的鄰里網絡，而不是勞工階級的職業組織。十分類似地，Traugott (1985) 探討為何巴黎勞工階級在 1848 年分化成革命與反革命的兩個對立陣營，關鍵就在於勞工參與的組織影響了他們的政治態度，儘管他們原先的經濟背景十分相似。在 「國營工廠」 (National Workshop) 上班的勞工之後參與了六月起義 ， 反抗政府的壓迫 ； 但加入 「別動隊」 (Mobile Guards) 的勞工，後來卻變成協助政府鎮壓革命活動的主力。

最後，儘管社會運動研究者重視既有的人際關係，但也有某些社會運動是特意招募陌生的參與者。Snow, Zurcher, and Ekland-Olson (1980) 比較美國的新興宗教運動 ， 他們發現日蓮正宗傾向於從既有人際關係招募信徒 ， 而克利須那教派 (Hare Krishna) 則是在街頭上向陌生人宣教。其中一部分原因在於，克利須那教派要求更全面性的投入 ， 既有的人際關係反而成為阻礙 。 Jasper (1999) 指出，事先存在的人際網絡通常只能動員到同質性高的成員。若要召募完全陌生的群體，只能透過 「道德震撼」 (moral shock)，亦即是某種景象的強烈呈現，迫使觀看者的道德感受到衝擊，從而激發出參與的意願。

五、無領導者運動

　　組織意味著分工，有分工就有命令與執行，以及領導者與追隨者的區分。但是否有可能，社會運動不需要領導者來發號施令，完全由參與者自主發起，並且決定其抗爭行動的訴求？組織一詞總帶有層級與威權的意涵，相對地，「網絡」的社會想像則是平等、多元的，愈來愈多社會運動團體採用「網絡」的名稱（舉例而言，1999 年西雅圖的反世貿組織抗爭，常被視為全球正義運動的重要里程碑，當初其主事的聯盟團體即是「直接行動網絡」(Direct Action Network))，顯示水平性的串連成為社會運動者心中理想的圖像，層級性權威喪失了吸引力 (Juris 2008: 10–1)。無疑地，晚近通訊科技的發展強化了這種去中心化的傾向（見第五章），不過這種「無領導者運動」之趨勢也有非科技因素的推動。

　　隨著社會運動在西方民主的常態化與制度化，有研究者認為，「社會運動社會」(social movement society) 之形態已經浮現，其中一個特徵即是社會抗議技巧的普及化，不再只是少數公民的專屬技能。Meyer and Tarrow (1998) 指出，社運組織只能維持少數核心的受薪專職人員，大部分的參與者是所謂的「專業的業餘者」(professional amateurism)。這些熱心的運動份子有較多的可支配時間與抗爭經驗等，擁有能使運動普及化的「可攜式社會資本」(moveable social capital)。無政府主義 (anarchism) 向來對於組織採取保留與不信任的態度，認為要創造真正的自由社會，就得靠自發的群眾，而不是依靠某些英明的領導者，或是要求紀律與服從的組織。他們主張，社會運動不應只是一種達成某個目標的工具，參與本身就是一種目的，也是人民學習建構自由社會的機會

(Gerbaudo 2017: 64–70)。因此如果社會運動的參與是充滿權威的過程，這樣不民主的手段不會促成民主的實現 (Graeber 2009)。受到無政府主義思想啟發的社會運動，通常強調其水平性 (horizontality)，並盡可能確保參與者的多元性，讓每個人都享有決策參與的權利 (Juris and Pleyers 2009; Maeckelbergh 2012)。 在此，「預兆性政治」(prefigurative politics) 是經常被提及的理念，這套想法拒絕手段與目標的區分，主張當下的運動參與應實現運動所彰顯的理念 (Maeckelbergh 2011)。在許多占領運動中，參與者舉辦論壇、分享食物、設立流動圖書館、教導瑜珈等活動，除了滿足占領群眾當下的需求，同時也在具體展演一個互助與沒有壓迫的社會。Michael Hardt 與 Antonio Negri 是以《帝國》系列聞名的無政府主義思想家。他們進一步斷言，「領導者」已經成為一個骯髒的字眼，因為這是一個所謂「諸眾」(multitude) 能夠進行策略決定的年代 (Hardt and Negri 2017)。

發生於 2011 年的紐約占領華爾街運動，即是這種「無領導者運動」的典型代表。抗議者以「我們是 99%」的名義抗議日益加劇的不平等，不只是迅速擴散至全美各地，更引發全球各地的模仿，「占領」正式成為全世界抗議行動的通用語言。紐約的參與者抱持著水平性的信念，他們的決策是採取共識決，同時也拒絕提出明確的訴求、不選派運動發言人、更不願意與政府官員進行協商談判 (Gitlin 2012)。Graeber (2013) 是親身參與占領華爾街運動的人類學家，他提供了第一手的觀察。他指出，水平性的參與使得許多具有創意的運動策略得以採行，包括選擇在華爾街附近的 Zuccotti Park 長期紮營抗爭等。

臺灣至今仍沒有重大的社會運動事件採取這種「無領導者」

的形式。受到占領華爾街運動啟發,「占領臺北」在 2011 年 10 月 5 日進行,幾百名參與者在 101 大樓 (臺灣證券交易所之所在) 集結,高喊反資本主義的口號,不過並沒有引發後續的風潮。相較之下,香港的反送中運動經常被稱為一場「無大台」(無核心領導) 的抗爭,看似非常接近這種「無領導者運動」類型。從 2019 年 6 月到隔年《國安法》頒布為止的一年間,香港出現前所未有抗爭的風潮,除了少數幾場由正式組織 (例如民間人權陣線等) 所發起的大規模遊行與集會,絕大多數的抗爭行動是在網路平台提議發起,再由現場參與者共同決定。包括占領立法會 (7 月 1 日)、機場集會 (8 月 12–13 日)、香港之路 (8 月 23 日)、中文大學與理工大學圍城抗爭 (11 月中) 等重大事件,都沒有明確可知的發起者身分,也沒有某個事先存在的組織在現場發號施令。反送中運動的著名口號之一即是「兄弟登山、各自努力」,亦即每個香港人都可以採取自己認為合適的參與形式,無論是和平手段,抑或是勇武抗爭,都不需要取得其他人的同意或允許。

香港的反送中運動是否是一場「無領導者運動」?的確,與五年前的雨傘運動相比,反送中運動沒有發言人,也沒有與政府對話的代表。事實上,無論是反對黨政治人物抑或是既有的民主運動領袖 (例如黃之鋒),沒有人可以代表整個運動發言。正因為沒有核心決策者,反送中運動出現了各種有創意的抗爭策略,容許不同群體提出新穎的想法。儘管如此,反送中運動並不是一場沒有組織的抗爭,除了學生,專業團體 (Ma and Cheng 2021)、鄰里街坊 (Li and Whitworth 2021) 等既有組織也扮演了重要的動員角色。更重要的是,無政府主義者所倡議的水平性、預兆性政治的想法沒有在香港流行,也不是運動者的共識。香港運動支持者之所以接納這種新興的「無大台」運動，甚至同情諒解暴力的運動手段，原因在於先前的雨傘運動之教訓（無效的領導核心、支持者的分裂）（Ho 2020a），因此出現了某種訴求團結的倫理要求（Lee, Cheng, Liang, Tang, and Yuen 2021）。基於這些理由，有研究者認為更貼切的說法應是「充滿領導者」(leader-full) 的運動，而不是「無領導者運動」(Lai 2022)。

結　論

　　社會運動的動員結構即是組織與網絡的總合。長期以來，這些問題是社會學的核心研究議題，甚至有一種定義社會學的方式，就是將其視為研究「社會關係」的科學。相對地，其他社會運動研究概念的血統就不是那麼「純正」，構框與認同的議題涉及心理學的討論，而政治機會結構也受到政治學的影響。因此，動員結構的探討一直在社會學占有一席之地，研究文獻也有相當程度的累積。

　　社會運動是一種有組織的行動，涉及了資源整合、領導分工、談判協商的組織過程。即使是追求高度理想化的訴求，社運組織的生存仍難以掙脫物質環境的束縛。組織是貪婪的，總是試圖累積更多的資源，而在有限的資源下，組織的利益也不一定等同於運動的利益。因此，同一個運動議題的社運組織比較有可能處於競爭狀態，聯盟運動也需要許多物質條件的配合。社運組織的科層化程度，亦即正式化與專業化，受制於諸多條件的影響。科層化組織能夠維繫較長期的運動參與，但是卻往往缺乏彈性與創新性格，並不一定是最理想的社運組織形態。

　　事先存在人際網絡的概念點出了社會結構的開放性。要求改

變社會的運動並不是完全地脫離既有的社會結構，反而經常利用
現存的管道進行成員召募與理念傳播。因此，正是由於人際網絡
的潛在顛覆性，威權統治者才會對於自發性結社感到恐懼，需要
以種種的壓制策略來造成個體的原子化。另一方面，晚近以來，
網絡的動員效果已普遍受到學界承認。進一步的研究工作應該更
詳盡地釐清網絡的訊息溝通與強化團結作用。社會聯繫有強弱與
種類的差異，這些特質又是如何形塑不同的動員潛力，也需要更
深入剖析。

第 5 章

網際網路、社群媒體
與社會運動

一、資訊社會中的社會抗議

　　2014 年 3 月 18 日晚間，反黑箱服貿民主陣線從六點開始，在臺北市立法院濟南路側門舉行「守護民主之夜」。由於前一日下午，國民黨團利用人數優勢，在二讀會以 30 秒時間強行通過引發爭議的「海峽兩岸服務貿易協議」，違背當初朝野協議的「逐條審查、逐條表決」，晚會現場出現不安與騷動。到了九點，抗議學生兵分三路，突破警力封鎖線，衝入立法院議場。這不是第一次反服貿學生試圖闖入，但這次抗議者卻成功占據了立法院議場大樓，並抵抗警察的驅離行動，隨後吸引上千名民眾在場外聲援。到了 19 日凌晨四點，警察撤離，開始了長達 24 天號稱「太陽花運動」的占領抗議，翻轉了臺灣後來的歷史軌跡。

　　太陽花運動運用了許多資訊傳播科技，讓成功占領國會的重大訊息即時擴散出去。「守護民主之夜」活動透過 Yahoo 奇摩直播，讓不在場人士也能夠參與。許多抗議者一闖入立法院，第一件事情就是在臉書 (Facebook) 打卡分享，號召更多臉友參與。當晚 11 點，一位 NGO 工作人員 Longson 在議場二樓架設直播頻道，他所使用的工具包括平板電腦、3G 手機的熱點分享，以及一雙用來固定鏡頭的室內拖鞋。幾個小時內，他在 Ustream 網站上的直播已經有近五萬人收看。同一天晚上，三位臺大新聞所碩士生為了課堂採訪作業，意外見證了衝入立法院的行動。他們編輯了一則現場影音新聞並分享到臉書，幾個小時後再改製為英文報導，投稿到 CNN 的 iReport 公民新聞平台，一天內就有超過三萬人次瀏覽量。

　　占領立法院是為了阻擋服貿協議，但事實上，更多人是因為立法院被占領之後，才想要瞭解服貿協議的內容。公民 1985 行動聯盟（在 2013 年策劃洪仲丘事件抗議的團體）在當晚推出了「黑箱服貿懶人包」，立即成為網民瞭解事件始末最重要的資訊來源。g0v 零時政府是由一群相信開源 (open source software) 理念、也關切公共議題的電腦工程師所組成，他們在立法院現場架設網路連接的訊號線與 Wi-Fi 設備、串連場內外的直播鏡頭，並建立 Google 協作表單，協調物資站的供給與需求。太陽花運動的領導核心並沒有架設網站或社群媒體帳號，因此許多網民紛紛追蹤了「黑島青」、「臺大新聞 e 論壇」、「反黑箱服貿民主陣線」等粉絲專頁，以獲取最新訊息，這些專頁當時都有超過 10 萬名追蹤者。

　　太陽花運動者高度使用網路媒體，主要原因是為了應對某些主流媒體的冷淡處理與負面報導，企圖將現場最真實與最即時狀況傳遞給更多民眾。隨著占領立法院成為全國關注的焦點，主流媒體也隨即跟進，在其新聞網站上開設直播專區（晏山農、羅彗雯、梁秋紅、江昺崙 2015: 200–5）。一項太陽花運動參與者的現場調查也證實了網際網路的宣傳效果：有 59.1% 的受訪者表示「社群媒體」是「最重要的訊息來源」，「網路」占 22.7%，只有 12.9% 來自於「傳統媒體」（電視新聞、報紙）（陳婉琪、張恆豪、黃樹仁 2016: 481）。

　　在資訊社會 (information society) 裡，傳播科技已經重新形塑了我們的日常生活，我們日常生活的每件事都與網路、智慧型手機脫不了關係，也因此當抗議者占領了立法院，他們首先想到的就是用網際網路與社群媒體來解決運動所需要處理的各個面向，包括宣傳、聯繫、物資等。事到如今，我們也很難想像一場完全沒有運用當代資訊傳播科技的社會運動。然而，純粹的線上參與經常被貶稱「懶人行動」(slacktivism)，言下之意即是，真正的行動得在實體空間進行，加入遊行或集會才算是參與社會運動。究竟，鍵盤是否真的可以改變社會？在社群媒體上按讚、轉貼分享，是否有助於社會運動的進展？隨著雲端虛擬世界迅速擴張，並成為我們日常生活中不斷成長的一環，網際網路的行動是否不應只再被視為實體參與的次級替代品，而應該具有其特殊的意涵與評判標準？

　　2013 年 6 月 29 日，《經濟學人》雜誌的封面設計具體呈現了這樣的科技想像。「抗議的進行曲」(March of Protest) 由四位代表性人物組成：手持三色旗與步槍的半裸自由女神（18 世紀的法國大革命）、手持汽油彈與鮮花的嬉皮（1960 年代的新左派）、手持蠟燭與扳手的勞工 （1980 年代的波蘭團結工聯），以及拿著手機與咖啡的抗議者。換言之，行動通訊裝置已經取代意識型態（三色旗）、武器（步槍、汽油彈）、身分認同（鮮花、扳手、蠟燭），成為當代抗議者的象徵。網際網路與社群媒體如何重新形塑社會運動的風貌，已經成為晚近相關研究最重要的議題之一，這一章將回顧相關的討論與發展。

二、網路作為一種社會運動傳播科技

　　社會運動需要傳遞新的價值與理念，號召支持者的參與，激發樂觀進取的信念，這些都需要透過傳播媒介來達成，也因此或多或少受限於當時的科技發展。Anderson (1983:42–3) 在其分析民族主義起源的鉅著 《想像的共同體》 (*Imagined Communities: Reflection on the Origins and Spread of Nationalism*) 中指出，歐洲的印刷資本主義 (print capitalism)，亦即書商販賣民族方言

(vernacular) 的《聖經》與其他著作之營利形態，強化了語言邊界的政治作用。Habermas (1991: 181–95) 指出，18 世紀登場的報紙，搭建了一個資產階級的公共領域，使得作者與讀者可以形成一個討論與論辯的群體。隨著歐洲識字率提升，人們開始撰寫期刊和小冊子 (pamphlet)，成為傳遞新思潮的媒介。這些具有啟蒙思想的報章雜誌與書刊將歐洲的讀者串連起來，共同接受理性主義世俗化的哲學態度，並強烈批判專制王權 (Tarrow 1994: 51–4)。Sieyès 在法國大革命前夕出版的小冊子《什麼是第三等級》(*What Is the Third Estate*) 成為了革命思潮的重要支柱。他指出，法國平民憑其勞動與經濟活動支撐了整個國家，但是至今他們仍沒有獲得應有的肯定，因此應該從沒有貢獻的貴族與教士手上奪得政治權力 (Sewell 1994)。19 世紀出現的社會主義運動也高度依賴印刷出版媒介，馬克思的思想史地位，來自於他作為 1848 年出版的《共產黨宣言》(*Manifesto of the Communist Party*) 之共同作者，這份宣言後來被翻譯成各國語言。列寧能成為俄羅斯革命運動領袖，一部分原因在於他擔任了《星火報》(*Iskra*) 的總編輯 (1900–1903)，掌握了勞工運動的發言權。

　　20 世紀的傳播才開始進入電子時代，社會運動者也緊緊跟隨科技變遷的腳步。廣播與電影在 20 世紀初登場，很快就成為運動主事者宣揚其理念的工具。德國納粹的興起與希特勒 (Aldof Hitler) 具有煽動性的廣播演講密不可分。納粹掌權之後，1935 年由 Leni Riefenstahl 所拍攝的《意志的勝利》(*Triumph of the Will*) 更被視為史上最成功的政治宣傳電影，為納粹贏得國內外的同情與支持。在 1960 年代，電視開始普及化，新聞開始走進家庭，觸及更為廣大且分散的觀眾。美國反戰運動試圖「將越戰帶回家」

(bringing Vietnam home)，讓家中看新聞的民眾直接感受到戰爭的無情與暴力。另一方面，電視新聞的報導使反戰運動者過度相信自己在媒體前呈現的巨大身影。1968 年，當美國反戰學生包圍在芝加哥舉行的民主黨全國大會，他們即高喊「全世界都在觀看」(the whole world is watching) 之口號，相信電視可以將警察暴力的影像傳送給全世界 (Gitlin 1980)。隨著行動電話在 1990 年代後半開始普及，評論者指出，迅速集結的「智慧群眾」(smart mob) 可能成為新時代社會運動之特徵。2001 年初，菲律賓總統 Joseph Estrada 面臨彈劾危機，馬尼拉街頭也出現了號稱「第二次人民力量革命」(People Power Revolution II) 的集會抗議，群眾即是透過手機簡訊 (short message service) 集結行動 (Tilly 2004: 95–7)。

相對於既有的平面與電子傳播形態，從 1990 年開始普及的網際網路，具有即時性、互動性、移動性、去中心化、低成本的特質，因此成為社會運動者試圖以小博大、翻轉抗爭格局的重要媒介。網際網路最早的形態是全球資訊網與電子郵件，到了 2004 年出現了 web 2.0 概念，強調「使用者生成內容」(user generated content, UGC)，社群媒體與部落格都是較具有互動性的溝通平台。在 web2.0 的年代，資訊流通與既有的人際關係更為緊密結合，因此較有機會形成能共同行動的社群。隨著第三代行動通訊 (3G) 與智慧型手機之出現，行動上網的年代到來，前面提到占領立法院行動中的網路直播、臉書打卡等行動才成為可能。

在臺灣，1995 年曾參與過「野百合學運」與「美濃反水庫運動」的陳豐偉醫師創辦了《南方電子報》。這份以郵件列表 (mailing list) 免費發送的電子報，傳播關於社會運動、生態環保、弱勢團體等訊息，其口號即是「讓商業邏輯下失去戰場的理想在網路上發聲」。陳豐偉是臺灣網路運動的先行者，他很早就開始接觸網路科技，深知這個不斷進化的傳播方式將會徹底改變原有的社會運動生態。根據他的說法，「在網路時代，所有的社會運動，都會是『社區運動』」（陳豐偉 2000: 212），原因在於這項新科技能夠克服實體的空間區隔，形塑出具有共同目標的群體。1997年，前《立報》員工孫窮理等人創辦了「苦勞網」。這個網站原先是為了收集、整合社會運動訊息，後來也開始轉型成為獨立媒體，主動派遣記者到抗爭現場，報導主流媒體所容易忽略的抗爭事件。「苦勞網」高舉的理念是「運動的媒體、媒體的運動」，很顯然，主事者相信另類媒體的報導也是社會運動的延伸。

　　在世紀之交前後，大部分的臺灣社會運動組織都開始架設網站，或是發送電子報，以因應數位傳播年代的到來。一般而言，新的網際網路科技對於年輕世代的影響會比較大，因此愈多年輕人參與的社會運動，愈能體現新科技所帶來的衝擊。成立於 2004年的青年樂生聯盟（樂青）是樂生院保存運動的重要參與者。樂青初期的討論平台，架設於臺大批踢踢實業坊 (PTT) 的樂生板，後來也設立了一個「快樂‧樂生——青年樂生聯盟」的部落格（洪菀蔆 2009: 16）。2008 年的野草莓運動，是針對中國特使陳雲林來訪期間警方過度鎮壓的靜坐抗議行動。行動肇始於臺大教授李明璁在批踢踢兔 (PTT2) 上張貼了抗議聲明，這個電子布告欄系統 (bulletin board system) 動員了最早的參與者，也是他們後續交換意見的重要平台。不過，由於其高度匿名化的設計，號召而來的參與者彼此不認識，也缺乏互信基礎，因此導致缺乏領導核心、扁平化的決策形態（蕭遠 2011）。此外，野草莓運動也是臺灣第一個進行線上直播的抗議活動。在 11 月 7 日臺北市自由廣場的靜

坐活動展開之後，部落客使用無線網卡與筆記型電腦，架設了
Yahoo! Live 直播頻道，並且以國、臺、英語講解現場狀況（李明
穎 2012: 91）。

　　野草莓運動出現於社群媒體尚未在臺灣普及的年代，儘管創
立於 2004 年的臉書在 2008 年中就推出了繁體中文版，但是沒來
得及影響年底爆發的野草莓運動。但隨著社群媒體愈來愈普及，
後續臺灣的青年抗議運動幾乎與臉書脫不了關係。在 2012 年夏
天，學生反對親中的旺旺中時集團併購中嘉有線電視系統與壹傳
媒集團，因而發起反媒體壟斷運動，當時就高度依賴社群媒體。
「反媒體巨獸青年聯盟」在臉書架設了粉絲頁，成為整個運動最
重要的宣傳管道，而媒體政策的複雜細節，則透過淺而易懂的懶
人包說明。在 9 月 1 日的反媒體壟斷大遊行前夕，運動者透過網
路散發大量的迷因與梗圖，包括「陪我一同遊行」、「你好大，我
不怕」、「我在××，守護臺灣新聞自由」的自拍圖，其中有人在
北京天安門前拍攝，還有不少知名人士參與 (Wong and Wright
2017)。

　　在 2014 年的太陽花運動之後，社會運動與網路科技之間的關
係持續演化。g0v 軟體工程師參與了政治獻金公開化、農地工廠
舉報等運動，也由於他們的參與，促成政府推出了 vTaiwan 與「公
共政策網路參與平台」(https://join.gov.tw/) 之線上參與機制 (Lee,
M. 2020)。此外，臺灣新一波的擁核運動始於一群深信科學價值
與核能科技的年輕理工人，他們為了抵抗在 2011 年福島核災以降
的反核運動風潮，一開始在網路聊天室集結，後來還在臉書成立
「核能流言終結者」、「以核養綠：缺電公民自救會」粉絲頁。主
事者為了 2018 年的公投提案，也曾在商業直播平台宣講 (Ho

2021)。在 2019 年香港反送中運動爆發之後，許多年輕抗爭者（「手足」）流亡海外與臺灣，有些人開始在 Instagram (IG) 開設「手足代購」的帳號，販賣臺灣特有商品，讓香港消費者藉由採買這些網路商品，支援流亡的手足。另一方面，也因為臺灣製造的產品具有特殊的政治意涵，象徵著抵抗中國極權控制的輸出與擴展 (Ho and Chen 2021)。

　　隨著網際網路科技的不斷演化，臺灣研究者對於社會運動的影響也出現了不同的評價。早期研究者認為，「網路扮演的仍是配角……單靠網絡不足以成事，網下的抗爭活動才是社運事件的主角與重頭戲。」(林鶴玲、鄭陸霖 2001: 147) 另也有研究者指出，上網時數與投票行為、參與抗議行動並沒有明顯相關 (林宗弘 2012)。不過到了晚近，網際網路帶來的影響已經相當明顯，例如促成新形態的「快閃政治」之浮現（林澤民、蘇彥斌 2015）。這樣的研究結果轉變，並不令人意外。一旦愈來愈多人的朋友是透過網路認識，而不是鄰居、同學、同事、同鄉等既有的關係；一旦愈來愈多人的訊息來源來自手機，而不再是電視、報章雜誌、口耳相傳，社會運動組織自然也得學會使用這項新興科技，造就更多的社會運動參與來自網路動員。

三、網路運動：贊成與反對

　　對於運動者而言，網際網路的進展一直令人期待，他們希望通過新的傳播科技，繞過主流媒體與政府的言論管制，將被忽略的聲音傳送出去。1994 年，墨西哥薩帕塔民族解放軍 (Zapatista) 利用列表伺服系統 (listserv)，以電子郵件的形式將反對北美貿易自由化的訴求呈現在世人面前，創造了全球數位行動。1999 年在美國西雅圖針對世界貿易組織 (WTO) 會議的抗爭，是全球正義運動的濫觴，同時也催生了獨立媒體 (indie media) 運動。

對於需要跨國串連的社會運動，網際網路帶來的傳播作用顯得特別重要，提供了前所未有的便利性。Keck and Sikkink (1998: 8–12) 指出，人權、環境、婦女運動之「跨國倡議網絡」(transnational advocacy network) 的浮現是一大關鍵，有助於資訊的流通與共同的行動。Smith (2008: 134–40) 強調，全球正義運動是在創造一個新的「全球公共領域」(global public sphere)，使國家與企業以外的行動者得以發聲。如果沒有無遠弗屆的網際網路降低長距離溝通的成本與時間，跨國倡議網絡或全球公共領域很難產生。

全球正義運動常見的形態是「峰會抗議」(summit protests)，尤其是利用世貿組織、國際貨幣基金會 (IMF)、七大工業國組織 (G7) 等國際組織召開會議期間進行紮營抗爭，試圖阻撓正式議程之進行 (della Porta and Tarrow 2011)。2011 年阿拉伯之春後，發生於日常公共空間的占領運動也愈來愈常見。有評論者指出，「聚集的邏輯」(logic of aggregation) 已取代「串連的邏輯」(logic of networking) (Juris 2012)。網際網路不只是傳遞訊息，也開始建構新的主體，促成公開的行動。

在學術研究以外，網際網路的政治效應也引發諸多爭辯。Clay Shirky 是典型的樂觀論者，他認為網路已經演變成一種「不需要組織就能擁有組織化之力量」 (power of organizing without organization)。群體的形成不用面臨高昂的「交易成本」(transaction cost)，各種多元的社會運動就更容易登場。Shirky 強調，新科技本身並沒有創造出新的社會運動，但會讓阻礙消失；

組織社會運動不再只是特定人士的專有能力，而是普及化成為基本的公民素養 (Shirky 2011a)。網路發起的社會動員是採取協作的同儕生產 (collaborative peer production)，參與者都貢獻與分享自己的非專業工作時間，發想並提出各種創意，使社會運動呈現更為多元化與活潑的形態 (Shirky 2011b)。

相對於此，Gladwell (2010) 則提出懷疑。他認為，社群媒體儘管能將訊息很快地傳播出去，但是只憑網路媒介，很難打造出具有強烈情感聯繫的群體。網路使用者不見得願意為共同利益而犧牲，社群媒體所形塑出來的，至多只是水平性的網絡，而不是真正的運動組織，難以形塑共識並進行策略決策。Morozov (2011) 也批判西方流行的數位烏托邦 (cyber utopianism) 觀點，彷彿網際網路就代表自由的言論，訊息的自由傳遞就能夠瓦解威權統治的基礎。他強調，網際網路所傳播的不一定是反威權的訊息，威權統治者也會試圖限制或形塑網路言論。此外，消費與休閒取向的訊息會移轉人們的注意力，排外的民族主義內容更會強化統治者的正當性。

大致而言，樂觀論的看法在 2016 年之前占主流，懷疑論的看法被認為過度牽就傳統社會運動的模型，忽略網路科技所帶來的革命性改變。Howard (2010) 就指出，伊斯蘭國家的獨裁者需要引進當代的資訊傳播科技，以推動經濟現代化，但是網際網路卻不可避免地成為了反對派動員的媒介，因此催生新一波的民主運動風潮。他大膽斷言：「伊斯蘭的民主將會以數位方式誕生。」(Howard 2010: 12) 這樣的樂觀論信念，在 2011 年的阿拉伯之春、歐洲反撙節抗議、占領華爾街運動的風潮中達到前所未有的高峰。

埃及革命其實是由一位沒沒無聞的社交媒體小編所發起。

Wael Ghonim 是在杜拜工作的 Google 工程師，他設立了反政權的
臉書粉絲專頁 (We Are All Khaled Said)，悼念一位被警察打死的
年輕人。他以匿名的方式管理粉絲頁，並使用虛擬私人網路
(virtual private network, VPN) 軟體來隱藏自己的網際網路協定位
址 (internet protocol address)，絕大多數的埃及人根本不認識他。
Ghonim 在臉書號召民眾在 2011 年 1 月 25 日舉行抗議活動，卻
為接下來 18 天的革命揭開序幕，埃及政府甚至一度被迫中斷全國
網路，以阻止抗議的浪潮。許多西方媒體因此就用「臉書革命」、
「推特革命」來稱呼這場行動。

　　Ghonim 在行動前幾天回國，革命期間因為忘了登出網路帳
號，身份曝光、短暫被捕。後來，他因為一場電視專訪聲名大噪，
大部分埃及人才總算知道臉書粉專小編的真正身分。他事後出版
了一本回憶錄，宣稱一種「2.0 版的革命」已經降臨，「未來革命
不需要依靠領袖，只需要跟隨群眾的智慧。」(Ghonim 2012: 293)
此外，Ghonim 也曾用維基百科 (wikipedia) 來比喻埃及革命，兩
者皆涉及眾多匿名者之貢獻，卻找不到某位作者或英雄 （引自
della Porta 2016: 290）。一位無名的臉書小編，在雲端促成了埃及
開羅的抗爭行動風潮，最後成功推翻了已經擔任總統一職超過 30
年的 Hosni Mubarak，這樣的傳奇故事引發全球關注。至於 2014
年的香港雨傘運動，研究者也發現參與者主要的訊息接收管道是
網路與社群媒體，而非響應政黨、倡議團體、政治領袖的號召，
因此產生了一種 「公民自我動員」 (citizen self-mobilization) 的形
態 (Lee and Chan 2018: 39–43)。

　　不只是運動當事者抱持這種科技烏托邦之信念，連研究者也
感染了這種時代風潮，其中最明顯的例子即是 Castells (2012) 所

提出來的「網路運動」(networked movements) 之觀點。他指出，
在新形態的社群媒體影響之下，大眾傳播的年代已經終結，取而
代之的是「大眾的自我傳播」(mass self-communication)，抗爭者
同時也扮演報導者，各種「立即抗爭社群」(instant insurgent
communities) 在各地浮現，而且不需事先存在的組織與知名的領
導者。Castells (2012: 227) 認為，網路運動取代了由既有組織所發
起與領導的抗爭活動，網路強化了橫向與扁平的連結，突破了組
織之間的界限，將帶來新的運動力量，使得運動不可能被政府所
收編。十分類似地，Bennett and Segerberg (2013: 22–6) 指出社群
媒體促成了一種新形態的「數位網絡行動」(digital networked
activism) 之誕生，這種抗議活動較為個人化，重視參與者的自我
表達，而不只是滿足某一個群體需求。與傳統抗爭相比，數位網
絡行動的升級與擴散十分迅速，容易串連不同的議題，較能容納
參與者的多元性，也較有可能採用新穎的抗爭劇碼。根據
Bennett and Segerberg (2013: 46–8) 的分類，集體行動 (collective
action) 是由既有的組織發起，聯繫行動 (connective action) 則是依
賴網路工具。此外，由於既有的運動組織也可能採用網路媒介，
因此新型態的運動可以進一步再區分為「組織發動的聯繫行動」
(organizationally-enabled connective action)，或是完全沒有組織參
與的「群眾發動的聯繫行動」(crowd-enabled connective action)。

　　無論「網路運動」或「聯繫行動」的理論，都只是片面強調
網際網路的動員作用，忽略了線下的實體運作。後續的研究指出，
在埃及革命中，反對黨、勞工運動、伊斯蘭組織、貧民區居民、
足球迷的參與也扮演了重要的角色，而且有些參與者已經長期進
行組織工作 (Clarke 2014; Gunning and Baron 2014: 165–6)。在當

時的埃及，高速網路與智慧手機的普及率不高，推特的使用者只限於少數西化的菁英份子，因此所謂「社交媒體革命」的說法不盡然符合實情，似乎只是為了迎合西方新聞讀者的需求 (Gerbaudo 2012: 61)。除了埃及的個案以外，也有愈來愈多研究指出，當代占領運動之浮現並不能完全歸因於網際網路。西班牙在 2011 年 5 月 15 日的抗議（「五月十五日運動」）是歐洲最大規模的反撙節行動。這場抗議是由「自主左派」(autonomous left)【按：即是不附屬於政黨或工會的左派勢力】的運動成員積極規畫與籌備，不能簡化為自主公民響應網路上的號召 (Fominaya 2020: 51–71)。也有學者指出，紐約市的工會與其他社會運動組織同樣參與在占領華爾街運動當中，並提供了重要的資源協助 (Gitlin 2013)。上述研究都指出，網際網路不能被抽離出更廣大的運動脈絡，彷彿這項傳播科技就是促成抗議的唯一因素。更重要的是，過度重視單一科技所帶來的影響，而沒有考察其限制，也或多或少帶有「科技決定論」的色彩。

　　除了網路作為一種傳播管道以外，負責架設與管理網際網路的電腦工程師也形成了一種特有文化，進而影響了晚近的社會運動。開放原始碼概念始於早期電腦迷的協作與分享之實作，他們相信一套平等而自由的參與文化，反對版權軟體公司的壟斷。在世界各地，有些電腦工程師關切公共議題，試圖用鍵盤與程式來改造社會，形成 Postill (2018) 所謂「宅宅工程師政治」(nerd politics)。Postill (2018: 3–7) 指出，這些掌握電腦技術的參與者之意識型態相當多元，從自由放任主義、激進主義到自由主義都有，但是都相信民主價值，厭惡威權統治。「宅宅工程師政治」的典型展現方式包括數據行動 (data activism)、保衛數位權利、在社會運動場合搭建網路基礎架構、組黨或參政。臺灣的 g0v 社群是最貼近這種「宅宅工程師政治」的本土個案，他們在太陽花運動中架設網路系統，後續所參與的政治獻金公開化、農地工廠舉報等專案也屬於數據行動（鄭婷宇、林子倫 2018）。開源電腦工程師社群所信奉的多元性、自發性、反權威理念，與當代的網路運動很顯然享有某種親和性，都反對核心領導人，也抗拒層級性的組織。因此，開源社群的電腦科技與無領導者運動（見第 4 章）產生匯流，共同強化了當代運動的去中心化趨勢 (Juris 2008: 86-7)。

四、幻滅之後

關於網路運動，或是更廣定義的數位行動 (digital activism)，長期以來一直有兩項被普遍接受的假定。第一，因為其操作便利與低成本，所以有利於弱勢群體翻轉其不利的傳播處境，取得新的發言權；第二，由於技術進展非常迅速，需要不斷地學習才能掌握最新的平台與語言，政府官僚體制往往措手不及。老一輩的掌權者通常不瞭解，或是低估了年輕抗爭者所發展出的網路文化。如果說全球化使得國界不再帶來阻隔，數位化則帶來扁平化，消弭了有權者與無權者的落差。

然而愈到晚近，上述兩項假定已經受到質疑，取而代之的是對於這項傳播科技的懷疑論，認為它不只無助於弱勢群體爭取應有權利，甚至反而有助於權勢者鞏固自己的特權地位。換言之，網路並沒有翻轉既有的不平等與壓迫，反而使之更為強化。有幾項後續發展導致了這樣的觀點轉變。首先，阿拉伯之春席捲了十幾個北非與中東國家，但最後只有突尼西亞順利走上民主化的道路。在葉門、利比亞、敘利亞，人民起義後隨之而來的是長期的內戰與外國勢力介入。在更多的國家，獨裁體制只是受到短暫衝擊，隨後便站穩了腳步，而且學會如何因應網路動員的挑戰。在埃及革命後兩年，軍方罷黜了民選總統，並且以更殘暴的方式鎮壓民眾抗議 (Ketchley 2017)。在歐洲，由於歐債危機所驅動的反撙節抗議很快就消失了。在 2015 年爆發了來自中東與北非的難民危機，反而激發了右翼排外運動的風潮，促成民粹主義政治人物或政黨的興起 (Norris and Ingehart 2019)。在美國，占領華爾街運動著眼於日益加劇的經濟不平等。但是 2016 年川普當選後，他大量延攬企業主管進入政府體制，並且推出有利於富人的減稅政策。評論者就指出，美國反而又被華爾街占領了。換言之，這些占領運動當初聲稱借用最先進的傳播科技，但是結果不如預期，這也使得網際網路的吸引力被打了折扣。

其次，若事後來看，當初被網路革命浪潮衝倒的阿拉伯世界獨裁體制（突尼西亞、埃及、利比亞、葉門）其實只是因為沒有事先防備，才不知道如何因應突如其來的占領運動。存續下來的獨裁者記取教訓，知道如何利用消極的言論審查與過濾，以杜絕反對派的挑戰。跨國資料的實證研究指出，威權統治者的網路言論控制能抑制公民社會的發展，阻礙抗議行動產生 (Chang and Lin 2020)。進化的獨裁者有許多可以採用的反制策略，包括實名制登記、培養支持政府的網軍 (troll)、傳播假訊息造成混淆，或是移轉注意力等 (Tufekci 2017: 223–60)。網際網路不再是運動者單方面可以使用的資源，其本身即是戰場。

在 2016 年之前，對於數位行動的樂觀期待居於主流，然而隨著英國脫歐公投與美國川普的當選，更多觀察者才正視數位行動的黑暗面，尤其是具有敵意的境外威權統治者，以國家級的資源發起假新聞攻勢。英國公投與美國選舉事後證明都有俄羅斯介入的數位痕跡。有研究指出，在 2016 年美國總統選舉期間，近 18% 的相關推特訊息是由機器人 (bots) 所發送，而有上百個支持川普的網站是在馬其頓某個不知名的小鎮註冊 (Diamond 2019: 217–8)。2019 年由時任美國特別檢察官 Robert Mueller 所撰寫的調查報告中，詳實紀錄了俄羅斯的網軍介入，以及其與川普競選團隊的接觸。此外，包括臉書與 Google 在內的科技巨頭過往被視為自由與民主價值的代言人，百無禁忌的網路曾被視為言論自由的具體展現。在埃及革命中，Ghonim 是 Google 員工，同時也是發起反政府抗議的臉書小編，更強化了這種形象。然而，科技巨頭的利潤來自於將用戶資料轉化成為商品，這種監控資本主義 (surveillance capitalism) 之經營模式倍受質疑。在 2018 年爆發的劍橋分析公司 (Cambridge Analytica) 醜聞顯示，商業化的社群媒體有可能非法出售用戶資料，讓他們成為有政治目的之不實資訊的攻擊對象。

　　一旦網路世界的運作已經進展到機器人、網軍、人機合體 (cyborgs) 的階段，社交媒體「武器化」(weaponized) 成為資訊戰的一環，這場戰役的勝負便取決於資源的投入。政府有辦法雇用大量的資工人員，採購最先進的硬體設備，建構出來的數位國家安全體制早已不是業餘的網站小編所能撼動。事實上，大規模的生物識別資訊收集、更先進的臉部辨識科技、更強大的 5G 通訊系統所可能帶來的「數位列寧主義」(digital Leninism) 之統治形態，已經成為當代所能想像最可怕的反烏托邦，這將使所有反抗行動變得不可能。

　　中國即是一個最明顯的例子。在阿拉伯之春爆發時，共產黨十分擔心本土版的茉莉花革命出現。在 20 世紀初，儘管有各種網路公安與防火牆的監控，網際網路有時也會傳播一些突破政府封鎖的訊息，推動各種維權運動 (Yang 2008)。在早期，中國政府能做的只是消極防範，用「網路萬里長城」來阻撓中國網民接收到國外資訊。雷雅雯的研究深刻地記錄了中國政府的數位進化，將原先具有威脅性的網路收編成有助於其恆久化統治的工具。中國政府大力扶植「網路評論員」（所謂的五毛黨），製造大量忠黨愛國的「小粉紅」，他們的聲浪淹沒了以往具有批判性的「公知」。此外，中國政府也堅持「網路主權」，用國家力量打造出本土的社群媒體生態體系（例如微博、微信、抖音）只能傳播被過濾與消毒過的訊息 (Lei 2018)，各種抗爭訊息很快就被刪除與過濾，很難獲得廣泛流傳。這樣綿密的社群媒體監控，已經成為中國日常維穩機制之一部分 (Cai and Chen 2022: 17–8)。

比較香港兩次大規模的抗爭，亦即 2014 年的雨傘運動與 2019 年的反送中運動，就可以看到中國政府數位維安工程之巨大進展。在 2014 年，中國自由派人士無畏打壓，發起聲援香港人的行動。但是到了 2019 年，中國政府能夠在境內發起一股「撐香港警察」愛國風潮，微博與微信上看到的都是「香港暴徒」的訊息。甚至，臉書、推特、Youtube 也曾決定封鎖上百個帳號，因為它們涉及大量製造假消息，而這些都是抹黑香港反送中運動的訊息。事實上，中國政府不只用網路工具消弭了國內的批判反對聲音，更用於從事境外的威權擴張。在臺灣的 Line 群組或臉書社團經常流傳來自對岸的假消息，目的在於擾亂視聽，製造混亂與內鬥。舉例而言，2018 年日本關西機場因颱風來襲緊急關閉，中國網軍造謠臺灣旅客靠中國駐日使館脫困，而這項假消息很快在臺灣傳播，連電視新聞也沒有經查證就報導，最後導致一名外交官因壓力過大而輕生（洪浩唐等 2021）。

　　獨裁者掌握國家資源，只要他們願意投資這些資訊基礎結構，異議人士就愈來愈難只憑網際網路推動民主運動。一旦網路傳播取決於資源投入，弱勢群體所發起的社會運動也就更難撼動權勢者的特權地位。Schradie (2019) 研究美國北卡羅萊納州的社會運動，她比較左派（民權運動、工會運動）與右派（擁槍團體、反工會運動）的差異，結果發現右派掌握了更大的網路話語權，這使得其訴求獲得不小政治進展。北卡州近年來也迅速右傾，從原先的搖擺州變成共和黨牢牢控制的紅州。Schradie 的研究發現主要有兩點：首先，數位行動需要資源投入，黑人與勞工階級的參與者往往無法購買最先進的電腦或手機設備，也不一定能在家裡享有高速網路 (ibid.: 36–8)。換言之，持續存在、甚至加速擴大的數位落差仍會讓弱勢者所發起的挑戰運動處於不利的處境。其次，數位行動所依靠的不是民主與自發的參與，而是需要專職人員、科層體制的分工、明確的決策與指示。就製造網路聲量以及訊息的精準傳遞而言，兼職與業餘的網站管理員，自然不是全職小編的對手 (ibid.: 104–7)。因此，當左派沉迷於數位民主、自發協作等美妙的理念時，現實掛帥的右派勢力運用數位科層，較有能力在網路發揚其主張。

結　論

　　相對於傳統的線下社會運動，網路運動具有何種意義？這是一個新的機會，讓弱勢群體獲得發聲與集結的管道？抑或是，網際網路使運動變得扁平化、事件化，只能追求短暫的流量與聲量，無助於改變既有的現況？這一章考察了各種對數位科技樂觀與悲觀的看法之後，我們可以發現，社會運動與網際網路的共同演化過程興許可以用「道高一尺、魔高一丈」加以總結。在社群媒體、行動通訊登場的初期，社會運動者成功地運用這項新崛起的傳播科技，意外掀起了抗爭風潮，也帶動了進步性的改革。但是很快地，威權統治者與優勢群體意識到網際網路的政治效應，他們投入更多的資源，逐漸從抗爭者手上奪回這個數位工具。

從事後來看，本世紀初的網路樂觀論，以及阿拉伯之春所激發出的網路運動、聯繫行動等理論都過於簡化，適時地拋棄這些浪漫化的科技烏托邦論有其必要性，也令人神智清醒。從社會運動研究的角度來看，科技決定論本來就是充滿疑問的看法，彷彿運用特定的傳播科技必然導致某種社會運動的後果。實際上，無論是否處於資訊社會的年代，社會運動者一樣都在從事理念宣傳、組織培力、議題倡議、政策遊說、國際串連等工作，而他們的動員結果也取決於一系列科技與非科技的因素之綜合作用。一旦告別了先入為主的不當預設，我們反而能更清楚看見網路對於社會運動所提供的助益與限制。更重要的是，資訊傳播科技仍在不斷演進之中，下一回合的社會運動與獨裁者之交鋒也會以目前所想像不到的方式進行，需要抱持更開放的心胸加以觀察與分析。

舉例而言，2022 年 9 月中旬，伊朗爆發了大規模的抗爭行動，起因是一位沒有遵守伊斯蘭教頭巾配戴規範的年輕女性 Mahsa Amini 死於宗教警察的拘留所。這場爭取女性權益與人權運動，成為了 2009 年伊朗抗議選舉不公的「綠色運動」之後最大的反政府示威，也引發了西方民主國家的聲援。值得注意的是，伊朗政府早就從阿拉伯之春學到教訓，試圖控制網際網路的言論，甚至曾與 Google、推特等矽谷科技巨頭商談使用條件，但因為遭受西方制裁而未成，因此他們推出了本土版的搜索引擎、通訊軟體等。然而，伊朗的反對派仍可以「翻牆」接觸、傳播不同的聲音。研究指出有超過八成的網路用戶使用 VPN，運動訊息也是在推特、Instagram、Clubhouse 等平台流傳 (Yee 2022)。這個例子顯示，反對者與獨裁者的雲端抗爭仍持續進行，其結果仍是未定之天。

第 6 章

政治環境：
社會運動的政治機會結構

一、社會運動的政治性格

根據國際核能機構的調查，建造一座核能反應爐平均要花費五到七年；在這漫長的期間內，民意的流變、法律規範的修改、災難的發生都有可能影響建造過程。世界上有許多反應爐工程半途而廢，或是在興建完成之後沒有運轉。就國際標準而言，位於新北市貢寮區的台電核四廠特別命途多舛，在長達 15 年（1999–2014 年）的建造期，遇到了兩次停工，第一次來自民進黨政府，第二次則是由國民黨政府下令。

核四廠的規畫始於 1980 年，而臺灣的反核運動也在差不多的時間出現，並且很早就跟民進黨結盟，形成一股強大的政治勢力，與擁核的國民黨對抗。核四在 1999 年動工，隔年就碰到臺灣首度政黨輪替，被民進黨政府下令停工，但在在野黨強烈反彈下，僅百日後便又續建。2014 年的太陽花運動之後，民進黨前主席林義雄的絕食抗議，點燃了新一波反核抗議，國民黨政府在壓力之下被迫停工核四廠，並封存兩座未完成的反應爐。2016 年民進黨再度執政，隔年不再編列封存預算，也賣出核四廠的燃料棒，這座核電廠結局看似底定。沒有想到，新崛起的擁核運動在 2018 年公投勝出，廢除了法定的 2025 年廢核期限，但續建核四的公投案又在 2021 年遭到否決。

圍繞核能發電議題出現的抗爭，彰顯社會運動高度的政治性格，反核運動與擁核運動都深深受到外在局勢變動的影響，包括：（一）兩次第七級國際核能事故：1986 年 4 月的車諾比事故讓當時的反核言論從媒體走向街頭，同年 10 月黨外人士在臺北的台電大樓外發起首次反核抗議。在 2011 年的福島事件之前，臺灣反核運動陷入長期低潮，已經 10 年沒有遊行，但在福島事件後反核運動重生，吸引更多參與者，演變成政黨色彩較不明顯的「公民運動」。（二）三次的政黨輪替：2000 年民進黨首度執政，核四停工的決策過於匆促，引發在野的國親兩黨合作杯葛，導致政治危機。在民進黨續建核四之後，反核運動深受打擊，長期不振。2008 年國民黨重新執政，將核能視為減碳的選項，聲稱核四將是「建國百年賀禮」，結果核四工程一再延宕，核工專業人士質疑台電的施工品質，加上新浮現的反核與其他社會運動風潮，迫使國民黨政府停建封存。2016 年，臺灣第三次政黨輪替，主張非核家園的民進黨上台，其能源轉型政策卻意外引發擁核運動，後者利用缺電的恐慌（2017 年夏天兩次全國無預警限電）、反對空氣污染的民意（2018 年的深澳電廠案）、太陽能光電搶地的疑慮等議題，獲取民意支持。（三）兩大政黨與社會運動的關係：民進黨 1986 年成立時就將反核寫入黨綱，日後隨著其政治版圖擴大，立法院的席次與其在臺北縣執政（1990–2005 年）都是反核運動可以依賴的政治槓桿，但沒想到民進黨首度的中央執政，以及草率收場的百日廢核，為反核運動帶來沉重的打擊，因此後來民進黨政治人物想參與福島事件後的反核遊行，受到了群眾的質疑。至於國民黨長期擁核，但在 2014 年高漲的反核抗爭中卻出現了分裂，時任新北市長朱立倫與臺北市長郝龍斌不支持核四，與中央政府的馬英九、江宜樺對立，後來代表國民黨角逐 2016 年總統大選的朱立倫也聲稱支持非核家園。然而，隨著擁核運動興起，國民黨態度也跟著改變，2020 年總統候選人韓國瑜則主張重啟核四。（四）直接民主的法律規定影響運動策略：臺灣環境運動很早就倡議用公投來解決開發爭議（1986 年的鹿港反杜邦運動），反核運動者

曾在臺北縣貢寮鄉（1994 年）、臺北縣（1994 年）、臺北市（1996
年）、宜蘭縣（1998 年）舉行過地區層級的公投，只不過由於《公
投法》在 2003 年才通過，這些公投不具法定效力。1994 年，因
為國民黨團強行通過八年度的核四預算案，反核團體發起罷免擁
核立委的行動。國民黨緊急修改《選罷法》，提高罷免案成立的門
檻，使得該年底包括韓國瑜、洪秀柱在內的四位立委罷免案沒有
通過。立法院 2017 年底針對反核人士長期批評的「鳥籠公投」進
行修法，下修《公投法》連署、提案、成案等三項門檻，擁核人
士因而找到體制內的發聲管道，並在 2018 年的「以核養綠」公投
中獲勝。不過，擁核陣營在 2021 年所推動「重啟核四」公投卻被
民意否決（見 Ho 2003a, 2014a, 2018, 2021）。

　　社會運動總是與政治緊密相連，其議題很容易就「政治化」，
被貼上政黨標籤。臺灣反核運動一方面激化了國民兩黨的差異，
同時也反過來成為政黨競爭所援用的議題。就起源而言，社會運
動來自於既有權力關係的不對稱，迫使某些被邊緣化群體採取體
制外的抗爭活動；就過程而言，社會運動持續與體制內權力擁有
者互動，透過施壓、討價還價、聯盟、對抗等形式，爭取群體利
益；就結果而言，社會運動能否實現其目標，受制於一連串政治
條件的組合，並不一定只取決於社會運動本身的實力。在這一類
的研究作品中，一個經常使用的概念即是「政治機會」(political
opportunity)，亦即政治體制對於行動者所帶來的限制與助益，經
常被用來解釋社會運動的起源、過程與結果。

　　政治機會的概念最早是在 1970 年代浮現，並逐漸在 80 年代
成為社會運動研究的核心議題。但隨著政治機會概念的廣泛使用，
任何影響社會運動的外部因素彷彿都可以被放在這個概念之中，

模糊的邊界、不確定的內容使這個概念成為解釋一切的萬能鑰匙，反而稀釋了其分析的效用。本章試圖釐清這些關於政治機會的概念性問題，並提出一套社會運動的政治分析架構。這一章主要分為兩部分，首先探討政治機會結構的概念形成過程，介紹這種觀點如何從不同研究領域中成形與匯流。第二部分則是要釐清政治機會結構的概念、適用範圍、方法論、理論位階等相關的議題。

二、政治機會結構：體制的選擇性開放

　　政治機會結構 (political opportunity structure) 一詞來自於 Eisinger (1973) 一篇探討美國種族抗議的研究。對於美國黑人而言，不同的城市形成了相異的政治環境，影響他們實現其利益的可能性。Eisinger 將一般通稱的政治環境稱之為政治機會結構，進一步指出「抗議的悖論」(paradox of protest) 之現象：種族抗議的出現與政治機會結構之開放性與封閉性形成一種曲線的關係。換言之，在極端開放與極端封閉的條件下，抗議是不容易產生的；相對地，最容易形成種族抗議的城市，往往兼具開放性與封閉性元素。開放性即是城市政體的回應性，理論上如果政治機會結構已完全開放，市政府積極回應黑人的訴求，運動者就沒有必要採取抗議手段來實現其目標，任何新興議題都會被吸收進體制內的管道；反之，如果政治機會結構是處於絕對的封閉狀態，抗議則沒有產生的可能性，因為任何行動都無法改變執政者的決定 (ibid.: 12)。

　　Eisinger (1971, 1973, 1974) 開啟了社會運動的政治分析，將政治體制的問題帶進討論。他明確地指出，抗議只在特定的政治脈絡之中才會產生。從這個觀點來看，抗議其實是一種政治行動，

是以體制外的方式來競逐體制內的權力分配。同樣是研究美國民權運動的 Wilson (1961) 與 Lipsky (1968) 指出，抗議活動往往來自於「弱勢者」(the powerless)，他們缺乏體制內的資源，無法以常態管道來爭取他們的權益。因此，抗議即是弱勢者所運用的政治資源，也就是在沒有政治影響力的情況下所創造出來的政治影響力。此外，抗議是一種議價 (bargaining) 過程，挑戰者所爭取的回報來自於被挑戰者的讓步。抗議不是全然的道德說服，也不可能是武力強制，所以被挑戰者的回應總是計算得失後的結果。抗議作為新創造的政治資源，其實涉及了各種誘因 (inducement) 的採用。對於抗議對象，挑戰者通常使用負面誘因，使其承受不讓步所承受的損失 (Wilson 1961: 291–4)；對於參考公眾 (reference public)，挑戰者則使用正面誘因，促使他們關切這個議題，甚至是直接介入衝突，向被挑戰者間接施壓 (Lipsky 1968: 1145)。

　　無論是「抗議的悖論」或「抗議作為弱勢者資源」，都預設了政治體制不一致的開放程度。對於某些群體而言，正是因為既有的遊戲規則排除了他們實現利益的可能性，他們才要採取體制外行動來爭取權益。這些研究發現質疑了多元主義的觀點，此觀點認為民主體制下的政治權力是廣泛地分散於各個社會群體，沒有單一群體能恆久占據權力的核心，但事實上政治制度的設計總是偏好某些利益團體，納入 Schattschneider (1960) 所謂的「偏差的動員」(mobilization of bias)，有系統地排除某些群體的參與，使其喪失被代表、被討論的空間。權力不只是展現於哪些提議被公開討論、議決、付諸執行，它也以看不見的方式運作，例如有權者能夠成功地將「非決策」(non-decision) 制度化，使得某些議題不被注意、不被討論，從而排除反對者的參與 (Bachrach and

Baratz 1962)。也因此，社會運動是一種理性的政治行動，其目的就要突破既有體制的排除。

三、國家、民主與社會運動

當代民主政治體制的選擇性開放，促成社會運動的興起。追根溯源，關鍵在於當代國家體制興起，促成了政治權力集中化，從而使得社會運動成為「以國家為導向」的抗議活動。就這一點而言，Charles Tilly 的歷史研究提出了最完整的說明。

自從 1970 年代以來，Tilly 的歷史研究主要涉及兩個核心議題，即西方社會結構的長期變遷與抗爭行動形式的演進 (Tilly 1981: xi, 1990: ix, 1999b)。在結構的長期變遷方面，Tilly 關切的焦點包括了都市化、無產化、市場經濟興起與現代國家的形成等。對 Tilly 而言，現代國家的形成是歷史上最重要的政治變遷。現代國家預設政治權力的集中化，逐步削減封建領主、城市自治權與農村自足經濟。國家的建構者為了因應國際局勢，需要維持國內的治安，並且從國內人民身上汲取資源，以建立軍事力量 (Tilly 1975a)。Tilly (1985) 提出一個著名的比喻：國家建造的過程與組織犯罪 (organized crime) 十分類似，都是以「保護」的名義，強制一定領域內的人民繳納經濟資源，並且宣示效忠。換言之，統治者與向商家勒索保護費的角頭老大沒有兩樣，而這樣的情況一直持續到國家被民主化之前。

權力集中化的過程以下列不同方式影響了抗爭的形式。為了提高政府稅收，君王與資本家聯手推動國內市場經濟的發展，打破了過去區域性的交易障礙，城市的行會經濟與農村的自給自足都受到無情的打壓。因此，Tilly (1975b) 指出糧食暴動 (food riot)

是歐洲現代化過程中最常見的抗爭形式，是地方人民共同對抗中
央權力入侵。Tilly 根據中央權威建立的過程，將抗爭形式的演變
分為三種：競爭性 (competitive)、回應性 (reactive)、積極性
(proactive)。在政府權力未深入地方社會之前，常見的社會衝突涉
及不同區域、宗教、族群之間的利益抗衡，形成競爭性抗爭。在
第二個階段中，政府權力的入侵受到地方人民的反對，形成回應
性抗爭。到了最後，民族國家的格局確定形成，人民才轉向政府
要求新權利的制定與保護，積極性抗爭才真正出現 (Tilly, Tilly,
and Tilly 1975: 260-2; Tilly 1978: 143-9)。隨著現代國家成功建
立，人民抗爭對象也開始轉向中央政府，並且訴諸於某種普遍性
的意識型態，Tilly 將這種發展趨勢稱之為抗爭的「全國化」
(nationalization)。也正是在這個脈絡之下，當代社會運動才與以
前的種種抗爭形成強烈的對比 (Tilly 1984, 1997)。在現代性初期，
抗爭高度依附地方的風俗習慣，傾向於在公眾節慶時刻進行，而
且獲得地方達官貴人 (notables) 的默許。過往歐洲各地常見的喧鬧
(charivari) 即是一個明顯的例子，群眾用粗俗不堪的喧嚷，騷擾違
背團體道德的人士。Tilly (1998: 12-3) 指出，在現代國家統治下，
人民抗爭的形式出現了相應的轉變，從局部的 (parochial)、特殊
的 (particular)、分裂的 (bifurcated)，轉變為普遍的
(cosmopolitan)、模組的 (modular)、自主的 (autonomous)。

除了長期歷史趨勢分析，Tilly 進一步提出一套「政體模型」
(polity model) 的分析架構，將社會運動定位於挑戰者與政府的持
續互動。在既定的政治格局下，「政體成員」(polity member) 享有
「對於政府控制資源之例行的與低成本的進路 (access)」；相對地，
挑戰者必得使用共同而一致的行動方式才能占用這些官方資源

(Tilly 1978: 52)。Tilly (1978: 100–35) 指出，對挑戰者而言，各種
政治條件都有可能分別形成「機會」或「威脅」，影響其實現抗爭
主張的可能性。例如政府面對挑戰時，至少有三種回應的方式：
（一）採取鎮壓 (repression)，即提高參與抗爭的成本；（二）協
助 (facilitation)，即降低參與抗爭成本，並提升機會；（三）容忍
(tolerance)，即不採取鎮壓或協助之行動。政府的鎮壓與協助通常
具有高度的選擇性，可能針對不同抗爭議題，或是針對同一起抗
爭的不同面向。

　　Tilly 在研究後期關切民主化如何影響人民的抗爭行動。相對
於主流政治學家只側重於選舉制度，Tilly 更關切民主如何重新形
塑統治者與被統治者的關係，因而促成社會運動的興起。Tilly
(2005b) 指出，人民自發形成一套合作與互惠的經濟互動模式，願
意相信他人配合的意願，即是所謂的「信任網絡」(trust network)。
在缺乏政治制度的保障下（例如法律規定的財產權），信任網絡通
常高度受限，只納入少數同質性的群體（例如離散的猶太人社
群）。在民主化之前，人民試圖隱藏其信任網絡，因為他們有理由
擔心統治者會奪取其資源。民主化即意味著國家也被納入這個信
任網絡，參與其中的行動者相信，統治者也會遵守法律規定與契
約承諾，使得信任網絡可以更廣泛地擴展。此外，民主與既有的
社會不平等，包括基於經濟、種族、性別等範疇，存在著某種微
妙關係。民主必然要超越這些範疇性不平等 (categorical
inequality)，讓不同群體享有相同的政治權利；一旦原先處於弱勢
位置的群體獲得政治權利，他們也會以民主之名，要求消除既有
的不平等。Tilly 指出，民主國家至多只能承諾形式上的平等，實
質的不平等有可能被弱化，但是不可能完全消弭；換言之，民主

實際上建立了範疇性不平等與權利平等之間某種隔絕，試圖讓不平等變成可以被承受的 (durable) (Tilly 1999a)。Tilly 主張，民主可以定義為「保護性諮詢」(protected consultation)，也就是說公民的自由與權利獲得了尊重與保障，能免於國家的任意介入與剝奪（即所謂的保護），同時也享有平等地位與對於政府官員的有效控制（即所謂的諮詢）(Tilly 2002: 194)。民主體制不見得具有執行能力，在某些國家，執政者雖然尊重民意，但是他們缺乏落實其承諾的工具。在低能力的民主體制下，常見的抗爭形態是境內族群與宗族之間的對抗，甚至是內戰。只有在高能力的民主體制，社會運動才會成為抗爭的常態，因為公民相信國家有可能落實他們要求的權利主張 (Tilly and Tarrow 2007: 56-7)。

四、歐洲新社會運動的政治條件

研究歐洲新社會運動（即生態運動、和平運動、女性運動）的學者指出，儘管運動主事者聲稱超越政黨，但是為了發揮其政治影響力，許多社會運動組織都與既有的政黨勢力進行聯盟合作 (Dalton 1994, 1995; Koopmans 1995; Maguire 1995)。也有研究者指出，新社會運動的參與者並不是脫離舊有的工會或政黨團體，而是來自一個更廣大的動員網絡之中，成員具有高度的重疊性 (Rochon 1990; Klandermans 1990)。為了強調新社會運動的創新性格，運動主事者經常強調自己與既有政治體制的疏離，拒絕採取既有的政治行動劇碼。誠然，晚近以來的新興政治涉及日常生活的議題（例如性別關係、環境保護），抗議的首要對象也不再是政府，但正是由於缺乏對於社會運動與國家的分析，新社會運動理論無法處理新舊政治之間的連結，甚至忽略了其若干共通性。上述的討論指引出一個可以探索的問題，亦即歐洲的新社會運動是在何種的政治條件下產生？又帶來何種政治影響？對於這個問題，Kitschelt (1986) 與 Tarrow (1989) 的研究最值得重視。

Kitschelt (1986) 的研究是一篇高度濃縮，卻富有啟發性的期刊論文，他試圖以政治機會結構的差異來分析法國、西德、美國、瑞典的反核運動。開放的政治機會結構（例如美國與瑞典）促使反核運動採取溫和策略 (assimilative strategy)，反核者透過體制內管道表達反對；相對地，在封閉的政治機會結構（例如法國與西德）下，反核運動則採取對抗性的策略 (confrontational strategy)，在決策管道以外進行抗議活動。Kitschelt (1986) 以「政治體制的開放性」定義政治機會結構，在實際操作層次包括：（一）政黨數目：愈是多黨制的國家，愈傾向容許新興利益的政治表達；（二）立法機構相對於行政機構的獨立性：獨立性愈高，反核訴求愈容易受到國會議員的支持；（三）利益中介的模型：多元主義的模型使得異議更容易表達，統合主義則是傾向於抑制新興議題；（四）訴求匯集的管道：政治體制愈容許議題形塑的空間，則愈具有開放性。Kitschelt (1986) 認為，政治機會結構基本上可以區分為「投入」與「產出」這兩個面向，前者涉及開放與封閉程度的問題，影響了社會運動的策略取向；後者則涉及國家行動力的強弱問題，決定了社會運動的實際影響。換言之，他認為既定的政治條件不只影響運動的過程，更決定了運動的結果。

Tarrow (1989) 關於義大利 1960、70 年代新左派運動的研究，最重要的貢獻是將政治機會結構與抗議週期 (protest cycle) 連結在一起。抗議活動的頻率通常呈現拋物線的分布 (parabola of protest)，反映了政治機會結構的開啟與再度收縮。在抗議週期上升的階段，抗議行動一開始缺乏組織，但是策略卻不斷創新，運動的詮釋框架也迅速擴散，因此促成抗議活動的成長。到了抗議週期的後段，社運組織已經成形，運動創新的步調開始減慢，不同組織之間面臨強大的競爭壓力，派系傾軋成為嚴重的問題，有部分組織轉向暴力抗爭，整體抗爭活動也呈現衰減。

Tarrow 認為，所謂的政治機會結構並不是只有單一的面向，而是包含許多變項的組合。根據他的整理 (Tarrow 1989: 22-3, 1994: 86-9, 1996: 54-6)，政治機會結構主要以下列四種面向呈現：（一）政治管道的存在：既有的政治局勢愈能提供人民參與決定的空間，機會則愈開放；（二）不穩定的政治聯盟：政治局勢愈動盪，愈能提供挑戰者運作的空間；（三）有影響力的盟友：社會運動需要外來資源的匯入，政治盟友的出現有助於運動的動員；（四）菁英的分裂：如果執政者無法採取一致的行動來回應外在要求，即是為挑戰者開啟了一扇機會之窗。

上述兩本著作都是用政治機會結構的概念來分析歐洲 1960 年代以降的新社會運動，但是卻使用了不同的研究設計。Kitschelt (1986) 進行共時性的跨國比較研究，Tarrow (1989) 採取了跨時性的單一個案分析。儘管這些研究者所定義的政治機會結構並不完全一致，但他們都聚焦於國家與社會運動的關係。換言之，即使到了 1960 年代之後，人民抗爭的主題有所改變，但社會運動仍是一種與政治菁英的策略性互動，並且受到各式各樣的政治條件影響。相較於以往的研究，這些作品更深入地剖析國家組織的內部結構，與其對於社會運動所造成的影響。

五、政治機會結構的概念：定義與運用

上述的美國種族抗議研究、抗爭歷史之研究、歐洲新社會運動之研究，都關切國家與社會運動的關係，也分別使用了「政治機會結構」的概念。在此，我們有必要為政治機會結構提出一個概念性的定義。

何謂政治？我們當然可以採取最廣泛的定義，泛指任何資源與權利的安排，但是政治機會結構的討論預設了國家中心論(statist) (Tarrow 1996: 45)，亦即國家在當今政治生活中扮演了最重要的角色。因此，政治機會結構是指一組以國家組織為中心的變項組合，對於社會運動形成一定程度的限制與可能性，並且提高或降低了運動動員所需花費的成本。政治機會之所以形成「結構」，乃是在既定的政治脈絡中，這些變項的組合具有相對一致性，並且對於社會運動產生大致上相似的作用。

政治機會結構後來引發一些爭議，其中一部分原因是在於某些研究者違背了國家中心論的預設，將一些與國家沒有直接相關的因素（例如媒體支持、性別平權狀況等）也視為「政治機會」。這不是說媒體、性別與社會運動無關，只是概念的過度延伸，會模糊化國家與社會運動的分析焦點；浮濫的「機會」使用，也重蹈過往「資源」討論的覆轍，將任何有助於社會運動興起的元素納入其中。Goodwin and Jasper (1999: 31) 曾指出，政治機會結構很難被妥善定義。如果定義得太廣泛，這個概念就顯得毫無意義；如果採取太狹隘的定義，就很難運用於特定社會運動。不過，筆者認為只要能夠掌握「國家中心論」的出發點，仍有可能列出一些具有啟發性的清單，避免陷入這種定義上的兩難。

　　McAdam (1996: 27) 與 Marks and McAdam (1999: 99) 列舉的政治機會結構主要面向如下：政治體制的開放性與封閉性、菁英體制的穩定性、菁英聯盟者的存在與否、國家鎮壓的能力與傾向。Tarrow and Tilly (2007: 57) 指出，政治機會結構主要包含下列的元素：政治體制中的多重獨立中心、對於新行動者的開放性、不穩定的政治聯盟、有影響力的盟友、政權鎮壓或協助的傾向。就實際經驗操作而言，雖然我們永遠無法列出所有可能的政治機會變項；就算列出來，也並非所有社會運動都涉及清單中的所有面向，但這兩份清單仍然有其參考價值。

　　此外，政治機會結構的分析圍繞在開放性與封閉性的問題，亦即是特定脈絡下，政治體制對於社會運動的助益與限制之程度。Eisinger (1973) 宣稱，只有在開放性中等的政治機會結構下，社會運動才會產生，過於開放或封閉的體制都不利於社會運動。另一方面，Tarrow (1989) 與 McAdam (1982) 則認為社會運動的抗議週期是始於政治機會結構的開放，而結束於其封閉。到底社會運動是出現於開放程度中等的政治機會結構（Eisinger 的主張），亦或是開放性高的情境下（Tarrow 與 McAdam 的看法），這兩種主張看似矛盾，但若採用下列的圖示，就可以化解其看似不一致之處。

　　圖 6–1 是將 Eisinger (1973) 的曲線理論圖像化。根據他的說法，只有當政治機會結構產生 B 或 C 方向的變動時，社會運動才有存在的空間。A 方向的變動會使得社會運動的動員成本太高，而無法進行；相對地，D 方向的變動則將社會運動所代表的社會利益重新吸收進入體制內，使其消失。大部分的抗議週期研究者都是處理 A 與 B 方向的變動，因此他們宣稱政治機會結構的開啟引發抗議風潮，收縮則使得抗議衰退。若用此圖來呈現 Tarrow

圖 6-1　政治機會結構與社會運動形成的機率

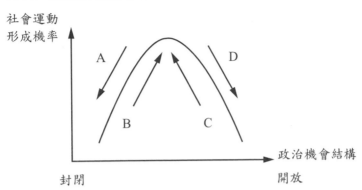

(1989) 與 McAdam (1982) 之研究發現，1960 年代義大利新左派運動與 1961–1965 年間的美國民權運動是處於 B 趨勢，而 1970 年代的義大利與 1966–1970 年間的美國是處於 A 趨勢。

　　研究者關心民主轉型過程中的社會抗議之興衰（Ekiert and Kubik 1999; della Porta 2014; Hipsher 1998; Kubik 1998; O'Donnell and Schmitter 1986; Oxhorn 1994; Pérez-Díaz 1993; Pereyra 2015; 張茂桂 1989），其研究發現也可以用這個概念圖加以說明。儘管並非所有的政治轉型研究者都使用政治機會結構這個術語，但是其研究指出：（一）自由化或是政治控制的鬆綁（即 B 趨勢），促成了抗議政治的浮現，刺激更多的社會運動出現；（二）民主鞏固或是政治民主的建立（即 D 趨勢），使得抗議動員的幅度減少，社會運動呈現衰退的狀態。

　　然而關於圖 6–1 之右半邊，研究者似乎較少關注。先就 D 趨勢而言（即政治機會結構從半開放轉變為完全開放），所造成的效果即是將社會運動吸收進入體制，完全回應與收編都可以算是這種形態。進一步而言，D 趨勢將使社運組織更為體制化，通常是轉化為利益遊說團體或是政黨。從社會運動轉為利益遊說團體的例子，包括 1970 年代的美國主流環境保育團體 (Dunlap and Mertig 1992)、1980 年代的美國反核武運動 (Meyer 1993)、2000 年後採取法律訴訟策略的臺灣環境運動（王金壽 2014）等。另一方面，形成政黨也可能是 D 趨勢的另一種結果，個案包括了巴西工人黨 (Keck 1986)、歐洲新左派政黨 (Redding and Vitterna 1999)、義大利的民粹主義政黨 (Diani 1996) 和東歐異議份子組成的政黨 (Glenn 2003; Szabo 2015)。

　　至於 C 趨勢（即從開放轉向半開放的政治機會結構）通常符合反制運動的出現條件。Meyer and Staggenborg (1996: 1638–9) 指出，反制運動通常是出現於若干群體的利益面臨威脅，但是又仍未完全喪失既有特權之時刻。用上圖表示也就是 C 方向的變動，從體制內的優勢群體轉向體制外的抗爭群體（見第九章）。

　　最後，政體的開放性是否會一致地影響所有社會運動？答案是否定的，因為並不是所有社會運動都是指向國家，要求將他們的訴求轉化成為政策或法律。Rucht (1990: 162–6) 曾指出，歐美社會運動可以分為工具性 (instrumental) 與表達性 (expressive) 的行動邏輯。工具性運動的主要策略是權力取向的 (power-oriented)，關切國家的決策過程，並且試圖進行權力的重新分配；相對地，表達性運動則採取認同取向 (identity-oriented) 的策略，將焦點放在日常生活中的角色行為與自我實現等生活面向。Koopmans (1999: 98) 也承認，並不是所有的社會運動都具有高度政治性格，所謂的次文化 (subcultural) 運動與反抗文化 (countercultural) 運動就是明顯的例子。此外，愈到晚近，國家的經濟治理能力受到全球化衝擊，也出現了一些以企業財團為主要

訴求對象的社會運動（例如企業社會責任等）。這些運動並不要求
國家的介入（見第 9 章）。因此，政治機會結構的分析對於理解這
一類社會運動的助益便有限。

六、從決定論到互動論

　　Goodwin and Jasper (1999: 36–41) 批判，政治機會結構的概念
採取過度客觀主義的預設，甚至形成某種隱藏的結構決定論。
Rootes (1997) 也提出類似批評，認為政治機會結構一詞容易排除
偶發性的政治事件，過度預設政治條件的一貫性。有利的政治機
會結構之所以促成運動參與，前提在於行動者能夠察覺並且掌握
機會 (Kurzman 1996)。沒有主觀的評估，就沒有機會的存在，因
此「沒有被察覺的機會根本不是機會」(Gamson and Meyer 1996:
283)。甚至，政治機會結構一詞也被認為是「矛盾的修辭」
(oxymoron)，因為機會必然是主觀的，而結構則是客觀的 (Jasper
2012: 11–4)。此外，研究者也指出，某些社會運動的出現，實際
上正好面臨了不利的政治機會結構。他們強調，政治局勢的負面
轉向往往是有效的動員令，反而激發運動參與的意願 (Koopmans
and Statham 1999)。最後，一旦社會運動的行動開啟，既有的政
治機會結構也隨著發生變化，不太可能保持不變，始終產生一致
性的影響，需要關注的即是 Kriesi (2003) 所謂的「互動脈絡」。換
言之，政治機會結構不只是社會運動的先行條件，其本身也會被
社會運動所改變。

　　政治機會結構的概念是否必然註定帶有結構決定論的色彩？
第二章提到，有些研究者主張徹底放棄這個概念，因此提出「場
域」、「競技場」等概念試圖加以取代。國家當然很容易被賦予過

度實體化的想像，忽略其內部的不一致以及有時模糊不清的界限，然而，「場域」與「競技場」的概念仍是比較接近某種修辭比喻，而且也無法指出國家與非國家的差異。筆者同意早期研究的確明顯帶有決定論色彩，忽略了行動者的評估與策略，對於政治機會結構的定義也不夠明確。然而，這個概念的優點在於協助研究者找出社會運動可能面對的諸多政治條件，及其對於行動所帶來的限制。在承平時期 (settled period)，政治機會的總合呈現出相對穩定的狀態，不同的政治條件是彼此關連的，並且形成一個具有內部結構的整體。在最低限度之內，國家組織內部通常維持相當程度的一致性，不太可能存在劇烈的不協調。因此，在既定的條件之下，社會運動所面臨的政治機會結構會相對地一致，可以概括地以開放性或封閉性來加以描述。

筆者從既有的研究文獻梳理出四種因應策略，以避免結構決定論的陰影。

（一）從普遍律則到因果機制

以往，許多研究者期待找出某種普遍性發現，明白地指出某個政治機會將會帶來何種程度的作用，例如在民主轉型過程中，選舉管道的開啟是否將異議份子的行動吸納進入體制，而減少了街頭抗爭？晚近研究者拒絕這樣簡化的看法，他們放棄了變項間共同變化關係之探討，認為不能只分析輸入變項（例如政治機會結構的開啟）與輸出變項（抗議行動的出現）之關係，而是要進一步處理其中的機制與過程 (Tarrow and Tilly 2007: 29)。研究者指出，政治機會結構對於運動的產生與運動的後果，有可能出現不一致的作用 (Meyer and Minkoff 2004; Ramos 2008)，有利於社

會運動產生的政治機會有可能阻礙了其實現目標。對於不同的社
會運動而言， 他們所面對的政治機會結構也不盡相同 (Meyer
2004; Almeida 2003)。從這個觀點來看，某項政治條件之所以發
揮作用，並非因為它符合了某種因果律則，而是基於抗議者與被
抗議者互動的機制。光是指出某一種政治條件是有利於抗爭出現
是不充分的，研究者仍需要進一步指認出其影響的途徑與管道，
亦即其因果作用的機制。

　　一旦我們拒絕了普遍律則，那麼政治機會結構的開放到底如
何促成抗議產生就必須加以說明。事實上，開放的政治機會可以
帶來某種參與管道，同時也會排除另一種動員策略。在美國 1980
年代的凍結核彈 (Nuclear Freeze) 運動中，Meyer (1990: 246) 指出
美國政黨政治的「可滲透性」(permeability) 使得反核武運動者被
吸納至在野的民主黨陣營。這固然使運動獲得了政治場域的聲量，
但是也模糊了運動與政黨的界限，最後導致運動衰退。十分類似
地，2000 年之前的臺灣反核運動與反對黨的結盟導致了一種「政
黨依賴」，其政治影響力取決於政黨勢力。儘管反核運動者有獨立
組黨的企圖，仍無法扭轉既有的政治聯盟 (Ho 2003)。因此，每一
項政治機會的影響力可能是多重的，政治機會結構的分析需要進
入更為中程層次 (middle-range) 的機制討論。

（二）關注「轉化性事件」

　　歷史制度論者通常將時間區分為承平時期 (settled period) 與
充滿危機的關鍵時刻 (critical juncture) (Mahoney and Thelen
2010)。在承平時期，既有的遊戲規則沒有受到明顯的挑戰，常見
的情況是制度的延續與複製。制度當然仍有可能產生變革，但方

式通常是漸進式、局部性，亦或沒有被公開宣揚。在關鍵時刻，
既存的規則不再有效，許多彼此競爭的選項同時存在，通常會引
發急遽變革，後續結果無法由先前狀況預測得知。促成這種鉅變
的原因通常來自於外生性 (exogenous) 因素 (Mahoney 2000: 514)，
例如經濟危機、戰爭、天然災害等。政治機會結構預設了相對穩
定的國家體制，因此比較適用於承平時期的社會運動，然而我們
不能因此忽略了外生性因素對於既有政治機會結構之衝擊。

　　Sewell (1996) 提出「翻轉性事件」(eventful) 的時間觀。事件
不是同質的，因為某些重大的歷史事件具有特殊的影響力，扭轉
了既有結構，而不是依循其預定的軌跡。在法國大革命期間，巴
黎群眾攻陷巴士底監獄即是這種翻轉性事件，這樣公然挑戰王權
的舉動是過往無法想像的；然而一旦發生，就開啟了新的歷史可
能性。McAdam and Sewell (2001: 101–12) 將這類現象稱為「轉化
性事件」(transformative event)，並分析其對於政治機會結構的衝
擊。轉化性事件是運動過程中的轉捩點，由於群眾抗爭帶來的擾
亂與不確定性，舊有體制被強力翻轉，新社會的圖像預先在這個
時刻浮現。所謂「突如其來的民怨」(suddenly imposed grievance)
(Walsh 1981) 不只是改變了民眾的想法，也帶來了政治衝擊。這
些偶發性事件經常具有重新形塑政治環境的作用力，並且驅動新
一波的抗爭 (McAdam, Tarrow, and Tilly 2001: 201–4)。因此，政
治機會結構並不必然排斥短期事件的討論，愈是在晚近研究，學
者愈有意識地平衡以往長期性或週期性的分析取向，轉而更注意
偶發性的、未預期性的政治機會面向。

（三）掌握機會與製造機會之行動能力

以往學者為了強調政治因素的重要性，經常將政治機會結構當成具有因果解釋效力的自變項，社會運動的形成、成敗、策略取向等則當成被解釋的依變項，彷彿社會運動只能夠消極地等待時勢，採取某種見風轉舵的「機會主義」態度 (Goodwin 2012)。機會的辨識的確取決於行動者的能力，因此政治機會結構分析也應該關注那些被「錯失的機會」(Rucht 1996)。就這一點而言，客觀結構層面的分析是不足的，應該納入行動者身上所具有的「策略能力」(strategic capacity) 與領導能力 (Ganz 2009)。換言之，掌握機會的能力也是社會運動得以出現，或者實現其主張的重要條件之一。

機會也不應被視為既定而不變的，人為介入也有可能扭轉局勢，創造新的機會。在既有的政治機會結構相關文獻中，研究者也關切社會運動如何製造機會 (Tarrow 1994: 96–9; McAdam 1996: 35–7)。製造機會的方式存在下列多種可能：首先，社運組織有可能故意誘使對手犯錯，喚起第三者的關心，扭轉原本不利的局勢。McAdam (1983: 749) 指出，美國民權團體特意選定在白人警察最殘暴統治的南方城市發動抗爭，喚起全國觀眾的同情，迫使聯邦政府介入，推動民權法案。菁英分裂雖然常被認為有利於社會運動的出現，但有時菁英之間的不協調與意見對立也可能是運動帶來的後果。舉例而言，Jenkins and Brents (1989) 指出，美國 1930 年代的勞工抗爭導致資本家陣營分裂，出現一派改革取向的企業家，有助於 1935 年社會安全法案通過。Piven and Cloward (1977: 60–4) 強調，1930 年代的失業勞工抗議使地方官員面臨極大的挑戰，轉而向聯邦政府施壓，要求更多社會救濟措施。另一方面，就其間接影響而言，先前的社運也可能在未曾意圖的情況下產生「外溢效果」(spillover effect)，為後來的社運開拓新的機會。舉例而言，1970 年代美國婦女運動者成功進入政府部門，也為 1980 年代新興的反核武運動提供了不少協助 (Meyer and Whittier 1994: 292)。因此，政治機會結構不應被視為不可改變的前提，在若干條件的配合下，社會運動有可能成功塑造機會，而非只是被動地反應或等待機會。

（四）同時考察機會與威脅

前面提到，早期政治機會結構的研究者視機會與威脅為一體的兩面，機會代表行動成本的降低，威脅則是行動成本的提高。如果威脅是負面的機會，也是可以被省略的多餘概念。然而，批評者指出許多社會運動的登場其實不是因為行動者察覺到機會，反而是因為他們意識到「退此一步即無死所」之急迫性，才奮勇參與抗爭 (Goodwin and Jasper 1999: 39)。政治機會結構的研究者意識到這個問題，因此後來改變了威脅的定義，例如 Goldstone and Tilly (2001: 183) 便指出威脅是「不採取行動 (inaction) 所要付出的代價」。換言之，機會仍大致上由客觀而穩定的國家結構所決定，影響了行動者需要付出的成本，但是威脅則涉及了特定的政策、法案或司法判決，導致某些群體的處境急遽惡化，社會運動因而採取積極抗爭的策略。可能出現的一種情況是，政治機會結構沒有變動，社會運動的成本沒有產生劇變，但是因為突如其來的威脅，不行動的成本急遽升高，使得利害相關人士認知到不得不行動 (Gould 2001; Maher 2010)。因此，作為行動催化劑的威脅也不一定與政治機會結構有關。

　　舉例來說，在 2014 年 9 月香港雨傘運動爆發前夕，爭取符合國際標準之特首選舉的「讓愛與和平占領中環」運動已經持續一年半。占中運動揚言要以大規模的公民不服從行動癱瘓金融中心，但是始終沒有獲得中國政府正面回應。由於學生罷課、占領公民廣場等行動，香港市民聚集在政治中心金鐘。9 月 28 日當天下午，警察發射了 87 枚催淚彈試圖驅散民眾，卻沒想到鎮壓行動反而激發了香港市民的憤慨，他們認為政府不應該攻擊和平集會。因此，當天晚上立即形成金鐘、銅鑼灣、旺角三個占領區，促成了香港雨傘運動的誕生。從占中運動到雨傘運動，香港的政治機會結構沒有太多的改變：執政者始終反對各種真普選的提案，港府執政菁英也是處於穩定狀態，泛民主派議員對於占中運動的提案出現了分裂與不一致。就政治機會而言，香港民主運動面臨不利的處境。然而，警方的催淚彈攻擊卻形成突如其來的威脅，讓原先不關心特首選舉方案的香港人也願意投入，支持長期的占領運動。換言之，香港雨傘運動之登場並不來自有利的政治機會，反而是加劇的威脅 (Ho 2019: 124–9)。

　　總之，更重視因果機制的討論、關注短期突發事件、分析掌握機會與製造機會的行動者能力、同時考察機會與威脅，將有助於我們將政治機會結構放置在更紮實的方法論基礎。這些互動論的洞見可以避免過於粗糙的結構決定論，彰顯國家與社會運動分析的研究價值。

結 論

　　在本章中，筆者回顧了政治機會結構概念的發展歷程，整理這種分析觀點如何從不同的研究領域中逐漸匯流而成。最晚到了1990年代，一個主流共識開始成形：政治體制是選擇性的開放，排除了某些群體的利益，導致他們必須採取抗議的形式。國家是當代政治生活的中心，社會運動所抗爭的焦點涉及國家權力的實行與否。即使是所謂的「新」社會運動，也處於舊有的政治脈絡中，政黨、民主、國家組織等因素同樣具有影響力。此外，資源與機會需要在概念上進一步釐清，前者泛指能夠協助社運動員，或社運組織擁有的條件，後者則特指政體的開放程度。基於這些觀點，政治機會結構的理論儼然成形，並且成為一種極具潛力的分析途徑。

　　然而到了1990年代，批評聲浪浮現，質疑政治機會結構概念的濫用與其核心預設。本章第二個目標即是重新釐清政治機會結構的概念內容與適用範圍。筆者提出下列的建議：要避免政治機會一詞的浮濫使用，重點並不是在於列舉所有可能被稱為機會的清單，而是必須更重視國家中心論的基本立場。研究者應該放棄決定論的立場，改採互動論的觀點，並且更注重短期事件、機會製造與因果機制的分析。釐清這些關鍵性的議題，方能在更穩固的基礎上進行社會運動的政治分析。

第 7 章

構框：社會運動的意義創造

一、關於性工作的婦女運動爭議

　　1997 年，臺北市政府以「掃黃」名義宣布停發娼妓合法工作許可證（即「公娼」），臺北市公娼自救會因此走上街頭，抗議生計不保，並獲得勞工團體（女工團結生產線）與性別運動團體（國立中央大學性／別研究室、臺灣性別人權協會）的支持。他們強調性工作是正當的勞動，不應該被污名化。另一方面，參與早期救援雛妓運動的勵馨基金會、婦女救援基金會、彭婉如基金會等婦女團體則支持廢娼的決定，她們認為性工作本身即是一種剝削與壓迫。兩種對性工作的對立看法，引爆臺灣婦女運動內部的對立與矛盾，其意見領袖因此分裂為兩派，廢娼派包括劉毓秀、林芳玫、紀惠容、李麗芬，而妓權派則有何春蕤、夏林清、王芳萍與公娼自救會的幹部，連婦運界的元老「婦女新知」都因此發生「家變」（李元貞 2014: II, 87–100）。隨著臺北市政權移轉，「妓女許可證」的廢除暫緩兩年，並在 2001 年正式走入歷史。

　　在女工團結生產線、粉領聯盟等團體的協助下，公娼自救會後來成立日日春關懷互助協會，持續爭取性工作者的權益。在反對廢娼的抗爭上，她們戴著寬邊大帽與墨鏡，現身公共場合，成為媒體報導的焦點（陳素秋 2013）。日日春協會追求「性工作除罪化，性道德去污名化」，主張娼嫖都不應被法律處罰（王芳萍 2015）。為了這項修法，日日春試圖保存臺北市大同區的前公娼館文萌樓，後來文萌樓也被列為市定古蹟（日日春關懷互助協會 2008a）。此外，日日春也與國外妓權運動者合作，在臺北舉行「國際娼妓文化節」（日日春關懷互助協會 2007），並且以口述歷史的形式紀錄了臺灣性工作者的生命經驗（日日春關懷互助協會

2000, 2008b）。妓權派女性主義者論證，性工作的污名化來自於「性恐懼」，主流社會試圖區隔出「正常的、健康的性」，娼妓如同志或其他多元性別社群一樣，試圖追求不同的生活方式（陳美華 2006: 5-6）。

相較於此，廢娼派女性主義者強調性工作的本質就是性，賣淫制度的存在容許了男性對於女性的身體掠奪。就算是自願從娼，女性身體的商品化即是強化了父權體制。因此，參與反性剝削聯盟的婦女團體主張罰嫖不罰娼，尤其是要重罰中介的第三者，還要教育宣導男性不要從事買春行為（陳美華 2014: 353）。美國女性主義法學家 Catharine A. MacKinnon 即是主張這種性剝削論的代表，她從婦女運動反對性騷擾、色情圖文、人口販運的經驗，強調性交易本身即是一種性別壓迫。MacKinnon 曾經在 2013 年受邀來臺灣巡迴演講，並出版一本中文演講集 (MacKinnon 2015)。

妓權派與廢娼派的爭議並沒有隨著臺北市廢娼事件落幕，最主要的原因在於 1991 年通過的《社會秩序維護法》規定「罰娼不罰嫖」，兩派婦女運動都同意要廢除「罰娼」的性別歧視規定，但是對於嫖客與仲介者，以及性工作的法律定位卻意見分歧。二次政黨輪替之後，出現了《社維法》修法的契機。2008 年，政府委託臺大社會系舉行關於性交易的公民會議，經過審議民主討論後的結論，主張娼、嫖、仲介者都除罪化。2009 年，大法官提出第 666 號解釋，認定《社維法》「罰娼不罰嫖」規定違背《憲法》的平等原則，兩年內自動失效。2011 年《社維法》修法通過，結果卻規定性交易只能在地方政府設置的專區才合法，區外則是娼嫖皆罰，原先的拘役則是改為微罪的行政罰。新制並沒有滿足妓權派與廢娼派的訴求，臺灣也沒有出現地方政府認定的性交易專區，等於從「罰娼不罰嫖」變成為「娼嫖皆罰」。在實務上，由於警察無法再利用嫖客的舉證，所以反而更依賴「喬裝」、「釣魚」方式來辦案，這種執法方式十分具有爭議性（陳美華 2019）。

　　妓權派與廢娼派雙方都以婦女權益為出發點，但是他們對於性工作卻有截然不同的看法，並且形成了對立的運動訴求。過往已經有研究文獻指出兩派婦女運動的差異，張毓芬、張茂桂 (2003) 指出，臺灣兩派婦運源自統獨立場不同的國族政治；范雲 (2003a) 則認為與婦女運動參與的世代與階級背景有關。從框架 (frame) 理論的角度來看，兩派婦女運動是以不同的角度來看待性工作者：妓權派傾向於認定她們是行動的主體，她們的壓迫來自於社會歧視，因此要求性工作除罪化與去污名化；廢娼派認為她們是受害者，出賣身體即是父權社會所帶來的壓迫，因此要求終止賣淫。兩派同樣維護婦女權益，卻提出完全不同的運動訴求，這一點顯示社會運動追求的利益與權利並不是客觀存在，必然經過文化詮釋的過程，才造就關於婦女權益之不同解讀。

二、社會運動的文化分析

　　社會運動不僅挑戰既有權力與資源的分配方式，同時也在宣傳一套嶄新的文化訊息，要求改造日常生活，實踐某種社會生活的可能性。社會運動不只訴求生命機會 (life chance) 的重新分配（例如財富、健康、名聲等），也涉及某種身分與認同的尊重與承認（例如性取向）。同時，隨著各種傳播媒體的發展，文化符碼的生產與消費急速成長，也使得意義本身具有高度的反思性格。意義愈來愈是人為建構的、可以改變的，因此成為多方競逐的場域，社會運動不可避免地捲入這種關於意義的集體形塑過程中。正如

Touraine (1977: 48) 指出，一旦我們拋棄傳統的先驗概念，例如上帝、民族、天性等等，社會的自我生產 (self-reproduction of society) 就成為一種具有高度反思性的過程，社會運動很難不在其中扮演重要角色。

許多成功的社會運動貢獻之一，是將一個原先被視為理所當然的議題標誌、指認為某種「社會問題」。美國婦女運動領袖 Friedan (1995) 在 1960 年代指出某一種「無名的難題」(a problem that has no name)：戰後保守主義當道，許多受大學教育的婦女被迫成為全職的家庭主婦，扮演賢妻良母的角色。她們有志難伸，不少人需要看心理醫師或求助於安眠藥入睡。當時的婦女缺乏某種觀念或想法，可以明確指認性別歧視所帶來的壓迫，因此當婦女運動登場，並且將這個不公平的體制命名為「父權主義」時，問題就獲得了重視。誠如成令方 (1995: 4) 所指出的，「當一堆現象居然能以一個名字來貫穿解釋，生活在朦朧不滿中的女人就豁然開朗了。思想通了，行動就有了落實的可能⋯⋯婦女也就『名』正言順地造起反了。」

Alexander (1998: 30–2) 強調，研究者有必要「認真看待意義」(taking meaning seriously)，承認意義具有相當程度的運作自主性，而不能只被當成組織、利益、策略的附屬品。在社會生活中，我們透過意義來組織我們的世界觀，影響了我們如何理解與評價外在事物。我們不是直接面對未經過詮釋的事實，用 Gusfield (1981: 51) 的話來說，我們總是處於「符號森林」中。符號具有高度的可塑性與歷史性，社會運動則實際展現了文化如何在集體挑戰中被創造出來。

要進一步說明的是，重視文化的自主性並不意味著接受某種觀念論的立場，認為理念元素總是獨立發揮其因果作用力，主導其他社會領域的發展。事實上，意義的問題總是附著在組織、利益與策略之上。因此，研究者的重要任務在於分析文化元素與非文化元素的互動，而不是將其中一方化約為另一方。換一種方式來說，文化的建構性固然容許了行動者的主動性格，但是並不意味著毫無限制的自由。在社會運動提出文化訴求之前，同樣面對了一連串歷史傳統、集體記憶、政治文化的前提，而且這些素材並不是他們所選擇的。社會運動的文化創造並不是「無中生有」(ex nihilo)，而是「從事物之中開始」(in medias res)，「認真看待意義」並不意味著「只認真看待意義」。承認文化的相對自主性，也不代表視其為一套封閉的、獨立自足的領域。

要探討社會運動的文化面向，首先會面臨的問題在於我們擁有太多的分析概念，彼此看似高度相關，卻又源自於不同的理論傳統。從古典理論的意識型態、階級意識、卡理斯瑪 (charisma)、文化霸權，到後現代主義者偏好的論述、符碼等概念，都提供了相當的洞見，能夠用來剖析文化與權力的糾葛。另一方面，由於社會運動研究愈來愈成熟，研究者也創造了新的概念，包括抗議劇碼 (protest repertoire)、認同 (identity)、文化工具箱 (tool-kit)、共識動員 (consensus mobilization)，以及本文所要討論的「構框」(framing)。

框架 (frame)，是指「一種簡化與濃縮『外在世界』的詮釋架構 (interpretative schemata)，其方式是強化與符碼化個人環境中的對象、情境、事件、經驗與行動順序，無論是過去的或當前的」。(Snow and Benford 1992: 137) 從這個觀點來看，社會運動的核心工作之一即是提出一套重新認知世界的參考座標，以喚起參與者的熱情與信念。這套理論預設了一件事：任何被壓迫者並不是直接地經驗了被壓迫的事實，無法立即指認出自身遭受之壓迫，視其為不義，從而採取批評的與反抗的態度。如果沒有新的詮釋，改變既有的集體認知，社會運動就很難產生。在此，「構框」(framing) 一詞是泛指這種建立行動框架的過程，而所謂的框架設定 (frame alignment) 則特指連結個體與社運組織認知框架的行動 (Snow, Rochford, Worden, and Benford 1986: 464)，因此涉及人際互動。本章採用構框理論 (framing theory) 的名稱，一方面相對於「框架」一詞，更強調社會運動的意義建構是一種動態的過程；另一方面也相對「框架設定」一詞，說明構框不只涉及了內部支持者的動員。

　　構框理論的靈感來自於 Erving Goffman 提出的框架理論。Goffman (1974: 10-1) 將框架視為一種組織日常經驗的原則，提供諸多的情境定義 (definition of situation)，以協助人們處理各種互動過程。在 1980 年代中期，構框的概念被引進社會運動的領域，並成為當前研究必備的學術詞彙之一。大量的行動構框研究有助於我們進一步理解社會運動與文化的多元關係。不過，在這個擴張過程中，概念原先的嚴謹性與精確性被稀釋了，不少研究都夾帶了一些原先所不存在的理論元素。因此，學者對於構框概念的分析價值出現了分歧的看法。Benford and Snow (2000) 的文獻整理與批判雖然初步釐清了一些概念上的問題，但是仍無法完全解決若干關鍵性的爭議。

　　本章試圖釐清這些概念爭議，並從既有的研究文獻中，整理出共同的發現，進而區辨出構框理論所能分析的議題與層次。本章目標在於說明：（一）互動論取向的構框理論、（二）探討構框

的策略性意涵，以及過度志願論的危險、（三）釐清組織間的構框
過程。筆者認為，構框理論的發展潛力仍未被充分開發，如果能
夠有系統地處理當前研究的一些歧異，社會運動的文化分析將會
更有累積性。

　　在此，有必要先說明構框與其他相關概念的關係。對於實際
的經驗研究者而言，諸多的分析概念固然有其便利性，可以針對
研究對象的特殊性量身打造一套分析架構，但由於不同概念之間
的微妙差異，若缺乏批判性的使用，就容易造成研究作品之間無
法對話或累積，變得零碎化。在進入構框理論的討論之前，筆者
要先簡單地處理這些相關概念，以避免誤解。

（一）抗議劇碼

　　根據 Tilly (1978: 151) 的定義，抗議劇碼是反對者所能採用的
抗議形式之總合。劇碼的組成受到文化背景的影響，在任何一個
時空脈絡中，能夠容許的劇碼必定是有限的。劇碼的概念預設了
一種以互動關係為核心的分析途徑，抗議者選擇性地出招，以表
現他們的不滿。劇碼的概念強調了社會生活中的表演特性，抗議
活動實際上不外乎是某種角色扮演，因此可以用來進一步分析社
會運動的戲劇學面向 (Benford 1992)。舉例而言，Traugott (2010)
指出，從 16 世紀以降，街障 (barricade) 向來是歐洲人民起義常使
用的劇碼，能夠形成抗爭領導中心、阻礙統治者的武力部署、宣
示反抗的決心等。到了 19 世紀，街障更演變成為革命的同義詞。

（二）認同

　　認同的概念凸顯了社會運動中的自我問題。認同是一種個體

與集體之間的連結。在社會運動的動員過程中，參與者學會了一
種重新看待自我與他人關係的方式。對於新社會運動理論而言，
認同的形塑不是社會運動的副產物或手段，而正好相反，建立一
套新的世界觀本身即是社會運動的目的 (Cohen 1985; Melucci
1985, 1996)。對於其他學者而言，認同內在於所有的社會運動，
也是動員必要的條件 (Calhoun 1993)。 認同的概念強調了社會行
動的價值面向，一致的利益並不必然導致社會運動，還需要意義
層次的建構。

（三）文化工具箱

　　人們總是在遇到問題時，才會想到去翻工具箱，設法從其中
找到最適用的零件，因此將文化視為工具箱即是採取行動取向的
觀點。文化並不是由外而內 (outside in) 決定了行動的軌跡，而是
行動者用來解決問題的方式 (Swidler 1986, 1995)。從這個觀點來
看，社會運動即是人們解決現實問題的方式之一，而且是由各式
各樣的零件拼湊而成。因此，即使是面對相同的民怨，同樣的文
化工具箱也可能產生相異的社會運動。

（四）共識動員

　　為了將資源動員論的分析擴展至社會心理學層面，學者創造
了共識動員的概念。根據 Klandermans (1988, 1992) 的說法，行動
動員是指匯集外在資源的過程，共識動員則是為了建立參與者之
間的共享意義。如果沒有共識動員的過程，同一群被壓迫者也不
會有參與行動的動機，不可能產生後續的行動動員。共識動員強
調社會運動的意義是需要被建構出來的，而不是事先就存在。

　　抗議劇碼、認同、文化工具箱、共識動員的概念都強調意義的建構性質，而不是直接反映了某種既存的文化或本質。社會運動具有創生的 (emergent) 特性，應該被視為新社會誕生的預兆，而不是舊社會瓦解的後果。這些概念也共同預設了社會運動的意圖性，也就是參與者是有意識地創造運動中的文化。總體來說，這些概念的提出反映了 1970 年代以後的主流研究趨勢，亦即社會運動的研究觀點 「從結構移轉至行動」 (Klandermans, Kriesi, and Tarrow 1988)。

　　構框對於社會運動的文化分析有下列的意義：構框強調看事物的方式是人為建構的結果，而不是自然而然地發生。社會運動之所以能夠挑戰既有的體制，原因之一即是提出了新穎的觀點，能將以往習以為常的壓迫變成問題，而且有可能改變。就這一點而言，構框概念可以用來吸納其他相近的概念，運動認同可以被視為成功構框的產物，共識動員的概念幾乎完全可以被構框所取代。其次，這個概念在晚近的研究作品中大量使用，已經累積了相當豐富的成果。有鑑於構框概念高度的泛用性與普及性，本章將專門探討這套理論。

三、早期的構框理論：互動論的基本預設

　　在社會運動研究中，構框的概念總是與 David Snow 連結在一起。Snow 與其研究夥伴共同發展了這套理論，並且運用於各種社會運動研究中。本章將回溯 Snow 等人的理論發展，並尋找當前若干爭議的源頭。起初，他們是關心人際互動情境下的意義建構，構框理論一開始即是要處理微觀動員 (micromobilization)，亦即人際網絡中的運動動員過程。基於以下理由，早期的構框理論

是以微觀研究作為出發點。

　　首先，Snow 本人在轉向社會運動研究之前，主要的學術興趣是新興宗教運動。新興宗教研究中的一個重要問題即是，為何某些人會拋棄原先的想法，改相信某一種宗教信仰。事實上，研究信徒的改宗 (conversion) 與研究社會運動的召募 (recruitment) 十分接近，同樣是重視人際網絡對於個體內心世界的影響。更重要的是，很少人是為了獲得實際物質利益而轉變信仰，大部分的情況是為了某種意義的追求。

　　其次，在正式提出構框理論之前，Snow 就開始質疑以前社會運動研究的預設，尤其是理性選擇理論所預設的個體主義。理性選擇理論主張探討社會運動參與的問題，必須從個體的決策出發。參與問題在此被簡化成為個體的成本效益分析，決策當事者是獨立進行判斷，沒有他人的介入。這一類的分析方式都忽略了社會網絡的重要性，而試圖從個體的稟性 (individual disposition) 來探討所謂的結構可及性 (structural availability) (Snow, Zurcher, and Ekland-Olson 1980: 792–4)。學者發現，社會運動的召募依循各種微觀結構管道 (microstructural avenues)，包括朋友、親人、同學、同事等關係。從社會網絡的觀點出發，他們強調促成運動召募的元素與「參與志願組織、救助行為、看醫生、找工作等」類似 (Snow, Zurcher, and Ekland-Olson 1983: 118)。

　　大部分的社會運動參與者都是被邀請來的，人們很少單獨地自願加入某個團體。因此，參與動機並不必然事前存在，而是某種社會互動的後果。就這個觀點而言，分析社會運動的參與應該是問「如何」(how)，而不是「為何」(why) 的問題 (Snow, Zurcher, and Ekland-Olson 1980: 795, 799)。換言之，正是在社會網絡所提供的互動情境下，社會運動參與的動機才能被激發出來。因此，動機並不一定早於參與，更不是社會運動的前提，而是在社會互動中所建構出來的。

第三，Goffman (1974) 探討的問題直接源自微觀社會學，亦即行動者如何在日常生活中建構出諸多層次而又秩序井然的情境定義。他指出，正是由於各種框架的存在，日常生活才能夠被理解。功能論者主張，文化系統具有某種優越性，能夠決定行動者的意圖；相對地，Goffman 認為框架並不是從外部加諸於個體之上，行動者可以在各種情境中不斷協商，甚至顛覆框架。同樣一句話具有描述、諷刺、嘲笑、欺騙等不同的作用，這顯示了框架的彈性，可以用來處理諸多層次的日常互動，更展現了行動者的意義創造能力。

儘管如此，Goffman 顯然缺乏對於互動秩序 (interaction order) 以外的理論關懷，他拒絕討論框架與鉅觀層次的社會過程之關係。在構框理論中，Goffman (1974: 13) 十分謹慎地將研究範圍設定在日常經驗的構成，或所謂「經驗的組織」(organization of experience)，而不是社會組織與社會結構。他更宣稱，社會結構的研究可以完全不用提到框架本身。Goffman 沒有處理「經驗的組織」（亦即是他所謂的框架）與「社會的組織」（亦即是社會組織與社會結構）之間的關係，因而忽略了面對面互動層次以上的構框過程，但這一點卻正好是社會運動研究者關切的議題。可以如此設想：在支配情境中，被支配者所擁有的「經驗的組織」是呼應了外在的「社會的組織」；而在社會運動的動員過程中，反對者則試圖提出一套新的「經驗的組織」以挑戰既有的「社會的組織」。馬克思曾指出，握有物質生產工具的階級也控制了精神生

產工具 (Marx and Engels 1972: 172)。在既定的秩序下，被統治者是以一種符合統治者利益的方式來認知外在世界與他們自己。被統治者可能認為自己的不幸處境是「命中註定的」，統治者的特權則是「天經地義的」。在這種情況下，「經驗的組織」是呼應了某一種「社會的組織」。只有當被統治者「經驗的組織」發生改變，他們獲得了認同與自信，他們才能挑戰不公正的「社會的組織」。因此，社會運動的研究關切正好是「經驗的組織」與「社會的組織」之辯證互動。

　　因此，早期的構框理論一開始就是以面對面情境下的微觀動員為探討對象，不少概念設計也是以此為目的。在 Snow, Rochford, Worden, and Benford (1986) 的文章中，主要探討的問題在於如何將民怨重新帶入微觀動員的討論。他們強調，民怨本身需要被詮釋，而不是自然存在；重點不是客觀情境的改變，而是觀看情境的方式之改變。框架設定作為一種連結個體與社運組織的方式，即是為了要說服潛在參與者接受某種觀看的方式。因此，建立分享的意義是運動參與的必要條件，而共同的框架則是人際互動的產物 (ibid.: 467)。

　　能夠促成社會運動參與的構框，需要指認出問題、提出解決方法，並且鼓舞士氣。因此，動員框架有三項核心的元素，亦即診斷框架 (diagnostic frame)、預測框架 (prognostic frame) 與動機框架 (motivational frame)。診斷框架指認問題所在，並且分析其原因或責任；預測框架指出解決方案與其相應的策略，及行動對象；動機框架則提出行動的終極理由，並且以道德呼籲的方式來召喚參與者的熱情 (Snow and Benford 1988: 199–202)。光是三種元素存在，還不一定能保證動員的效果，好的構框仍需要滿足下列說明的條件：首先，任何的社會運動構框都面臨了兩難情境──要強調問題的嚴重性，還是鼓舞參與的士氣？如果不強化問題的急迫性，聽眾無法被喚起熱情，但若問題的後果被描述得過於恐怖、無法招架，那麼則會導致宿命論式的認命 (ibid.: 203–4)。更重要地，構框是否能成功發揮動員效果，關鍵在於是否能夠引發聽眾共鳴 (resonance)。判斷框架的共鳴效果包含外部的與內部的標準。所謂的外部標準，指的是框架與外在的信仰體系之間的關係，包括了核心性、廣度與關聯性。如果框架愈能符合既有的價值觀，愈可能被接納、採信。至於內部條件則包括：經驗可信度 (empirical credibility)，亦即框架與歷史事件的連結、生活經驗的可共量性 (experiential commensurability)，也就是與常人生活經驗相符合的程度、以及敘事傳真性 (narrative fidelity)，是否符合通行的講故事方式 (ibid.: 205–10)。後來，Benford (1993b: 692) 另外將「一致性」(consistency) 列為框架共鳴的判準。

　　構框理論既然處理社運組織內部的微觀動員，構框的概念很容易就與認同連結在一起。理所當然，如果某個框架能夠成功地召募到支持者，他們之間也會形成某種關於自身、運動與對手的集體認知，並且劃定我群與他群的界線。在構框理論學者看來，認同形塑亦是構框過程中必要的一環。相對於其他解釋集體認同起源的研究途徑，構框理論認為微觀層次的互動才是關鍵，反對將認同視為某種個體稟性或集體結構的產物 (Benford 1993a; Hunt and Benford 1994; Hunt, Snow, and Benford 1994; Snow and McAdam 2000)。

　　構框理論起初關切的是社會運動的召募問題，後來轉而處理更廣大的社會運動議題，並提出兩個處理組織層次的構框概念，亦即「框架爭議」(frame disputes) 與「主導框架」(master frame)。
以往，社會運動聯盟中的路線分歧是以組織利益或意識型態來解
釋；相對地，框架爭議的概念則指出，路線爭議也可能來自構框
之差異，例如溫和派與激進派分別以不同的方式來詮釋問題，而
不是反映了策略評估的差異 (Benford 1993b)。

　　主導框架的概念可以用來解釋這種現象：在某個時期，不同
部門的社會運動組織具有某種程度的共識，以十分相近的方式來
詮釋不同領域的不滿。相對於個別社運組織所採用的特定框架，
主導框架同時存在於多種社運組織或社運議題。Snow and Benford
(1992: 138) 採用一個科學哲學的比喻：主導框架是全面性的、根
本性的典範，而特定框架則是衍生出來的理論。如同某些特定框
架比較能喚起共鳴，引發聽眾的支持與同情，主導框架也有彈性
與僵化的分別。彈性的框架容許多種延伸的可能，較容易連結起
更廣大的抗爭議題，例如權利訴求作為一種主導框架，在美國
1960 年代的種族、性別、反戰運動中就得到廣泛運用 (ibid.: 139–
40)。

　　除了解釋不同社會運動組織的框架親近性，主導框架也能與
Tarrow (1989) 的抗爭週期理論連結在一起。抗爭週期的開啟與某
種創新的主導框架出現有關，使得運動戰術有可能創新，而使新
的社會運動組織得以成形。抗爭週期早期出現的框架固然在一定
程度上有助於動員，但是對於後期出現的行動者而言，卻也形成
一定程度的限制。舉例而言，美國黑人運動早期是以追求平等與
融合的民權作為主要訴求，但是這個主導框架對於 1960 年代後期
更激進的黑權 (Black Power) 訴求產生了壓制的作用 (Snow and
Benford 1992: 145)。最後，在抗爭週期的末期，主導框架的動員

潛力也面臨枯竭的窘境，愈來愈不具有說服力。一旦主導框架不再被普遍接納，社會運動的動員也隨之衰退 (ibid.: 150)。

　　簡而言之，構框理論的提出原先是為了解釋社會網絡的動員效果，亦即民怨如何在微觀動員的脈絡中重新詮釋。但是到了後來，構框理論轉而探討其他運動面向的議題，構框的概念也被賦予更多的分析效用。然而，互動論的預設能夠承載如此多樣的解釋功能，而不產生理論上的衝突嗎？事實上，隨著構框概念的普及化，其他不採取互動論觀點的學者也開始使用這個詞彙，因而產生了一些混淆與爭議。在此，本章試圖處理：（一）構框與策略的問題、（二）構框與組織的問題。

　　首先，關於構框與策略的問題，策略性行動對 Goffman 而言只是日常生活中的一種形態，而不是全部。他所關切的問題在於，何種日常經驗的組織使這一類型的行動能夠產生，而不是試圖以策略性行動來解釋社會的秩序或衝突。但是對於社會運動研究者而言，策略的問題卻必須認真看待。社會運動不是為了提出新觀點而構框；相反地，構框是為了改變世界。

　　即使是純粹為了形塑運動團體內部的共識，構框過程也涉及策略性的要素，即各種選擇性省略、片面強調等操作。然而，正是由於早期理論對於策略的探討不足，才引發後續的爭議。在一篇十分重要的文章中，McAdam, McCarthy, and Zald (1996: 5–6) 提出了「策略性構框」(strategic framing) 的概念，其定義為「一群人有意識的、策略性的嘗試，形成關於世界與他們自己的共同理解，以正當化與鼓舞集體行動」。很顯然，這個定義強調構框的策略性作用，而不只是純粹為了溝通或建立共識。不過，Goodwin and Jasper (1999: 47–9) 批評策略性構框的概念賦予太多的策略性想像。Jasper (1997: 77) 主張應該回到構框理論的原始意圖，只討論社會運動組織內部的溝通過程，避免使用這個概念來探討社會運動組織以外的文化現象，才能避免概念過度負載，反而喪失了分析上的精確性。

在此，筆者贊同策略性應該被視為構框的核心要素。然而，要提出一套完備的策略性構框理論之前，需要徹底檢討互動論的理論預設。更重要的是，構框概念要能夠用來解釋運動召募以外的社會運動現象。

再來是關於構框與組織的問題。早期構框理論的焦點放在微觀動員，因此構框的作用被認為是透過人際網絡才形塑出共享的意義。到了後來，構框被放在更廣大的組織過程中來思考，提出了框架爭議與主導框架的理論，但許多評論者認為缺乏足夠的經驗證據支持，而且若干概念顯得過於抽象 (Steinberg 1998: 847; Swart 1995: 468; Youngman 2003: 524)。在此，筆者同意構框理論應該多處理微觀動員以外的議題，分析社運組織與其他組織的互動 (Cornfield and Fletcher 1998: 1306)。晚近以來，這種取向的經驗研究作品十分豐富。在本章中，筆者將回顧這些作品，以梳理出共同的結論。

四、策略性構框

除了形塑參與者的共識以外，構框仍有其他的作用。Williams (1995) 指出，策略性構框的概念意味著將文化視為一種運動資源，可以被有意圖地操弄，以達成運動目標。大致上來說，回顧既有的研究文獻，可以發現三種策略性構框的主要作用，亦即（一）形塑輿論風向、（二）維持參與士氣、（三）減少反對阻力。簡單地說,這三種作用都是為了正當化運動訴求。就這一點而言,早期構框理論所重視的共鳴並不是唯一的判準,因為共鳴的效果主要是針對支持者或是潛在支持者,而策略性構框卻不一定只是針對這些群體。

(一) 形塑輿論風向

從策略性構框的角度來看,既有的政治環境並不只是某種限制或促成社會運動的政治機會結構,同時也是一種論述氛圍,使某一些類型的訴求容易被接受,另一些類型的訴求則被忽略或壓制。因此,面對變動中的政治局勢,社會運動領導者也順應趨勢,以不同的方式來包裝自己的訴求。Cornfield and Fletcher (1998) 指出, 20 世紀初的美國勞工運動反對國家介入勞資爭議,但隨著 1930 年代新政 (New Deal) 的出現,國家開始積極推行各種管制措施,勞工運動開始利用這種政治氣候的轉變,要求各種社會福利政策。Noonan (1995) 解釋智利婦女運動的框架轉移,發現運動者靈活運用威權統治與民主化時期的政治輿論,以不同方式呈現婦女的主張。在威權時期,婦女運動者要求國家立法保護女性的母職身分 (maternalism);在民主化時期,女性的政治參與則是主要訴求。這些例子都顯示,社會運動的構框並不一定直接反映了當事者的想法。在許多情況,某種訴求的提出帶有機會主義的味道,純粹是為了利用某種政治風向。

(二) 維持參與士氣

很少社會運動能夠在短期實現目標,通常的情況是在最終勝利之前,運動參與者會經歷一連串的打擊,因此如何在每次的挫

敗之後，重新整理隊伍、維持參與士氣也成為運動領導者的工作
之一。從這個角度來看，構框的功能不只是將旁觀者轉化成為支
持者、支持者轉化為參與者，另一項重要的作用在於維繫參與者
的使命感，避免失敗導致軍心渙散。Einwohner (2002) 與 Voss
(1996, 1998) 的研究關切社會運動如何處理失敗的問題。他們指
出，如果社運組織要維持成員長期的參與，避免失敗所帶來的悲
觀主義與無力感，一個可行的方式即是發展某種「壯膽的迷思」
(fortifying myth)，以強烈的意識形態確保成員效忠原有的動機框
架。很顯然的，這種壯膽的迷思即是一種維持參與士氣的框架，
使參與者相信失敗只是暫時的，下一次的參與是有可能成功的。

（三）減少反對阻力

　　社會運動的成功不只是寄望支持者的有效動員，也要避免敵
對陣營的強力抵擋。社會運動的訴求是經由高度的文化符碼包裝
的後果，而不見得是參與者的意識形態、世界觀之直接表現。愈
是悖離社會主流共識的社會運動主張，愈是需要這種策略性構框；
否則，即使社運組織能提出吸引支持者的框架，促使他們走上街
頭，更強大的民意反彈仍會使他們徒勞無功。換言之，發揮正當
化作用的框架並不一定是鼓勵參與的框架 (Kubal 1998;
Youngman 2003: 548)。

　　處於保守的年代時，進步性的社會運動有時也採取這種策略
性構框，以避免招致更大的反對。在美國爭取幼兒托育運動中，
Reese (1996: 571, 575) 指出美國婦女團體採取了母職主義的框
架，強調已婚婦女並不是不願意承擔原有的家庭角色，而是因為
她們被迫要工作，因此需要政府提供托育服務。這種母職主義的

論述沒有挑戰傳統的性別分工，試圖減弱父權主義的反彈。同樣地，在臺灣 1980 年代中期爭取墮胎權合法化的運動中，婦女團體也將「人工流產」議題構框為「保護不幸少女」，而不是「婦女的身體自主權」。顧燕翎 (1995: 162) 指出，解嚴前不利的政治情境，迫使婦運領導者「以規避女性意識的迂迴方式，而能使極為敏感的墮胎議題獲得合法化」。

因此，就形塑輿論風向、維持參與士氣、減少反對阻力等作用而言，框架並不是為了指認出某種不義，進而喚起原先不存在的參與熱情。相對地，這些構框往往帶有高度的策略性，運動者的真實意圖被隱藏起來，表面上呈現的是某種修飾過後的版本。

五、組織間的構框過程

後續研究者重視的策略性構框則通常是以社運組織為主體，而且涉及了不同性質組織之間的互動，而不是在人際層次。在這一節中，本文將回顧這些文獻，以釐清組織間的構框過程。根據 Klandermans (1992: 95) 的建議，社會運動的組織互動可以分為「聯盟系統」與「衝突系統」，因此組織間的構框也可以分為：聯盟性的構框、衝突性的構框。

（一）聯盟性的構框

社會運動的聯盟不只是一種物質資源的結合，而是不同的社運組織之間需要建立一套共同的訴求與詮釋觀點，以協調彼此的行動。Gerhards (1995) 指出，聯盟性的構框需要包含下列五種面向：(1) 尋找議題，並將其定義為某種社會問題；(2) 找尋形成問題的原因；(3) 詮釋目標以及成功的機會；(4) 標籤化抗議的對象；

(5) 將其自身正當化。任何進行聯盟運動的社運組織都需要在這些關鍵問題上取得共識，否則將無法採取一致的行動策略。這五個面向愈能緊密連結，動員能量將會愈大。在許多聯盟性的運動中，為了容納更多組織參與，構框的策略往往是尋找最大公約數，只能包括所有組織都同意的抽象原則，而不是具體事項。

在建構聯盟性框架的過程中，個別組織所擁有的資源與權力不盡相同，這些因素也影響了構框的方向。在聯盟運動中，資源豐富的社運組織較能影響構框，能將自己的意識型態、世界觀、運動路線加諸於聯盟團體，進而主導整體的運動走向 (Croteau and Hicks 2003)，例如面對沒有抗爭經驗的社區居民，外來的社會運動組織有可能獲得主導權， 因而改變了原有的動員框架 (Futrell 2003)。 透過聯盟過程，原先性質不同的社運組織也可能相互刺激，形塑出新的動員框架。美國 1990 年代以降環境運動所常用的「環境正義」 (environmental justice) 框架，基本上是結合民權運動的權利框架與對環境的關切， 共同對抗環境種族歧視 (environmental racism) (Capek 1993)。透過環境正義的視野，環境運動者不再只是以單純的保育或審美觀點來看待環境問題，民權運動者也注意到環境風險的不平等分配。此外，2020 年 4 月在網路上出現的 「#MilkTeaAlliance （奶茶聯盟）」，集結了泰國、香港、臺灣、緬甸等地支持民主的網民，共同對抗中國的威權輸出與擴張。除了社群媒體上的串連與合作，這個網路迷因後來也促成了實體抗爭集會與交互聲援 (Dedman and Lai 2021)。 就這一點而言，#MilkTeaAlliance 也可以被視為一種聯盟性的框架。

在臺灣，1990 年代中期以降的社會運動倡議也經常以聯盟的名義，共同向政府提出要求，例如社會立法行動聯盟、搶救國民年金聯盟、公平稅改聯盟、兩公約監督聯盟、社會住宅聯盟。這些聯盟通常由少數倡議團體主導，卻召集了不同議題與領域的團體參與。臺灣經常出現這種聯盟性構框的原因有很多，例如「可以在選舉政治中集結民意，取得發言地位，不但強化代言人倡導的正當性，同時分散了單一團體從事倡導，被政府列入黑名單的風險」（黃珉蓉 2015: 66），以及不同團體之間「互相拉抬聲勢，並且形成分進合擊態勢，讓對手不敢輕忽這股社會力」（顧忠華 2014: 86）。

（二）衝突性的構框

除了聯盟系統以外，社運組織所處的衝突系統也會影響構框的內容。誠如 Evans (1997) 指出，大部分研究作品都認為構框是為了社會運動的支持者與同情者設計，很少注意到構框也有可能是針對敵手的訴求。在此，對手可能是政府部門，也可能是社會運動要挑戰的對象，包括反制運動。政府單位也可能對於挑戰者進行有意識的構框，甚至蓄意的抹黑與醜化 (Noakes 2000)。

不只是社運組織在進行構框，其對手也在從事反制構框，這就形成了一種相互競爭與對抗的論述情境 (McCaffrey and Keys 2000)。舉例而言，19 世紀末美國資本家為了反制工會運動，採取了一系列的論述策略，例如將工會抹黑成為不守法的暴民、工會組織侵犯管理權、不符合美國文化等，試圖摧毀工會運動的正當性 (Haydu 1999)。事實上，一旦某個行動框架被成功地駁斥，後續的社會運動就很難再採取相同的框架，被迫要尋找新的動員框架。根據 Adair (1996) 的分析，美國 1970 年代反核運動繼承了 1960 年代的非暴力直接行動 (non-violent direct action) 傳統，採取激進的抗爭策略。但由於核電工業強力的興論動員，使得直接行動的框架被打為「不負責的嬉皮運動」與「無政府主義者」。後續1980 年代的反核運動者被迫採取較為溫和的運動策略，不斷宣稱代表美國的社會主流，是一股理性穩健的中道力量。2014 年以來，由於一系列美國白人警察暴力，導致無辜黑人受害者死亡之事件，出現了 #BlackLivesMatter（黑人的命也是命）運動，尤其在 2020 年 5 月 George Floyd 事件之後點燃了全美的抗爭風潮。不過，反對者也特意提出 #AllLivesMatter（所有人的命都是命）的訴求，這個表面上看似包容差異性的框架，實際上否認了黑人所面對的警察暴力與種族歧視。

　　某個動員框架之所以是主導框架，原因在於許多不同性質的社運組織同時採取相同的認知架構，而不是源自某種觀念性元素的內在力量。從組織觀點來看，我們可以發現某種框架的普及化涉及了組織之間的學習與人員流動。McAdam (1988: 161–85) 的研究指出，參與自由之夏的美國大學生如何將民權運動的抗爭訴求帶進校園，以權利論述來組織學生運動。1960 年代的學運世代大學畢業後，繼續參與各種新左派運動，因此將權利的論述帶入環境、女權運動 (Meyer and Whittier 1994)，甚至是身心障礙者運動 (Groch 2001: 89–91)。同樣地，Voss and Sherman (2000: 327–33) 分析美國工會運動在 1990 年代重新復甦，關鍵原因之一在於具有社區運動、民權運動背景的成員加入，他們傾向於將工會視為社會運動組織，而不是經濟利益團體。這些跨越不同社運組織的份子可以稱為「連結性運動者」(bridge activists)，他們的存在反映了一個相互重疊的社會運動社群，因此有助於動員框架的學習與擴散 (Issac and Christiansen 2002: 727)。從這些例子可以知道，主導框架之所以普及化，原因在於不同社運組織之間的相互學習與模仿，從而採取了一致的詮釋方式。

六、策略理性的限制：過度志願論的危險

在關注策略性構框的同時，也要注意策略理性的限制。拒絕文化決定論並非必須接受某種形式的文化工具論；換句話說，文化可以作為運動的資源，這個事實並不意味著社會運動者可以將其任意使喚，隨意形塑成為自己想要的模樣。在最低限度上，文化因素具有其內部邏輯，任何人都要遵照其規則才能靈活使用。這種情形就像是修辭學與文法的關係，修辭是用語言來說服聽眾的藝術，但是這種藝術的可能性是建立在語言的規則之上。唯有精通某一種語言，才有可能出現具有說服力的演講。

其次，運動者本身也是受制於一系列歷史的、生命歷程的、情境的限制，而不是隨心所欲地憑空捏造框架。任何的社會行動者都承繼了既定的歷史背景、社會位置，他們也與其他同時代的人分享一些未明言的、被視為理所當然的文化預設。當社會運動精心設計某種動員框架時，他們往往將一些背景知識視為不需懷疑的前提，而專注於經營某些較局部性的文化元素。舉例而言，在自由主義政治文化當道的美國，個人選擇被視為一個基本的政治價值，因此追求身體自主性的女權運動將墮胎詮釋為婦女的個人選擇。同樣地，在 1980 年代之後，美國新保守派人士試圖透過教育券 (education voucher) 的政策來推動教育私有化，他們所訴求的價值也是基於所謂的家長選擇 (parental choice) (Dougherty and Sostre 1992)。儘管女權運動與新保守主義的意識型態南轅北轍，這兩個例子顯示了動員框架背後更廣大的文化背景，這些元

素通常不是行動者所能控制的。

　　基於這些理由，理性的行動往往導致非意圖的後果。不少評論者指出，策略性構框研究所面臨的困境在於過度志願論 (excessive voluntarism) 的色彩，彷彿文化是可以由運動份子任意創造的。一種可能發生的危險即是將一般民眾的常識誤認為社運組織有意識經營的框架 (Hart 1996: 95; Moodie 2002: 57)。Goodwin and Jasper (1999: 49) 更生動地指出這種工具論思考的侷限：如果說金恩博士是「使用」基督教教義來動員教徒的參與，那麼也可以說，他「故意」用英文演講來喚起美國人的同情。在此，本文主張策略性構框研究應注意下列三種條件：（一）行動者本身的限制、（二）文化脈絡性的限制、（三）失敗的策略性構框。

　　關於（一）行動者本身的限制，誠如 Jasper (2004) 指出，社會運動中的策略涉及了文化、生命歷程、學習等諸多元素。個體永遠處於既有的社會脈絡，因此當事者不可能具有全面性的知識，理性也必然是受限制的理性 (bounded rationality)。因此，運動幹部所處的社會位置，以及他們所擁有的社會經驗都會影響其構框的可能範圍。在一項關於美國農場工人運動的研究中，Ganz (2000) 比較了在地草根社區工作者 Caesar Chavez 與美國總工會的動員策略。前者能夠針對移民農工的宗教文化特性，設計出具有說服力並且引發同情的框架，例如將移民社區的宗教節慶與抗議行動結合在一起。相對地，工會向來是專屬白人勞工的組織，不理解移民勞工的文化特性，因此他們採取了習以為常的官僚組織方式，以至於無法深入社區生活。在臺灣 1980 年代的環境運動興起過程中，早期生態學者所提出的「我們只有一個地球」，並沒有引發草根層次的運動，一直到地方人士結合了鄉土認同，提出

「我愛鹿港、不要杜邦」的社區動員框架之後，名副其實的本土環境運動才真正誕生（何明修 2001）。許多臺灣反開發運動都是依靠強大的在地認同才得以持續，例如美濃反水庫運動中的客家認同（林福岳 2002）、苗栗後龍灣寶社區的「西瓜節」（張春炎 2013）。

Mansbridge (1986) 指出，美國 1970 年代的平權修正案 (Equal Right Amendment) 原本只是某種抽象性的原則宣示，不一定會直接導致實質與立即的改變。但是由於女權團體的參與者多半是職業婦女，她們直接經歷了工作領域的性別壓迫，因此傾向將平權修正案詮釋為改變婦女經濟地位的關鍵 (ibid.: 44)。然而，此舉卻反加深了保守派婦女的恐懼，認為更獨立的女性地位即是意味著喪失種種的法律保護。舉例而言，在離婚官司中，法院可能引用兩性平等的理由，在贍養費與子女監護權方面，給予婦女較不利的判定。一連串的反制動員最終使這項改革功虧一簣。這些例子顯示，策略性構框往往受制於行動者的生命經驗。當事者認為合理的動員策略並不一定能達成效果，原因在於他們往往誤認聽眾處境與他們一致，因此應該會產生相同的共鳴。這並不是說社會運動者較不理性，或是缺乏資源，因為即使是有意識地進行構框，實際的狀況也可能與預期有落差。

根據蕭阿勤 (2003) 的分析，1970 年代臺灣黨外運動份子強調本土的歷史與認同，但是他們的論述仍沒有脫離國民黨政權的大中國民族主義敘事模式。針對這個現象，蕭阿勤 (2003: 241–2) 反對採取純粹策略性與工具性的解釋，認為那只不過是因為政治環境的不利，使得黨外人士不敢暢所欲言。他特別強調，黨外份子的成長受到戰後政治文化局勢的影響，至少在某種程度上內化了

國民黨的論述 (ibid.: 220–5)。在此，雖然蕭阿勤著重政治運動的政治敘事與認同，與本章的構框研究在理論取向上略有不同，但是他的分析很細膩地指出，構框的策略理性是受限制的。

　　關於（二）文化脈絡性的限制，任何的社會運動都是處於一定的政治文化脈絡之下，這種更廣大的政治文化形成了某種認知性與規範性的預設 (Joppke 1992: 315)。相對於物質性的資源，觀念性的元素通常彼此相互連結，構成一個更廣大的意義之網，很難被切割與拆解使用。一個政治文化脈絡所能容許的構框種類有限，社會運動組織並非享有無限的自由。由於在既定的歷史與社會條件下，人們所共同承認的正面價值有限，任何政治勢力為了正當化其主張，都要爭奪這些意義符碼。

　　因此，既有的文化可以被視為若干「構框劇碼」(framing repertoire) 的集合，社運組織在其中進行策略性的選擇 (Haydu 1999; Williams 1995)。構框劇碼的概念十分類似 Gamson (1992: 135–6) 所謂的「主題」(theme)，亦即社會運動所訴求的價值。Gamson and Modigliani (1989) 發現在美國核能爭議的分析中，進步、民主、成本、能源自主等主題是反核人士與擁核人士所爭議的重點。從這個角度來看，社運組織的構框並不是在毫無限制的條件下進行的，他們選擇有限，但這當然也不排除其他有創意的構框方式。同樣地，美國主流的女性主義採取政治動員的方式來追求性別平權，符合更廣泛的政治文化，亦即平等個人主義。相對地，其他強調女性特殊需要的主張，例如育嬰假、托兒、生產自主性，就容易被主流團體忽略 (Costain 1992: 137–8)。Pattillo-McCoy (1998: 768–9) 也指出，美國黑人的宗教傳統是由一系列情緒高亢的儀式組成的，這些宗教性元素進一步影響了他們所認定的運動性質。因此，宗教並不只是外在於運動的資源，它有可能本身已設定了運動的目標。

　　最後，文化脈絡的限制也反映了更廣大的歷史變遷。舉例而言，美國的同志運動一開始採用權利的論述，後來則是轉向愛情的語言 (Tarrow 2013: 183–6)。這樣的轉變一方面反映了民權運動以降的權利框架已經喪失了其吸引力，另一方面也指出，婚姻意味著的愛情與責任，比較容易取得民眾支持。臺灣的蘭嶼反核廢運動始於 1987 年，後來也出現了明顯的框架移轉。早期原住民權益尚未獲得制度性的承認，將核廢料放置於蘭嶼被反對者視為殖民主義的展現，結果將會導致達悟族的滅族；到後來，新一代的行動則是採取環境正義的框架，強調非核家園（黃淑鈴 2015）。臺灣人紀念六四天安門事件的方式也出現框架移轉。早期，1989 年天安門事件屠殺是以中國民族主義的框架來看待，強調臺灣與中國「血脈相連」，犧牲的北京市民也被當成黃花崗起義失敗的烈士。隨著臺灣進一步民主化與本土化，失敗的中國民主化已經不是臺灣人民所關切的議題，因此本土紀念天安門事件的活動很快就消失。等到 2011 年再度登場時，其主題已是訴求普世的民主價值，反對中國威權主義的擴張。紀念晚會現場也出現了臺獨、藏獨、維吾爾人、香港人等抗議團體 (Ho 2020c)。針對《優生保健法》的立法與修法，臺灣曾出現過兩波反墮胎運動。管曉薇 (2011: 249) 比較 1982 至 1984 年，以及 2002 至 2006 年的論述，發現反對者的框架從原先的「社會道德」、「性氾濫」、「反共復國」，移轉成後來的「保護婦女健康」、「胎兒生命權」等。很明顯，後一波的反墮胎運動吸納了國際保守派運動的論述。上述例子都顯示，運動者如何包裝、宣傳其運動訴求，必須貼近他們所處的時代脈絡。若是直接套用一個過時的框架，很難取得聽眾的共鳴。

　　關於（三）失敗的策略性構框，在既有的文獻中，研究成功的策略性構框遠多於失敗的個案，顯然成功的例子比較容易用來論證構框的重要性。儘管如此，失敗的構框仍具有啟發性，能夠指出策略理性的限制，避免過度志願論的危險。根據 Babb (1996) 的研究，美國 19 世紀中葉的紙幣主義運動 (greenbackism) 主張政府大量發行紙鈔。故意造成通貨膨脹的後果，使向銀行貸款的小商人得以從中獲利，以貶值後的幣值償還債務。紙幣主義運動的主要社會基礎是中西部的工商業者，但是他們也試圖動員勞工群眾，強調其階級利益與資本家一致，都屬於生產者，而不是不勞而獲的東岸金融寡頭。但是由於勞工在日常經驗中感受到的是階級對立而非和諧，因此這種主張很快就被主流勞工運動所揚棄了。在臺灣亦有十分類似的情況，民進黨在 1990 年代初期曾經試圖以老人年金等社會福利議題進行選票動員，但是由於議題的區隔性不明顯，動員效果有限，一般選民並不能清楚判別不同政黨的福利政策立場，因此到了 1996 年的總統選舉，民進黨又重新提出國家認同的訴求，放棄了先前的福利議題（傅立葉 2000）。從這些構框失敗的研究可以看出，運動者精心選定的框架並不一定能發揮作用，策略性的思考也會遇到未曾意圖的結果。

　　研究失敗構框之所以遠少於研究成功的個案，原因不難理解。構框理論剛提出之際，學者為了證明這個概念的解釋效力，傾向於選擇成功的社會運動例子，並且將成功的關鍵歸諸於構框的過程。這種研究設計固然能夠彰顯社會運動的意義面向，但是卻無法更精確地告訴我們，到底文化能夠扮演什麼角色。因此，重視失敗的個案並沒有否定文化的重要性；相對地，由於側重構框的限制，才能使我們「更認真看待意義」。換言之，重視社會運動的意義面向，並不意味著文化工具論（文化符碼可以被任意操弄）或文化決定論（文化元素事先決定了社會運動的過程）。我們應該採取一種比較平衡的觀點來看待政治文化，即文化能提供行動一定程度的助益 (enabling)，同時也具有某種限制 (constraint)。這種較持平的觀點可以避免過度志願論與過度決定論的雙重危險，擴展構框理論的研究。

結　論

　　相對於其他導致社會變遷的力量，社會運動並不是在無聲無息中默默地產生作用，而是喧嘩地帶來一套理解世界的新方式。如果不是透過共同的努力，性騷擾、家庭暴力、剝削、歧視等字眼不會成為我們的日常用語。社會運動的研究者必須重視這種文化的建構過程，分析形形色色的社運組織如何形塑我們對於日常生活的理解；如何質疑原本視為理所當然的事物，並且揭發虛假共識背後隱藏的權力支配。在此，構框理論提供了一套十分可行的分析策略，原因在於這個理論將社會運動視為意義生產的主體，並且重視意義的傳播、抗衡、詮釋等過程。透過構框理論的視野，我們也能夠理解，為何社會運動成為當代文化創新的重要源頭之一。

　　這一章回顧了構框理論所面臨的問題。首先，在早期使用的脈絡中，構框指涉微觀動員過程的共識形塑。構框過程指的是互動情境中的意義建構，使得參與者產生對於某外在事物與自身的共同理解。早期研究者採取互動論的立場來思考構框理論，框架的主要作用被視為透過人際網絡形塑運動共識，但如此一來，構框的策略性與組織性面向沒有被充分討論。後續的研究者多半側重策略性構框與組織過程中的構框，卻也忽略了其互動論的預設。

筆者贊同構框理論應該擴展其研究範圍，納入策略與組織的考量。因此，構框除了形塑參與者的動機以外，其策略性運用更可以用來利用政治輿論、維持參與士氣、減少反對阻力。這些作用並不是為了鼓勵運動參與，而是試圖正當化社會運動的訴求。從這個角度來看，策略性構框的概念強調文化的可塑性，容許多種使用可能。然而，這並非意味著某種形式的文化工具論，認為觀念元素可以被任意操弄。合理的策略性構框研究應該避免這種過度的志願論立場，不應賦予策略理性過度誇大的作用。社會運動的理性是高度受限的，受制於當事者的生命歷程、政治文化、構框劇碼等條件。最後，後續的研究者從更廣大的視野拓展了組織構框的研究。從組織互動的角度來看，構框是構成聯盟性運動成立的前提；另一方面，在對抗性的情境中，構框也可能是不同組織之間爭執的焦點。此外，組織互動也可以解釋主導框架的運作，而不需要假設觀念本身的因果作用。

重視社會運動的文化分析並不意味著採取某種文化主義(culturalist) 立場，認為觀念性元素具有封閉性，形成一個獨立自足的領域。文化具有相對自主性，有其特殊的運作邏輯，但是這個事實並不排除文化符碼可以被策略性地運用，成為組織協商的籌碼。社會運動研究者應該「認真對待意義」，但這不代表利益、組織的探討就應該被拋諸腦後。事實上，正因為現實生活總是摻雜了各種元素，分析文化元素與非文化元素的互動才成為社會學最具挑戰性的工作之一。

第 8 章
情緒、儀式與社會運動

一、拉倒吳鳳銅像的情緒與儀式

在世界各地，圍繞著銅像的抗爭與爭議向來具有高度的政治意涵，例如東歐國家的民主轉型表現在移除到處聳立的列寧銅像。在美國南部各州，移除內戰期間支持蓄奴的將領與政治人物銅像至今仍充滿爭議。在臺灣，每到二二八和平紀念日前後，僅存的蔣介石銅像也經常成為政治塗鴉與抗議的對象。而在剛解嚴的臺灣，1988 年拉倒嘉義市火車站前吳鳳銅像的抗爭行動具有特殊的歷史意義。

在 1980 年代初期，有學者質疑吳鳳「捨生取義」是偽造的神話。這個源自日治時期教科書的故事，將鄒族描寫為殺人嗜血的族群，刻意貶低原住民族的自尊與文化。80 年代中期開始，原住民族權利促進會（原權會）人士展開抗議行動（黃國超 2021: 16）。1987 年 9 月，原權會向教育部抗議，要求刪除教科書中的吳鳳課文、「吳鳳鄉」改名、改建吳鳳廟、移除嘉義吳鳳銅像，但是都沒有獲得正面回應。當時，基督教城鄉宣道會 (URM) 已經引進臺灣，固定招募學員，傳授非暴力抗爭的技巧。在第九期課程中，出現了要使用福佬話或是華語的爭議，甚至出現罷課風潮。為了平息漢人與原住民族的爭端，URM 主事者決定設計一個原住民族與漢人共同參與的活動，以標誌族群的和解。在 1988 年 12 月 30 日，約 30 位 URM 學員、民進黨黨工聚集在臺南舉行「起義誓師會議」，林宗正牧師宣讀「誓師拆除吳鳳銅像」的行動宣言，事後並由參與者共同簽名。

12 月 31 日上午，「吳鳳銅像拆除大隊」在嘉義市火車站前集結，他們手持「吳鳳是劣士，莫那魯道是烈士」、「拆除吳鳳銅像」

等布條。抗議群眾很快被警察包圍，而他們按照先前計畫，警方舉牌驅離時，立即禱告與唱聖詩，宣稱這是《集遊法》所不能管轄的宗教活動。因為鐵鍊斷裂，上午的銅像破壞行動失敗；等到下午，抗議者取得電鋸與鋼索，終於用宣傳車拉倒了銅像。在倒塌的那一刻，林宗正牧師雀躍，大叫「哈利路亞！」，其他參與者相擁而泣。警察立即逮捕了四位參與者，其中一位原住民族參與者卡法司被暴力毆打，甚至住院一週。在羈押期間，30 多位長老教會牧師來探望林宗正，他們在檢察官室集體禱告。在偵訊期間，卡法司堅持使用母語布農語，法院不得不請同族的教會幹部來協助翻譯。兩個月後，四名被告被判無罪。1989 年，內政部正式將「吳鳳鄉」改名為「阿里山鄉」，國立編譯館也移除了國小課本中的吳鳳教材（邱斐顯 2012；邱萬興 2022；廖建華、黃佳玉 2019: 105–10）。

在解嚴不久的臺灣，要採取這種非暴力直接行動需要極大的勇氣。事先的誓師簽名，以及現場的禱告與唱聖詩都是通過高度儀式化的行動，以凝聚參與者的團結與士氣。虛構的吳鳳神話侮辱了原住民族的尊嚴，並貶損其身分，可以想像原住民族參與者當時背負了沉重的族群使命感。因此，成功推掉銅像後的喜悅與興奮亦是可以預期的。事實上，在其他的社會運動場合，高亢的情緒表達以及儀式化的抗議方法，都是常見的現象，只不過情緒與儀式過往被視為「不理性」的元素，鮮少在主流研究中獲得應有的重視。因此，這一章將探討情緒與儀式在社會運動中的角色。

前面章節已經描繪出一個社會運動分析的標準模型：社會運動是透過人際網絡動員所形成的行動（第四章）。主事者需要利用各種傳播管道宣揚理念（第五章），提出某一種有利於訴求達成的論述（第七章），並且利用或創造政治局勢以確保其落實（第六章）。這個於上世紀末建立的標準模型之基本詞彙，包括了組織、動員、資源、交換、策略、利益、機會等，或多或少預設了社會運動是理性的動員過程。組織領導者擬訂策略，以獲取支持者的資源，並且將這些資源與對手、權力菁英進行交換，而其最終目標在於實現某種集體利益。很明顯，這個標準模型是為了對應更早期的集體行為理論。

然而，Piven and Cloward (1992) 對此提出了十分嚴厲的批判，他們認為這樣的標準模型根本是矯枉過正。為了證明社會運動不是無組織的群眾行為，資源動員論過於強調組織化的面向，社會運動被視為起源於事先存在的動員網絡，抗議的過程涉及組織領導與分工。同樣地，為了反駁將社會運動視為違背常態政治的指控，資源動員論設想的社會運動遵循利益政治的遊戲規則，試圖擴大政治聯盟，與政府部門談判協商。在他們看來，「集體抗議常態化」(normalizing collective protest) 忽略了任何社會運動都具有破壞性與不可預期性。事實上，正是由於社會運動違背主流政治期望的策略，才獲得政治菁英的重視與讓步，而達成所追求的目標 (ibid.: 23–32)。

本章依循這樣的批判，試圖將常態政治以外的元素帶進社會運動的分析。愈來愈多研究者重新肯認，社會運動涉及了情緒、儀式之面向，而不只是單純的利益行動。簡單地說，社會運動不只是冷靜的利益計算，同時也包括了激昂的情緒宣泄。抗議不只是一種議價的手段，同時也是儀式性的表演，抒發參與者共同的憤慨。對於參與者而言，社會運動所追求的目標與價值也往往具有宗教般的神聖性，需要效忠與遵從。

二、熱情的社會運動參與

　　制度化的政治生活充滿官僚氣息，一切都按照規章行事，不涉及情感的好惡 (*sine ira et studio*)。但在抗議現場，群眾情緒總是高昂。他們相信人多就是力量，可以創造歷史。抗爭群眾經常將他們責怪的對象具象化，並且透過各種戲劇化的方式表現出他們的不滿，這也是為何主流社會總是用一些特定的抗爭儀式來貶損社會運動參與者，例如環境運動者是「抱樹者」(tree huggers)、婦女運動者是「胸罩焚燒者」(bra burners) 等。顯然，多彩多姿的運動文化無法在前文提到之標準分析模型的緊身衣之下獲得應有的重視。

　　晚近以來，素樸的理性與感性的二元論已經逐漸被研究者淘汰。這種簡化的觀點將理性預設為有規則的、可預測的、深思熟慮的行動，情緒則是位於其對立面。事實上，理性的態度並不意味著缺乏情緒，而是以某種特定的情緒狀態來面對自我與外在世界。當人們理智上接受了某一套看法，他們同時也充滿了信心、熱忱與期待。理性選擇理論所預設的「理性人」，也只是一種特定的社會心理學類型，而不是舉世皆然的普遍標準 (Stryker, Owens, and White 2000: 3)。情緒並不是非理性的，我們的感覺 (feeling) 與心情 (mood) 並不只來自生理本能，而是經過後天學習與文化加工。情緒反應也涉及資訊處理、自身定位、傳達訊息、行動準備等作用，與我們的思考緊密連結在一起。因此，感性與理性並不是對立的，而是一個動作的兩個面向，亦即 Jasper (2018: xi) 所謂的「感覺—思考過程」(feeling-thinking process)。

　　如果運動參與是基於特定的情緒狀態，順從體制則代表另一種情緒。支配不只涉及了資源、權力、承認的不平等分配,也涉及了不同的情感表達方式。正如 James Scott 所指出的,任何一種支配都是對人類尊嚴的傷害,支配者的榮光是以被支配者的屈辱為代價。「沒有一個支配體制不產生對於人類尊嚴的例行侮辱,以及傷害勞動成果的占有、公開的差辱、鞭打、強暴、巴掌、猜疑、鄙視、儀式性污衊等等。」(Scott 1990: 37) 在承平時期,被支配者學會如何在這種殘酷的體制中生存,他們將不滿隱藏起來,外表卻表現出一副恭順的樣子。因此,要使公開的反對成為可能,首要條件即是被支配者將他們壓抑的情緒公開地表達出來。Hochschild (1979: 567-8) 提到,社會結構不只根據位置分配了不同的權力,也安排了不同的感覺規則 (feeling rule),也就是說處於相異結構位置的行動者被要求不同的情感表達方式。當人們從原先的順從與認命,轉化成積極的抗爭,就意味著原先的感覺規則被翻轉了,不再具有約束力。從這個角度來看,先前提到「認知解放」應該伴隨著「情緒解放」,這樣才構成完整的社會運動參與圖像。

　　婦女運動的研究者指出,情緒宣洩不一定不利於運動的產生。事實上,貶低情緒與頌揚理性往往是強化婦女從屬地位的方式 (Ferree 1992: 42)。女性主義的研究強調,與其說婦女運動的集體認同是基於某種價值觀,不如說是共同的情感。婦女團體的功能提供了某種運動文化,使以往被隱藏的情緒獲得自由表達的空間 (Taylor and Whittier 1992, 1995)。同樣地,身心障礙者也要克服心理障礙與污名,從自悲自憐提升為正面的自我印象,共同行動才能夠產生 (R. Johnson 1999: 35)。研究同志運動的學者也指出,污名化是阻礙行動的原因之一。因此,社會運動的出現通常是伴隨著情緒的轉變，從羞恥轉向驕傲、從孤獨轉向團結、從恐懼轉向憤慨、從悲哀轉向憤怒 (Britt and Heise 2000; Gould 2002)。換言之，這是一種改變感覺規則的集體努力。如果以往的規則帶來無力與消極，改造後的規則就帶來一種解放的感覺。事實上，許多運動團體的動員工作並不是在告訴受害者「真實」的世界到底是如何，反而是告訴他們如何大膽地表達被壓抑的情緒，知道「你應該生氣」。所謂的「意識提升」(consciousness raising) 並不是提供一套正確意識，彷彿動員的對象原本完全不瞭解他們所處的世界。他們被提升的意識，其實正是被壓迫的情緒。

運動領導者之所以能夠成功地說服人們參與社會運動，關鍵在於情緒的動員 (Aminzade and McAdam 2001: 33)。動物權運動是一個典型的例子。當他們召募支持者時，通常依賴某種景象的強烈呈現，迫使觀看者的道德判準受到衝擊，從而激發出參與的意願 (Jasper 1999: 69; Jasper and Poulsen 1995: 496)。動物權團體將實驗動物比喻成一般美國人家居生活的寵物，不舒服的感覺就油然而生。同樣地，當環境人士用死亡的景象來描述酸雨的影響，例如「森林死亡」，或者是雅典衛城的巴特農神殿被酸雨破壞，都是試圖要喚起強烈的情緒反應 (Hannigan 1995: 132–3)。因此，激發情緒是社會運動參與的關鍵之一，動員者的任務在於改變或延伸原有的感覺規則，擴展其適用範圍。

在若干集會遊行的場合，適當展現特定的情緒也有助於社會運動的宣傳。在臺灣 1990 年代關廠失業勞工的抗爭中，許多女工年輕時就進紡織廠，卻因為老闆惡性倒閉，連退休養老金都沒了。因此，她們改編臺語民謠〈望春風〉:「心內越想越不願／被騙一世人／十七八歲來做工／遇到壞主人／關廠資遣放阮去／費用裝不知／官方無力解困難／勞工真悲哀」，成為她們的招牌抗爭歌曲。在抗爭現場，當官員出面探視時，自救會成員就會集體下跪落淚，哭訴她們所遭受的冤屈（何明修 2008: 180）。陳韻如研究臺灣街頭抗爭的性別文化差異，她發現女性抗爭者常使用下跪陳情，避免警方武力驅離，並吸引媒體關注 (Chen 2020: 64)。落淚陳情是一種高度情緒化的表演，在既有的性別文化上，通常是女性採用，不過也有例外。在 1987 年，外省人返鄉探親運動出現，跟著國民政府來臺灣的退伍老兵爭取前往中國大陸的權利。參與者高舉「想家」、「想念母親」的標語來爭取其訴求。在當年母親節的一場集會，台上主事者高唱「母親，您在哪裡」，結果台上台下抱頭痛哭，「許多中老年男人情緒潰堤，像嬰孩般哭泣。」據說蔣經國得知此事之後十分驚訝，因此加快了開放措施 (Yang 2021: 184–7)。

　　情緒動力除了促成運動參與，也有助於運動持續。Goodwin (1997: 55) 認為，只憑利益的共享，社會運動的維繫將會是薄弱的，除非能夠將成員之間的關係轉化為友誼、同志情誼等所謂的感情連帶 (affectual ties)，組織才能夠持續。另一方面，既然運動組織的存活有賴於個人的忠誠，對於參與者而言，也等於要求一定程度的情緒管理，亦即是所謂的「情感工作」(emotion work)。Hercus (1999: 41–6) 指出，維持女性主義認同是一件要付出代價的事，因為主流社會對於激進性別認同的嘲諷與歧視存在於日常生活的每一個角落，女性主義者被迫要自我克制，或採取強硬的態度來面對這個充滿敵意的環境。因此，運動者之間的交流聚會成為不可或缺的週期性強心劑。

　　同樣地，在許多抗爭場合，鼓勵參與者挺身而出的心理動機經常是對於不正義的憤怒，然而過度宣洩此種憤怒情緒則是有害的。在一項探討支持墮胎權運動的研究中，研究者發現，社運組織內部需要發展出適當的憤怒管理機制，因為如果沒有憤怒就沒有參與，但是過度的憤怒則會傷害到運動本身，使其被貼上暴力的負面標籤 (Dilorio and Nusbaumer 1993)。一項關於反墮胎的拯救行動 (Operation Rescue) 的研究指出相同的情緒機制。當一項抗爭行動無法獲得媒體、政治人物與旁觀者的支持時，抗議的口號便開始轉向內部團結，而不再是對外的控訴。受到敵意包圍的群眾會開始退縮到其歸屬的運動文化，透過心理認同來維持群體的邊界 (Youngman 2003)。在一些高風險的社會運動中，參與者有時需要隱藏自己的真實身分，學習管理自己的恐懼情緒 (Einwohner 2006)。因此，高風險的運動參與容易帶來情緒消耗 (emotional attribution)，原先的希望與憤怒逐漸消失，脫離運動之後反而帶來某種解脫感 (Peña, Meier, and Nah 2021)。

　　參與社會運動需要花費個人的機會成本，包括了時間、金錢與生涯，有時更需面臨社會的不諒解與敵視。面對未知的結果以及漫長的等待，光靠純粹的理智並無法支持持續性的參與。因此，情緒因素能解釋為何他們想要參與社會運動、維持組織的聯繫、承擔個人的風險，以及最後為何選擇退出。

三、作為儀式表演的社會運動

　　要使情緒能夠有助於社會運動，儀式性的表演是一個重要的媒介。在一般的敘事中，好人／壞人、英雄／惡棍、受害者／加害者是經常出現的組成元素。要說服人民參與社會運動，複雜的現實需要被敘事化，重新被演出來。這個道理常常展現在臺灣抗爭行動現場常見的行動劇，主事者使用芻像、面具、各種道具等，以具體傳遞他們的抗議訊息。在醫療糾紛引發的抗爭中，家屬披麻帶孝，抬棺抗議，撒冥紙等源自告別式的手法更是屢見不鮮。

　　Perry (2002) 曾指出，中國共產黨之所以在內戰中擊敗國民黨，原因之一即是他們能夠成功地動員民眾的情緒。在她的分析中，共產黨透過一系列的政治儀式來掌握人民的情緒，包括「訴苦」、「控訴」、「整風」、「思想改造」、「自我批評」等。這些儀式使參與者克服「溫情主義」的障礙，將怨恨與憤怒毫不保留地展現出來。共產黨經常使用的「批鬥大會」也是充滿儀式色彩的參與方式。Sutton (1995: 164) 認為，批鬥大會可以被想像成多重的通過儀式 (rite of passage)，不同參與者需要扮演相應的角色，無論他們是自願的或是被迫的。「壞份子」被迫要戴高帽登場，被憤怒的群眾咒罵與掌摑，最後被囚禁或是打入「牛棚」。地主與反革命份子不只是要戴高帽，還要遊街示眾，他們的懲罰儀式更為嚴苛，通常被毒打一頓之後立即處決，身後財產也被奪取而重分配 (Su 2011)。很顯然，在中國共產黨革命的抗爭文化中，儀式是用來煽動群眾仇恨的武器。

　　在其他的抗爭現場中，儀式性的表演也能帶來不同的情緒作用。例如在臺灣邁向民主的過程中，1979 年高雄美麗島事件的鎮壓是反對運動的重大挫折。然而在隔年的民意代表選舉中，美麗島受刑人的家屬紛紛「代夫出征」，她們在「人山人海的政見會台上，以如泣如訴的感性音色，敘說高雄事件後的政治氣氛……尤其以無奈又哀傷的口氣，敘述普遍受社會同情的二二八林家滅門血案，使得政見會場更加感性。無數男女民眾聽了忍不住傷感落淚。」（李筱峰 1987: 167）顯然，黨外運動份子也透過儀式性的訴苦，從而激發同情與悲憫的情緒。到了 1980 年代末期，反對黨開始公然轉向民族主義立場，因此，演講會場上的儀式也有所不同，不再是訴說悲情，而是強化光榮的認同感。演講者開始使用臺語，而非官方的「國語」，並且使用大量臺語的俚語、歌謠、故事來強化民族意識（王甫昌 1996: 185）。

　　同樣地，社運組織的感情連帶也需要透過例行的儀式來維持。在一項關於 20 世紀初的國際婦女運動研究中，學者發現為了要克服國籍、種族與距離的障礙，婦女運動者發展出一套和解的儀式 (rituals of conciliation)，以強化跨國集體認同。在國際會議上，來自交戰國的婦女相互贈花、握手、擁抱，她們強調戰爭是男人的事，女人是支持和平的 (Taylor and Rupp 2002: 145–7)。另一方面，儀式所帶來的情緒作用也存在所謂的私領域，例如婦女運動者的書信往來也有可能成為強化小團體認同的工具。Deegan (1996) 指出，這些充滿思慕、鼓勵與關懷之情的書信往返即是一種愛的儀式。盧蕙馨 (1991) 觀察臺灣婦女團體的「談心聚會」，亦即喪偶與離婚婦女如何以小團體分享的活動，撫平內心創傷。共同的情緒抒發有助於女性走出悲情，培養自信。對於勞工階級而言，日常生活則提供了許多建構團體情感的儀式素材。在一項關於美國工廠的研究中，學者發現，女工們經由慶生會、產前派對 (baby shower)、交換自製糕點等活動聯絡感情，因而跨越了族群背景的差異。換言之，這即是一種將她們在家庭生活中的照顧者角色帶到工廠廠房的策略 (Lamphere 1985)。以臺灣石化業勞工為例，工廠休息室中的「泡茶開講」也是一種日常儀式，能夠維繫「有福同享、有難共當」的階級兄弟義氣（何明修 2003）。此外，儀式性的互動也能夠拉近運動者與官員的心理距離，促成運

動訴求的接納與落實。1997 年成立的行政院婦女權益促進委員會
（2012 年改名為行政院性別平等會）向來是婦女運動參與全國層
級性別政策的重要管道。研究指出，當有婦女運動背景的委員願
意以讚美、鼓勵的態度對待行政官員，甚至願意私下見面、會前
討論，這種「搏感情」的策略有助於促成婦女運動訴求政策的落
實（黃淑玲、伍維婷 2016: 31–42）。

　　儀式性的表演可以激發出仇恨、同情、自尊、關懷、團結感
等多種情緒，是維持參與士氣與情感依附的重要媒介。另一方面，
儀式性的表演不只提供內部的情緒性支持，也在於對外的公共宣
稱。社會運動不只涉及到有形的權力分配，無形的價值與意義的
爭奪更是必要環節。然而，文化鬥爭不只存在於文字論述的層次，
同時也涉及了非語言化的、操演的 (performative) 行動。對於勞工
階級而言，由於缺乏文化資本，他們很難透過言談辯論達成彼此
團結。全世界的知識份子有可能因為閱讀了《共產黨宣言》產生
共鳴，轉而接受左派的政治世界觀，但是這種情形很難發生在勞
工階級身上。在這種情況下，儀式能夠取代言談的作用，形塑出
參與的熱忱。誠如 Kertzer (1988: 66) 指出的，儀式的神奇效果之
一，即在於「缺乏共同信仰的情形下製造團結」。從這個角度來
看，可以理解為何 1980 年代中期的臺灣工運一開始就充滿了男性
交往的儀式，例如工會幹部彼此交換「兄弟帖」，不同工會的聯合
運動也被理解為「工會與工會換帖」(Chu 1996: 505–6)。很顯然，
在缺乏強而有力的政治意識型態支持下，這一群勞工只能透過他
們熟悉的日常儀式，建構彼此一致的團結感。

　　就中國的天安門民主運動而言，Esherick and Wasserstrom
(1994) 十分具有說服力地指出，學生抗議其實是一場精湛的政治

劇場 (political theater)，充滿了各種儀式表演元素。從 1919 年的五四運動以降，學生愛國主義向來受到共產黨推崇。在 1989 年，北京學生也試圖扮演愛國知識份子的角色，絕食抗議、寫遺書、要求官員表態等都是儀式的組成要素。很顯然，如果政府的正當性來自於 70 年前的學生運動，那麼學生就可以先發制人地占有道德上的正當性。類似的儀式占有也可以在臺灣 1998 年一場爭取幼教券運動中發現。當時私立幼教業者發起幼教券運動，目的是為了取得政府的幼教資源，避免公立幼稚園排擠他們的經營機會。為了要掩飾業者的營利動機，儀式的學習是必要的。幼教業者模仿四年前的「四一○為教育而走」的遊行，在 1998 年舉行一場「一○一八為幼兒教育而走」遊行，同樣是由天真無邪的學童與女教師擔任先導隊伍。如此一來，發行幼教券的訴求也獲得了改革的正當性，成為教育改革運動的延伸 (Ho 2006b)。臺灣肢體障礙者為了倡議友善的公共空間，經常號召輪椅使用者在機場、知名景點、連鎖餐廳等地集結行動，呈現他們「不得其門而入」的困境。這種「散步運動」也是高度儀式化的表演，「強調一種溫和而堅定的力量」，迫使公眾正視身障者面對的阻礙與歧視（張恆豪、游鯉綺、許朝富 2018: 379）。

　　更重要的是，儀式的表現方式眾所皆知，甚至是不言而喻、不證自明的，因此參與者可以透過單純的行動，傳遞被政權所禁制的政治訊息。為了爭取民族解放，阿爾及利亞婦女重新戴上伊斯蘭教律法規定的面紗，當面挑戰現代性與世俗的法國殖民政權 (Fantasia and Hirsch 1995)。同樣地，阿根廷著名的「五月廣場母親」(*Las Madres de Plaza de Mayo*) 也是有名的例子。為了抗議軍事獨裁者的濫捕與祕密綁架，受害者的母親公開地表達她們思念子女之情，每週例行的追悼儀式也就成為對於政府最嚴厲的道德控訴 (Navarro 1989: 251)。儀式語言需要加以解讀，因為它所傳達的意義附著於外顯的動作，觀看者需要享有相同的文化認知才能察覺和理解。因此，儀式化的抗議經常帶有保護被支配者的功能。1983 年，波蘭政府宣布戒嚴並且取締團結工聯的支持者，當時 Łódź 市民發動一場十分奇特的「抗議」，每當政府控制的媒體播放電視新聞，市民就開始在街頭「散步」，並且「不約而同」地將他們的帽子反戴 (Scott 1990: 140)。

Hobsbawm (1999: 280) 探討西方前現代的各種人民抗爭，發現 19 世紀的政治團體充滿了神祕主義與宗教色彩。一系列的入會式、暗語、誓言等儀式行動，使得這些團體看起來比較像是祕密社團或兄弟會，而非當代的社會運動組織。這些複雜而神祕的儀式代表了「革命組織之早期的、不成熟的形式」。因此，當馬克思與恩格斯在 1848 年的《共產黨宣言》提到，「共產黨人不屑於隱瞞自己的觀點和意圖」(Marx and Engels 1948: 44)，他們所想像的是新穎的社會運動，與以往密謀結社的起義傳統徹底決斷。不過，儘管現代化帶來教育與知識的普及化、民主而廣泛的公民權保障、普遍而便利的傳播管道，儀式的元素仍然沒有在當代社會運動中消失。透過共同的儀式活動，參與者的信念獲得了聚焦的對象，他們的情緒能夠抒發，傳達共同的訴求。在任何當代的遊行、示威、請願、罷工等抗爭劇碼中，領導者也要設法將群眾組織化，使他們的訊息可以被公眾與政府重視。不可避免地，這種抗議的組織化充滿了儀式性表演的色彩，因為文化的意義只能透過這樣的包裝才能夠被解讀。換言之，抗議活動所傳達的訊息，也透過儀式性表演所達成。

　　在許多社會中，人民所熟悉的儀式通常來自於宗教，而宗教信仰往往界定了社群範圍，以及神聖性與世俗性的界線。因此，當社會運動激發出動員風潮，宗教也容易捲入其中。一般而言，大部分宗教領袖與既得利益群體親近，且宗教教義頌揚傳統的生活方式與德性，重視個人內在的靈性與修行，因此不鼓勵信徒參與政治抗爭行動。當宗教涉及社會運動議題，其立場通常也傾向於保守，抗拒現代化的變遷趨勢，例如在西方與在臺灣，基督教教會是反墮胎、反同性戀等保守派反制運動的源頭（見第 9 章）。然而，我們不能因此就將宗教與政治消極或保守主義畫上等號。前面提到的美國民權運動、臺灣城鄉宣道會都是基督教信仰推動進步改革運動的具體實例。如果說宗教不能被簡單地視為麻痺人民的鴉片煙，那麼有可能是令人亢奮的興奮劑嗎 (Marx 1967)？很顯然，兩種簡化的看法都無助於我們理解其間複雜的組合。事實上，許多宗教教義都具有多重詮釋可能，分別導致保守與激進的結論 (Smith 1996: 13)。《聖經》中的「行公義、好憐憫」正當化社會正義的追求；同樣地，「上帝的歸上帝，凱撒的歸凱撒」也有政治消極主義之意味。因此，要探討宗教信仰的本質到底是保守的或是批判的，恐怕不是最關鍵性的問題，重點在於當宗教捲入社會運動時，激發何種鼓勵參與的作用？

　　從這一節關注的儀式來看，許多宗教儀式都實現了 Tiryakian (1988: 45) 所謂的「去分化」(dedifferentiation) 之效果，使得原本處於分離狀態的個體意識重新獲得整合。個體重新發現了社群，並且共同認知到彼此處於相同的情境中。在這個意義下，去分化即是神聖化 (sacralization)，亦即將原先世俗的事物視為具有約束力的與崇高的。在波蘭團結工聯運動的個案中，Osa (1996) 指出，天主教教會早就成為抵抗共產黨獨裁的重要機構。面對蘇聯扶持的無神論政權，波蘭人長期的天主教信仰更構成一種神學民族主義 (theological nationalism)，有助於政治反對運動的動員。

在臺灣 1980 年代的反污染環境運動，也可以看到強烈的宗教儀式色彩（蕭新煌 1988: 133; Ho 2005b; Weller 1999: 115-21）。舉例而言，當鹿港人成功阻止杜邦公司的設廠計畫，他們舉行了全鎮媽祖繞境活動。在後勁反五輕運動中，發爐、連續聖杯（擲筊結果）等「奇蹟」被視為重要的神明指示，當地人操演的宋江陣也曾與鎮暴警察對峙。貢寮人長期反對核四廠興建，當地的媽祖神像多次參與了在臺北舉行的反核遊行，還有一次跟著群眾衝入立法院。臺灣的民間信仰具有高度在地性，如果其祭祀圈的範圍正好共同面對外來污染的威脅，共同的宗教信仰也有助於強化當地民眾所發起的反對運動。此外，1987 年爆發的南投縣信義鄉東埔村抗爭也展現了宗教與社會運動的密切關係。當時縣政府以發展觀光的名義，開挖原住民族的祖墳，任意曝曬屍體，引發布農族人抬棺抗議。東埔事件是臺灣早期原住民運動的重要抗爭，長老教會的幹部也積極參與其中。黃應貴 (1991: 26-7) 指出，當東埔社布農族人在 1980 年代中期面臨部落生存的經濟危機時，他們發動了一系列集體禱告的「新宗教」運動。一旦教會取代了原有的社會整合機制，成為整個東埔社的象徵，切身的經濟問題就被視為宗教問題，「教會自然被賦予解決社會問題的責任」。因此，東埔人的基督教信仰復振與其抗爭行動既是同時發生，也是彼此強化的兩個事件。

上述例子指出宗教在社會運動中扮演的重要角色，然而這並非代表宗教本身帶有強烈的政治批判，能自動導致抗爭的出現。

在特定的脈絡中，信仰的力量可以建構出強大的主體性，即一個緊密整合的我群，支撐社會運動的參與。因此，一旦宗教社群的界限符合政治分歧的軸線，宗教就可能成為抗爭的精神武器。

　　此外，儀式所創造出的神聖性也可以幫助我們重新思考社會運動。在大部分情況下，運動參與是個人的權利，是由個人的成本效益分析所決定。但是在某些社會運動中，個人並沒有不參與的權利；相對地，參與者的熱情是建立在他們的責任感上，認為自己有義務要為集體目標作出貢獻。舉例而言，Taylor (1989) 分析美國 1950 年代的婦女運動如何透過緊密連結的運動社群，共同度過戰後的保守氣氛，並且在 1960 年代重新喚起新一波的抗爭行動。她提出所謂的「暫緩結構」(structure of abeyance)，可以避免不利的政治機會之影響，維持參與者的認同感。暫緩結構是一種神聖性的建構，包括集體記憶（以往的運動回憶）、卡理斯瑪（全國婦女黨黨主席 Alice Paul）、 儀式場所 （華府的 Alva Belmont House） 等元素。我們可以說，這一群婦運人士是依靠近似宗教的信念來維持運動信念。愈是處於有敵意的環境中，社會運動愈是需要這種神聖性。在 1964 年的自由之夏運動中，美國北方大學生參與協助非裔美人的選民登記。面對南方種族主義者隨時隨地的暴力威脅， 參與者之間形成一種生死與共的 「親愛共同體」(beloved community)。McAdam (1988: 93–6) 指出，在這種非比尋常的氣氛中，性愛關係揚棄了傳統拘謹的束縛，將恐懼與刺激的情緒混雜在一起。

　　在激烈參與的社會運動經驗中，世俗與神聖的邊界開始變得模糊不清 (Aminzade and Perry 2001: 169)。世俗性的運動目標被賦予神聖性的期待，個體有時更冒著生命危險來實現超越個體的理念。正是由於這種高度的情緒動員，使許多社會運動的參與帶有濃厚的宗教色彩。即使是一些相對比較和平的社會運動，參與者也將他們所要維護的對象賦予某種特定的價值。例如，在一場加州反核電廠的運動中，反對者透過唱歌、跳舞、露營等儀式化的工地占領 (site occupation)，阻止能源公司的開發計畫。這些儀式表演也透露出一個訊息， 預定地 Diablo Canyon 是神聖的地方，不容許世俗的經濟利益入侵 (Jasper 1997: 183–4)。

結　論

　　任何經常參與社會運動的人都知道，許多遊行被營造、裝扮成為嘉年華會，有意識地顛倒日常秩序，以不恭敬的態度嘲弄當權者，也因此參與者的心情是高亢而激昂的。遊行之所以帶來快感，是因為參與者能夠占領原先不屬於他們的街頭，公然表達他們長久的積鬱。因此，路人的側目與警方的武力展現不但無法澆熄抗議的熱情，反而激發出更強烈的動機。此外，抗議現場也時常充滿了受害者的悲情控訴，憤憤不平的群眾有時也是領導者無法控制的。要推動成功的抗議，運動領導者要能挑起群眾的情緒，但是領導者的無能或不負責也可能造成情緒失控，反而傷害了運動本身。

　　同樣地，許多運動積極份子將他們自己的理念落實在日常生活，建構一套個人政治，他們的言語、衣著、交友、休閒、求職、擇偶、教養下一代等活動都構成了實踐場域。例如，在經常參與社會運動的學生與青年的筆記型電腦背面，經常會看到「反核，不要再有下一個福島」（反核運動）、「今天拆大埔、明天拆政府」（大埔反拆遷運動）、「島嶼天光」（太陽花運動）、彩虹旗（同志運動）、「光復香港、時代革命」（香港反送中運動）等貼紙。就如同社群媒體帳號上的大頭貼與封面照片一樣，這些貼紙不僅宣示了當事人對於特定社會運動的支持與忠誠，也成為他們自我認同之中不可分割的一部分。此外，獨派人士相信「內地是南投，對岸叫中國」，他們肯定不會使用許多主流媒體與意見領袖採用的「大陸」、「內地」來稱呼中國。遵守這些言語細節，十分類似虔誠的基督教徒遵守教義、餐前禱告、定時上教堂，都是透過儀式展現出自己所信奉的理念，並且在日常生活的細微決定中，彰顯了神聖性的價值。

　　社會運動與情緒、儀式密不可分，這些曾被歸類為不理性的現象，一度被研究者所忽略。在上個世紀初形成的標準模型中，社會運動被視為一種有組織的、利益導向的、運用策略的行動。在很長一段時期，研究者擔心，如果我們承認社會運動參與者往往帶有強烈的情緒反應，而其訴求也透過各種儀式表演來傳遞的話，我們就得接受集體行為理論的看法，將社會運動視為不理性的、病態的心理反應。到了本世紀，粗糙的理性感性之二元論已經被揚棄了，取而代之是一種更具包容性的觀點。情緒不應被視為理智的對立面，深思熟慮的決定能帶來樂觀與堅強的意志；同樣地，抗爭行動的儀式表演可能是特定的策略運用，同時抒發了參與者所共享的情緒。總之，將情緒與儀式重新帶入研究，並非否定社會運動作為理性行動之特性，而是拓展一個長期被忽略的面向。

第 9 章

非典型運動：反制運動、保守派運動、由上而下動員的運動

　　電動車是世界各國節能減碳、因應氣候變遷的重要政策工具。此外，無論兩輪或四輪，滿街跑的內燃機引擎容易四處擴散空氣污染，移動污染源的管理十分困難。臺灣政府在 1990 年代就開始補助電動機車，但是成效不佳。2009 年，經濟部開始透過產業政策催生電動機車產業，大幅補貼消費者購買，也由於新廠商的投入（例如 Gogoro）與技術的突破，臺灣電動機車的銷售開始明顯成長，在 2019 年曾逼近新掛牌機車的五分之一。有鑑於此，政府在 2017 年宣布，2035 年將禁售燃油機車、2040 年禁售燃油汽車。放在亞洲的脈絡，這項政策宣示頗具前瞻性，意味著政府願意積極面對國際減碳的時程，並回應國內要求改善空污的民意。

　　限期淘汰燃油車的政策並沒有引發汽車業者的回應，卻造成機車業者的強力反彈。臺灣有強大的燃油機車製造商（光陽、三陽等），但他們並沒有積極開發電動車市場，因此禁售令將對他們帶來巨大的衝擊。此外，也有媒體報導，因為機車師傅的維修技術無法因應新的電動機車，全臺各地近三萬間機車店將面臨倒閉與失業的浪潮。中央政府與地方政府長期補貼電動機車的購買，也引發燃油機車相關業者的不滿，他們批評這是扭曲市場機制，造成不公平競爭。因此，2018 年燃油機車業者發起了一波「油電平權」的訴求，他們宣稱燃油機車所製造的污染非常低，不應該被污名化。更重要的是，他們聲稱電動機車所需要的電力生產也會造成污染，其使用的鋰電池有回收處理的問題，因此不是解決環境問題的萬靈丹。油電平權的訴求多少借用了爭取同性婚姻合法化運動的「婚姻平權」之框架，強調公平對待之重要性。2019年，政府宣布取消 2035/2040 年淘汰燃油車之政策目標，甚至開始補助新購符合七期排放標準的燃油機車，至此油電平權的訴求獲得政府的正面回應 (Liu and Chao 2022)。

　　事後來看，油電平權的倡議雖然沒有採用街頭集會與遊行等常見的社會運動劇碼，但是我們仍可以將其視為一種反制運動，也就是以社會運動的方式來抵抗另一項社會運動所爭取的成果。油電平權要保衛的是燃油機車製造商與維修業者的商業利益，他們試圖阻撓環境運動者爭取的節能減碳與空污防治目標。就構框方式而言，油電平權的論述與擁核人士的「以核養綠」有異曲同工之妙，同樣是強調某些被質疑的傳統科技（內燃機、核能發電）的安全性與低污染，並且宣稱其他替代性的新科技（電動車、再生能源）也會產生新的環境問題。燃油機車業者採取了具有創意的論述策略，他們宣稱傳統機車陪伴臺灣人民走過經濟起飛的年代，是最貼近庶民生活的交通工具。臺灣人民共同打拼，創造出接近百分之百的自製率，因此冒然推動電動機車產業將「欲速不達」，未成熟與未能自製的電池技術顯示其產業的 「時機未到」（蔡依倫 2021）。

　　我們不知道燃油機車業者與擁核人士是否真心關切環境生態，但是至少就其公開論述而言，他們並沒有聲稱「地球暖化是假議題」，應回到過往開發至上、不用考慮環境生態影響的年代。如果他們提出這樣的看法，那麼其反制運動也可以視為一種保守派運動，因為他們公然挑戰某種進步性運動所宣揚的理念。舉例而言，宣稱 「人類活動並沒有導致氣候變遷」 的主張 (climate denialism)、主張 「女權保護太過頭了，男性反而成為弱勢」 的「厭女」言論 (misogyny) 即符合保守派運動的類型。反制運動與保守派運動之間存在高度的親近性，都是為了捍衛受威脅的利益，不過兩者的界線仍可以區辨。

　　由上而下動員的運動也是值得關注的新興現象。過往的社會運動通常是由弱勢者發起，他們訴求公平正義，以由下而上的動員要求主政者回應。不過，也有愈來愈多看似草根發起的社會運動，其實是由政府或財團所挹注。他們聲稱自己才代表真正的民意，批評者與反對者不接地氣，不具有代表性。由上而下動員的運動通常是為了洗白獨裁者的政治形象，或是維護財團的商業利益。用一個假設性例子來說明，倘若臺灣的燃油機車業者發起一場遊行，發現金（俗稱的「走路工」）鼓勵機車維修師傅、機車騎士上街頭，控訴補助電動車政策的不公不義，並且宣稱這是一場民眾自發的活動，沒有財團介入，就可以說這是一場由上而下動員的運動。

　　反制運動、保守派運動、由上而下動員的運動之登場，改變了以往的政治互動格局，不再是進步性社會運動面對保守的政府官員之二元模型。進步性運動開始面對來自於公民社會的反對者，不再能夠宣稱代表人民；在這個過程中，政府官員反而成為夾心餅，同時承受來自各方的壓力。社會運動實現其訴求的道路變得更為漫長與充滿不確定性，法案或政策的通過也不再標誌著運動的勝利，因為其執行過程也將受到反對者的持續挑戰，甚至導致徹底翻轉的現象。舉例而言，美國大法官在 1973 年羅訴韋德案 (Roe v. Wade) 決議，墮胎是婦女的隱私權，聯邦與各州的禁令無效。羅訴韋德案是美國婦女運動的重大成果，但是後來也引發保守派反墮胎人士以胎兒生命權名義進行動員。在近半世紀後的 2022 年，美國大法官在多布斯訴傑克森婦女健康組織案 (Dobbs v. Jackson Women's Health Organization) 推翻了先前的決議，主張墮胎並不是憲法保障的權利，容許各州立法禁止。美國墮胎權爭議顯示，保守派所發起的反制運動之影響是不容忽視的。

一、社會運動與反制運動

反制運動也是一種社會運動，同樣需要透過組織動員、議題構框、利用政治機會等手段，來達成集體目標。然而，反制運動最主要的特色在於其「被動」的起源：他們不是主動發起的，而是針對另一項社會運動而來，試圖抵銷後者可能即將取得的運動成果，或者推翻某一項源自於社會運動的改革措施。反制運動是一種「試圖維持現狀」(status quo) 的行動，而且這股推動現狀改變之力量通常來自進步性的社會運動，例如少數族群的民權運動、婚姻平權運動等。

反制運動的出現總是晚於他們所要對抗的社會運動，其原因有下列幾種。首先，反制動員最容易被激發的時機之一，在於社會運動「展現成功的徵兆，無論是將他們的議題置入公共議程或是影響了公共政策」(Meyer and Staggenborg 1996: 1635)。形成反制運動的關鍵在於另一項社會運動的初步勝利，引發了反對派的恐懼。在這種情況下，某項籌劃中的改革被視為威脅，也是反對派最有效的動員號召，且社會運動此時只有初步的成果，反對派評估仍有轉圜與抵抗的空間。從這個角度來說，如果社會運動的勝利是迅速且全面性的，那麼反制運動將很難有立足的機會 (Zald and Useem 1987: 254)。

1954 年，美國最高法院針對布朗訴教育委員會案 (Brown v. Board of Education) 做出裁決之後，學校的種族隔離制度被宣告為違法，這個劃時代的判決是民權運動的重大象徵性勝利。然而，根據 Morris (1984: 26–35) 的分析，在整個 1950 年代中葉，南方的白人種族主義份子開始更密集地動員，透過私刑、縱火、炸彈等暴力手段威嚇，或是以法院傳票、警察臨檢、查稅等合法手段騷擾。因此，在這段時期內，促成布朗案判決的民權團體反而大量流失南方的會員，許多分會甚至因而被迫關閉。同樣地，1970年代的美國核電工業飽受環境運動的威脅。由於反核人士的動員，美國政府開始採取更嚴格的核能管制措施，籌劃中的核電廠也受到居民與地方政府的反對。在這個情況下，核能業者才開始動員電廠員工進行反制，以繁榮地方的名義，向環境人士宣戰 (Useem and Zald 1982)。這兩個例子都說明了為何反制運動總是在某項社會運動獲致成果後出現。

　　反制運動的目標在於抗拒變遷。以往反對現狀改變的群體不需要動員，因為他們認為政府站在他們這一邊。因此，倘若執政者出現輪替，由具有改革取向的政黨上台，也可能促成反制運動的興起。在臺灣政治脈絡中，民進黨承續了黨外反對運動，也與各種進步性社會運動有歷史上的共同起源，因此其執政者較願意推行改革。在第一次民進黨政府時期（2000–2008 年），臺灣出現了強大的反教育改革、擁核、反對農業金融改革的反制動員風潮 (Ho 2005c)。尤其當時民進黨首度執政，面對在野黨掌控的立法機構，「朝小野大」的政治格局也使抗拒環境管制政策的反制運動獲得了有利的時機。例如，養豬業者反對五大河流域的離牧政策、二仁溪畔的非法廢五金工廠反對遷移計畫、塑膠袋業者與勞工反對限用塑膠袋政策等等。這些反制運動使得環境政策的研擬過程更為曲折，充滿更多妥協與讓步 (Ho 2005a)。第二次民進黨政府時期（2016 年 –）推動的能源轉型、非核家園、婚姻平權、轉型正義、年金改革等政策，同樣激發了各種反制動員。儘管民進黨掌握國會多數，但因為罷免與公投門檻的下修，使擁核運動與反同婚運動利用直接民主管道，在 2018 年與 2021 年發動全國性公投 (Ho and Huang 2022)。

　　有趣的是，如果保守派要維持的現狀，也是由政府官員所積極支持的，這樣反而會帶來抑制反制運動的效果。以美國南方的種族隔離制度為例，大法官與 1960 年代的聯邦政府支持民權，要求取消居住、工作、就學的區隔，卻受到保守的白人強力抵制。3K 黨 (Ku Klux Klan) 是勞工階級為主的白人祕密組織，經常使用暴力手段，阻撓廢除種族隔離的政策。Cunningham (2012) 指出，3K 黨最活躍的地區其實不是最積極抵抗聯邦政府命令的深南部（如阿拉巴馬、密西西比），反而是州政府官員標榜進步與寬容的北卡羅萊納州。從保守白人的角度來看，正是因為地方政府沒有作為，他們才需要積極參與維持種族隔離的反制運動。

　　然而，在某些情況下，保守派若能夠獲得政府部門的奧援，他們所推動的反制動員也將更有影響力。1980 年代以來，美國長期由共和黨執政，保守基督教勢力便受到很大的鼓舞。雷根、老布希兩位總統都任命持反墮胎立場的官員與大法官，以及頒布全國生命神聖日，這些舉動都促成了一個有利於反墮胎運動的輿論氣候 (V. Johnson 1999: 254–5)。同樣地，在 1920 年代的德國威瑪共和時期，儘管政權民主化了，貴族與反民主的勢力仍主宰法院、軍隊與大學體制。因此，當法西斯主義運動興起時，受到了法官、軍官的庇護，暗中協助其推翻民主的顛覆活動 (Gerschenkron 1989)。

　　一般來說，社會抗議是專屬社會弱勢者使用的策略，因為他們沒有體制內的管道，只能用這種非常態的方式要求新的承認與利益。如果說連原先的優勢份子都開始使用抗議的手段，那麼很有可能抗議作為一種爭取政治資源的方式已被公認是有效的。或者說，以往優勢份子的特權被侵蝕了，因此他們不得不學習一種原先所不熟悉的政治表達形式。無論是哪一種情形，都反映了更廣泛的民主化與平等化，迫使優勢份子向弱勢份子學習相同的政治語言。因此，Tilly (2005a) 曾指出如果政治體制的管道愈平等分佈，不同群體的社會抗議劇碼會愈接近。

反制運動使進步性運動更難實現其政策主張，因為反制運動提高了政府官員讓步的成本 (Luders 2016: 206)。然而，除了向國家施壓，宣稱自己代表「沉默的大眾」，反制運動與其對手也形成密切的抗爭性互動關係：對方出了什麼招式，我方就試圖加以化解 (Lind and Norris-Stephan 2011; Banaszak and Ondercin 2016)；如果對方推出了成功的抗爭戲碼，那麼我方也可以學習、仿傚，甚至直接使用。Fetner (2008: 61) 回顧美國同志運動與反同運動長達 30 餘年的交鋒，戰場橫跨聯邦與各州，涉及立法、行政、司法不同部門，其中一個結果即是促成雙方大型組織的形成。臺灣的擁核團體也從其反核運動的對手學到了不少的抗爭策略，其中包括採用「自救會」的名義（「缺電公民自救會」）、訴求環境保護（「以核養綠」、「核能是綠能」）、絕食抗議、公投等 (Ho 2021)。在若干情況下，進步性運動先前所開創的政策參與管道，也有可能被反制運動占有或挪用。舉例而言，行政院性別平等會過往曾是婦女運動所促成的參與管道，但後來反墮胎的保守派人士也曾獲得任命與參與的機會 (Huang 2017: 263–4)。同樣地，在教育部與各縣市的性別平等教育委員會、人權公約國家報告的審查會等法定機制，也出現反制運動者積極參與，藉以推動其保守訴求之情事。

　　社會運動要求改革之首要對象往往是國家，他們試圖說服政治人物與官員採取改革措施；相對於此，反制運動固然是拒斥國家所推行的進步性改革，但是如果國家沒有介入或採取中立的態度，他們可能針對對手的弱點來攻擊，使其主張或訴求不具正當性。舉例而言，美國兒童性侵害的受害者經常以訴訟方式，控告家長、親人或其教育機構。反對者則提出「假記憶體症候群」(false memory syndrome) 的說法加以因應，他們宣稱當事者受到不專業的心理治療師之特意引導，對於過往產生了錯誤而虛假的論述 (Whittier 2009: 92–9)。

　　簡而言之，就形式要件而言，反制運動與正常的社會運動沒有什麼兩樣，同樣需要召喚參與者的熱情、組織動員網絡、建立政治聯盟。但是就出現的時機與社會變遷的關係而言，反制運動卻恰恰是其他社會運動的倒影。無疑地，強而有力的反制運動的出現，使得社會運動發揮影響的過程更為複雜糾葛。

二、保守派運動

　　保守主義作為一種政治哲學，對於傳統充滿溫情與敬意，而對於各種社會變遷感到懷疑與不安。但是追根究柢，保守主義試圖維持的現狀符合了當權者的既得利益，因此保守主義通常不會與挑戰體制的社會運動聯想在一起，而是社會運動所要挑戰的對象。放置於當代的社會脈絡，保守主義有可能意味著不同面向的價值觀。在經濟層面，當代保守主義已經完全接納了資本主義的世界觀，包括保障私有財產權、低稅率、反對政府管制與介入、政府財政紀律與平衡預算、尊重自由市場等政策主張。在文化層面，保守主義則重視既有的道德權威，強調其對於個人行為的約束力量，並且抗拒現代化所帶來的個人主義、享樂主義、文化多元主義等價值觀之變遷。傳統的文化通常是由宗教與占支配位置的族群與性別所定義，因此文化保守主義傾向排斥性別平權、多元性傾向、移民等。誠如研究者指出的，經濟保守主義與文化保守主義並不一致，因為資本主義帶來的消費文化不斷地掏空傳統社會的價值，例如勤奮工作 (Bell 1976)。儘管如此，兩種取向的保守主義都抗拒現代化所帶來的挑戰，試圖維持現狀，因此一般而言鮮少介入社會運動的動員。因此，當保守派走上街頭，採用與對手一樣的抗爭劇碼，肯定是值得深入研究的議題。

在此，美國的保守派運動是特別值得關注的對象。美國一方面是民主革命的產物，其政治文化強調機會開放與自由競爭；另一方面，其歷史充滿了許多極端反動的保守運動，例如仇視移民、白人優越論、麥卡錫主義，一直到晚近的右翼基督教運動等。誠如許多古典觀察者指出，美國人的立國精神是相信人民的自發行動，而不是依賴國家的介入與扶植 (Tocqueville 1945)。因此，當美國人要採取行動以捍衛現狀時，他們寧願訴諸於人民的自發與自願行動，而不是仰賴政治權威。美國人沒有歐洲封建主義的歷史，沒有親身經歷生而不平等的貴族與平民之身分區隔，因此其勞工階級追求社會主義的意願相對低落。他們寧願相信，成功的經濟地位可以憑自己的努力取得 (Sombart 1976)。

美國立國精神基於反抗英國殖民統治，訴求北美洲殖民地白人的身分與地位的平等，因此保守主義者需要適應民主革命所帶來的挑戰，以創新的方式傳遞與推動其訴求。Lipset (1979: 84–6) 指出，從 19 世紀初開始，美國保守派很早就認知到他們必須面對一個信仰平等主義的社會，保守派的運動需要使用群眾能夠瞭解的語言。美國的保守主義也帶有民粹主義的成分，需要動員群眾，而不只是爭取菁英的支持，因此更容易形成運動風潮。Hofstadter (1962) 指出，反智主義 (anti-intellectualism) 向來是美國的歷史傳統，主流文化對於學院知識份子的不信任，帶有反菁英主義的色彩。愈是在一個身份平等的社會中，人民愈是不能接受知識份子扮演貴族的角色，也愈容易接受極端煽動家的言論。

　　社會運動研究者通常關注 1960 年代新左派運動所帶來的社會衝擊，但卻忽略了其所導致的政治變遷。McAdam and Kloos (2014) 指出以下兩點：（一）在反戰運動衝擊下，民主黨 1968 年總統選舉慘敗後，其事後檢討與改革提出了更具有開放性的初選制度，試圖容納和平運動、婦女運動、民權運動的訴求，結果導致民主黨的候選人與政策愈來愈受制於新左派社會運動之要求；（二）共和黨同樣出現了類似的變遷趨勢，使其黨公職人員承受了更強大的反民權、反墮胎等保守派的壓力。因此，兩黨分別承受向左與向右的離心力量拉扯，其結果就是民主黨與共和黨政治人物的兩極化，愈來愈難形成跨黨派的共識。

　　2009 年，歐巴馬就職成為美國第一位黑人總統，保守派的動員更為激烈化，尤其是當年以抗稅名義形成的茶黨 (Tea Party)。他們以當初美國革命者拒絕英國政府徵收茶稅為理由，成為共和黨內一股可觀勢力。由於茶黨運動積極介入，共和黨候選人採取了更極端的政治立場，也使得整個黨明顯右傾 (Skocpol and Williamson 2012)。在茶黨形成之前，美國富人就擔心民主體制賦予貧窮公民政治權利，有可能透過政治管道要求進一步的經濟平等，因此危及其所累積的財富。根據 Martin (2013) 的分析，1913 年通過的憲法修正條文賦予聯邦政府課徵累進稅率之權力，引發了一系列的「富人的社會運動」，要求解除高收入群體的稅率。這些保守派人士從其對手那邊學習運動策略。例如他們從 19 世紀中西部農民的民粹主義運動得知組織之重要，因此籌組了全國層級的納稅人團體，或是從女性爭取參政權運動學到公民不服從的策略，採取拒絕申報與繳納個人所得稅的抗爭 (ibid.: 56, 114)。美國的保守派運動因此形成了一股可觀的政治力量。

　　菁英份子享有大部分人民所難以望其項背的生活方式，他們的特權也受到更多的保障與接納。因此，保守派運動引發另一個有趣的問題，為何這些訴求仍能夠獲得相當程度的群眾支持，形成一股舉足輕重的政治勢力？1980 年代以來，美國藍領階級選民支持共和黨的趨勢越來越明顯。但，為何勞工選民要投票給一個要削減社會福利與富人所得稅的政黨？這樣不是會傷害自己的階級利益嗎？同樣地，美國的反墮胎運動、反性別平權運動都有眾多的家庭主婦支持。女性為何要反對女性地位的提升，如此堅定地擁護性別不平等的體制？對這些問題，研究者應該注重社會運動的文化面向，因為社會運動所涉及的抗爭對象，不只是物質性的利益分配，也涉及聲望與自我尊嚴等價值上的鬥爭。

　　關於此議題，有兩份保守派婦女運動的研究值得參考。Mansbridge (1986: 90–117) 發現，保守派婦女運動大部分的參與者都是沒有大學學歷的家庭主婦。她們積極參加反對性別平權的運動，因為她們認為平權訴求只有利於關切薪資不平等與升遷機會的職業婦女，卻不利於需要婚姻保障的婦女。這一群家庭主婦相信，女性主義者試圖摧毀她們畢生奉獻的家庭與婚姻，所謂的性別平等，即是意味著離婚後沒有贍養費、婦女也要被徵召入伍、公共場所的廁所將不分性別等。Luker (1984: 192–215) 關於反墮胎運動的研究也指向相近的結論。美國家庭主婦之所以被成功地動員加入反墮胎的陣營，原因在於她們試圖維繫母職 (motherhood) 的社會與道德意義。對她們而言，墮胎在文化上代表著外遇與不負責任的性愛，也貶低了婦女生育能力的價值。如果連脆弱的人類胚胎都不受到法律的保護，那麼像她們這樣的弱勢者之存在價值也等於受到否定。在她們看來，爭取墮胎合法的職業婦女是為了自己的生涯利益，讓自己能夠像男人一樣，不必為了生育問題而犧牲工作。因此，墮胎合法化意味著母職的貶值，家庭主婦的社會地位也被否認。

這些保守派運動展現的是一種道德抗議。反對平權修正案與反墮胎，都是為了捍衛家庭與婚姻所代表的價值。自由派、高學歷的職業婦女與保守派、低學歷的家庭主婦之對立，並不是女性主義者所樂見的現象，但是這項嚴重分歧卻反映了社會變遷所帶來的差異化效果。很顯然，抵抗社會現代化的趨勢不只是舊統治者的特權，同時也是許多弱勢者的心聲。Moore (1970: 152–3) 曾指出，許多歷史上的保守派運動即是源自於這種「小人物的憤怒」(anger of little man)：他們突然發現自己辛苦取得的地位受到了質疑與嘲弄，憎恨那些批評現狀的舉動，因此願意投身於捍衛現狀的行動。我們不難理解，社會變遷的步調愈是不均衡，這種不滿愈容易累積，這些小人物的受害意識也更為強烈。一項關於美國基督教右派的研究指出，保守的勞工階級成員認為自己被都會主流文化拋棄了，他們的生活方式被貶為落伍與過時的。因此，他們參與保守派運動，名義上是為了尊奉上帝或家庭，但是也涉及了一種內在的心理過程，將他們的羞辱感轉化成正向的情緒與自我認同 (Stein 2001)。2016 年，川普在美國總統選舉勝出之後，許

多觀察者指出，白人男性勞工階級選民的憤怒是支撐這股民粹主
義浪潮的主要力量。Hochschild (2020: 204–15) 在美國南方的研究
指出，美國的民權運動、性別平權與文化多元主義之趨勢使以往
占優勢的白人男性心懷憤恨，他們認為黑人、女性、移民透過取
巧的方式獲得他們更優渥的地位，因此他們淪為自己家鄉裡的「異
鄉人」。川普競選時著名的口號「讓美國再次偉大」 (Make
America Great Again)，在他們聽來，等於是恢復自身以往的優勢
地位。

　　保守派運動所要維持的現狀通常只有利於少數菁英，而他們
所號召與吸納的參與群眾往往不是其中一份子。保守派運動能獲
得群眾支持，其實反映了進步性社會運動之脆弱基礎。儘管他們
宣稱自己是某些弱勢群體的代言人，但是實際上卻與這些群體脫
節。美國家庭主婦支持父權制度的道理，就如同威瑪共和時期德
國失業勞工支持納粹黨一樣，兩者都不是進步社會運動組織（婦
運組織、工會）所能觸及的群體，因此他們容易受到教會等保守
組織的影響，成為保守派運動的急先鋒。如同 Tilly (1976) 關於法
國的反革命運動研究指出，法國西部都市化與市場化的發展遲緩，
導致農民只能接觸到貴族地主與教士，因此他們願意加入捍衛封
建特權的戰爭，而不是投身於革命陣營。在臺灣，有研究者指出
儘管本土婦女運動的政策與法律倡議非常成功，然而運動卻「沒
有根基」(rootless)，因為婦女團體缺乏紮實的組織基礎 (Weng and
Fell 2006: 159)。因此，當臺灣婦女運動推動性別平等教育的參與
機制，在學校卻常見有教會背景的保守派家長參與，試圖推動「守
貞教育」， 提供各種反墮胎與反對多元性傾向的教材 (Ho 2020b:
151)。

　　與此相關，Munson (2008) 的美國反墮胎運動研究指出保守派運動如何廣泛與多元地招募參與者。他發現，許多草根參與者原先支持選擇權，或是沒有特別關心墮胎爭議，他們大多數是在偶然情況下參與了反墮胎的活動，之後才發展出個人的運動認同，成為積極份子，甚至因為自身的積極參與，強化了保守的宗教信仰。這份研究顯示，保守派運動願意積極擴展其草根基礎，甚至從中立者或是其反對陣營爭取支持。相較於此，支持墮胎權的進步性運動只消極地固守其占優勢的媒體與高等教育陣地，無法因應保守派運動所拓展的組織基礎。

　　最後，保守派運動所面對的是一個不斷現代化的世界，其中權利、平等、自由、反歧視、多元主義、包容等政治語彙已經成為我們的日常用語。因此，當他們試圖捍衛某種舊有的體制時，其論述策略也是值得觀察的面向，因為他們再也無法採用過往的語言正當化其企圖。舉例而言，反墮胎人士為了因應女權運動所揭櫫的權利論述，創造出所謂的胚胎權 (right of fetus)，即是著名的例子。美國的白人優越主義 (White Supremacy) 運動向來抱持種族主義的意識型態，視其他有色人種為劣等。在經歷了黑人民權運動的衝擊之後，某些白人優越主義的論述也開始借用其對手的語彙，並且將其轉化、重新定義。例如，堅持種族隔離的組織，表面上不再宣揚仇視與暴力，而是借用多元文化主義的論述，強調美國白人有其自身生活方式，值得被尊重與維護 (Berbrier 1998)。同樣地，「反歧視」曾是民權運動爭取黑人就學、居住、就業等權利的重要訴求，但到了後來，反對民權運動的人士則創造了「逆向歧視」(reverse discrimination) 一詞，強調黑人受到過度保障，而傷害了白人的權益 (Burstein 1991a)。在美國的 1960 年代，要求社區能夠控制學校的主張是黑人民權團體的訴求之一，但到了後來，這個框架被保守的衛道人士挪用，干預學校課程與圖書館藏書，禁止關於性教育、多元性別、演化論等教材 (Naples 2002)。在臺灣，婦女運動借用聯合國所揭櫫的「性別主流化」，要求在各個部會與政策都能落實性別平等的思考，而不只是侷限於某些被認為與婦女相關的議題。相較於此，臺灣的保守派運動則提出了「家庭主流化」，要求各種政策要以維護一夫一妻的異性戀家庭體制為目標 (Ho 2020b: 159)。這些例子都顯示，隨著社會日益世俗化與平等化，保守派的構框需要借用自由派的修辭，而無法直接套用原先的傳統主義價值訴求。

三、由上而下動員的運動

前面提到的假草根運動 (astroturfing) 有其美國的背景脈絡。據說前財政部長 Lloyd Bentsen 在 1985 年創造了這個詞彙，他宣稱可以輕易分辨保險公司動員的書信來函，以及真正反映民意的選民來信 (Walker 2014: 33)。可想而知，反對某一項社會運動的批評者會刻意使用這個標籤，強調其非自發性、非真實、蓄意誤導或造假的特性。為了避免其負面意涵，本書使用「由上而下動員的運動」來指稱這些由國家與財團所主導的社會運動。

Ekiert and Perry (2020) 指出，在威權或半民主的國家，統治者經常基於各種政治理由，例如展現民意支持、轉移民眾注意力、正當化對外的領土擴張等，透過其政治盟友或是政府組織發起大規模動員活動。這種「國家動員的運動」(state-mobilized movements) 與共產黨政府的傳統群眾動員不同，經常使用先進的傳播科技與行銷手法，試圖營造出自發與真誠的外在形象。這一類動員與由下而上發起的社會運動明顯有別，可視為獨裁者的常見的統治手段之一。

　　普丁主政下的俄羅斯充滿了這種假草根運動的例子。普丁強化政府權威，壓制反對黨活動空間，同時也在 2004 年之後，動員其支持者參與一系列的親政府活動。參與這些活動的民眾可以享有免費飲料與餐點，以及交通費補助，甚至公立學校的學生也被強制要求參加。地方政府阻止反對人士的集會，卻讓親政府的活動在同一地點進行 (Robertson 2011: 179–80)。2005 年登場的「我們」(Nashi) 運動（全名是「獨立青年民主反法西斯運動」）即明顯是這種國家動員的運動之個案。在 2004 至 2005 年烏克蘭的橘色革命 (Orange Revolution) 之後，俄羅斯的獨裁者擔心，這股顏色革命的民主浪潮會持續向東擴散，因此透過其代理人組織了親政府的青年運動，其手法是學習顏色革命中常見的網路宣傳與青年快閃集會，但其訴求卻是維護俄羅斯的主權完整、愛國主義、反對西方干涉等。普丁曾多次參與「我們」運動的集會活動，接見其代表，並在獲得總統選舉連任勝利之後，給予運動主導者政府職位 (Hemment 2020)。此外，在 2013 至 2014 年的烏克蘭「歐盟廣場」(Euromaidan) 抗爭之後，親俄的總統被迫下台，俄羅斯政府則試圖營造國內愛國與團結的輿論氣氛，「俄羅斯之春」 與「新俄羅斯」(Novorossiya) 即是這個時期出現的網路社會運動，並宣揚克里米亞與烏東是俄羅斯不可分割的領土。在這些國家動員的運動進行的同時，俄羅斯出兵占領克里米亞並且支援烏東分離主義份子的武裝起義 (Greene and Robertson 2020)。

　　中國的反外民族主義抗議，例如 2012 年各城市爆發的反日示威活動、抗議日本政府將釣魚臺國有化等，表面上看起來與俄羅

斯的國家動員運動相似，但其實並不相同，因為中國反外抗議並
不是由親政府組織發起的。此外，中國人的反外民族主義是普遍
存在的心態，尤其是在天安門事件之後，共產黨政府強化了所謂
的愛國教育，以民族主義取代過往的社會主義革命作為政權的正
當性來源。Weiss (2014: 16) 指出，反外抗議是當代中國少數能夠
透過街頭行動表達心聲的管道，統治者是否同意放行也出於內政
與外交因素的多種考量。反外抗議的場合容易引發其他不滿的表
達，激發更廣大的抗議風潮。民族主義的情緒經常帶來打、砸、
燒的暴力破壞行為。在外交談判場合，激烈的反外抗議可以證明
「中國人民的情感被傷害了」；如果政府加以強力鎮壓，也可以證
明自己是負責任的國際事務參與者 (ibid.: 219)。

　　為了抵抗民主化運動，受威脅的統治者也經常發起國家動員
的運動。關於這一點，主權移交後的香港具有參考價值。英國統
治結束後，中國大陸人士大量移居香港，這些新移民透過建制派
社團取得政府的援助與公屋，因此在政治態度上傾向採取親北京
的立場 (Wong, Ma, and Lam 2016)。 對於香港的商業菁英 (Fong
2014) 與同鄉會等社團領袖 (Yuen 2021)，北京則使用政協委員等
政治職位加以籠絡。這些統一戰線措施使代表北京的中聯辦（中
央人民政府駐香港特別行政區聯絡辦公室）得以延伸其組織基礎，
在選舉期間協助建制派政黨的選票動員；一旦遭遇高漲的反對運
動風潮， 例如 2013 至 2014 年的占中運動 （讓愛與和平占領中
環）、 2014 年雨傘運動 (Lee, E. 2020)， 以及 2019 年反送中運動
(Yuen and Cheng 2020)，則會發動支持政府的大規模集會遊行。
有了這些「藍絲」集會與活動，香港政府得以宣稱民主運動只是
局部民意，並不代表所有的香港市民。

　　除了國家，企業財團也可能動員群眾，發起符合其商業利益的社會運動。 Walker (2014) 指出，美國的公共事務顧問 (public affairs consultants) 已經演變成一門龐大的產業，與既有的選舉顧問、政策遊說、公關事務形成明確的區隔。這些受財團資助的公民行動通常有下列特徵：（一）動用物質性誘因 (incentivized)，參與者可以獲得金錢報償；（二） 造假 (fraudulent)，參與者並不全然相信運動的訴求；（三）偽裝 (masquerading)，隱藏財團出資贊助的事實，宣稱行動由民眾自主發起 (ibid.: 33)。財團之所以需要採用社會運動的策略，相當程度反映美國社會的變遷，包括國會結構去中心化，容許更廣泛的政策參與、政府強化管制政策，企業的營利活動受到更多政治因素影響、社會運動轉而向企業抗議，衝擊其商譽等 (ibid.: 62–5)。在美國，最著名的案例可能是「勞工家庭支持沃爾瑪」 (Working Families for Walmart) 運動 （2005–2007 年）。沃爾瑪是美國零售業龍頭廠商，由於其強硬的反工會立場，成為美國自由派經常批評的對象，其在若干地區（例如紐約市）的進駐也受到政治人物與在地團體的強烈反抗。為了化解這些阻力，勞工家庭支持沃爾瑪對外聲稱是自發性的勞工團體，他們歡迎沃爾瑪的投資，因為這將創造新的就業機會，並且提供廉價的日常用品。

　　在臺灣的歷史脈絡中，也可以找到一些國家或財團發起的運動個案。1970 年代的 《疾風》 雜誌是一個擁護政府的極右派組織，其中不少成員是從中國投誠的「反共義士」，專門對抗當時的黨外運動。1979 年 9 月，《美麗島》 雜誌社在臺北中泰賓館舉行創刊酒會，《疾風》 相關人士在外頭聚眾抗議，「二、三十名中學生模樣的男女在館店門口叫囂，辱罵雜誌社的幹部，甚至動手毆打省議員黃玉嬌，而在場執法的警察竟然不加以制止或逮捕施暴的現行犯。」（陳政農 2013: 265）黨外運動者相信，這些高喊「愛國無罪」、「消滅臺獨」，動用暴力攻擊的參與者受到了政府部門的指使。

　　儘管臺灣沒有發展出類似美國的公共事務顧問產業，本土企業也曾發起維護其商業利益的社會運動，不過其動員對象主要是其雇用的員工，或是依賴地方派系的政治網絡。舉例而言，1993年 12 月，高爾夫業者動員其員工與桿弟，發動近萬人的示威遊行，要求教育部收回處分違法占用國有地的高爾夫球場之行政決定，並且指責環境團體污名化高球運動。2013 年 12 月，位於高雄市楠梓區的日月光工會向高雄市政府陳情，希望能取消因為偷埋暗管、非法排放污水所導致的停工令。此外，財團支持的運動也有可能透過地方政治人物發起。1980 年代末期，臺塑六輕的設廠計畫在宜蘭五結與桃園觀音遭遇地方強大的反對勢力，在政府的引導之下，後來決定落腳雲林麥寮。1991 年 7 月，雲林出現了一場歡迎六輕設廠的萬人大遊行，帶頭參與的即是當時的縣長廖泉裕。同樣地，官民合資的國光石化曾考慮在彰化大城以填海造陸的方式興建重工業園區。2007 年 8 月，支持開發案的大城鄉公所曾舉辦全鄉「民調」，結果顯示有 98% 的民眾支持國光石化的設廠。

　　需要說明的是，要判定哪些社會運動屬於由上而下動員，背後涉及了國家的資助與指使，並不是件容易的事。這些非典型運動與常態的社會運動之分別，可能只是程度性的差異。Polletta (2006: 32–52) 指出，美國民權運動參與者經常使用「自發性」來描述自己的參與決定，這樣的敘事其實帶有許多用意，也隱藏了先前的籌備工作。如果由下而上動員的社會運動也不能說是完全自發性的，就不能以這個標準來標誌某些由國家或財團動員的運動。此外，就以俄羅斯與中國的民族主義運動為例，真心支持向外侵略與擴散的民意是真實存在的，但是這並不能否認官方在背後煽動，統治者也試圖從這些抗爭動員中獲得政治利益之事實。同樣的情況也出現於願意為公司經營挺身而出的員工，他們關切的自身工作權益也不能說是虛假的議題。儘管如此，那些動員群眾支持高污染產業進駐的地方派系頭人，是否從開發案獲得各種工程外包的私人好處，是另一個需要關切的問題。總之，由上而下動員的運動是一種非常特別的社會運動形態，儘管其群眾參與者宣稱他們出自於自願與自發，但是運動的訴求卻是為了鞏固政治與經濟菁英之既得利益。

結　論

這一章我們探討了三種非典型的社會運動，包括為了對抗某種社會運動的反制運動、維護現狀的保守派運動，以及由政府與財團所發起的由上而下動員的運動。這三種形態或有重疊之處，例如反墮胎運動是對抗爭取生育自主權的婦女運動，也要維持傳統的性別關係；由執政者所發起支持政府的集會與遊行，往往也是為了反制民主派反對運動。但無論如何，這些非典型運動類型的存在，挑戰、拓展了我們傳統對社會運動的想像。國家與大企業不再只是被動因應社會運動的要求，政治與商業菁英也有可能主動發起社會運動。社會運動不一定要追求進步性的改革，民眾走上街頭有可能是為了反改革，維持現狀。

當代社會運動呈現如此多元的形態，證明這種公民參與的形式已經主流化,成為民主社會與非民主社會中恆常存在的元素,而且可以用來承載各式各樣的訴求。然而,無論社會運動的形態如何演變,前面各章所提到的分析概念也能夠運用於理解這些非典型社會運動的起源、過程與後果。

第 10 章

社會運動的後果

一、從抗爭到改革

社會科學研究者承認造成社會變遷的因素是多元的。經濟體制的現代化塑造了新的階級結構;科技的進步帶來新型態的人際溝通,同時也導致當前的生態危機;人權理念的普世化引發了全世界各地的民主風潮。這些社會變遷的力量大都並非人為,其後果往往是間接的、出乎意料的。相對於這些變遷趨勢,社會運動代表一種有意識的人為介入,由某一群人推動或阻撓某一種形式的社會變遷。在晚近,上述種種促成社會變遷的結構性因素,愈來愈不是自然而然地產生作用,而是各種行動者積極介入,彼此對抗、協商所形成的後果。以科技發展而言,複製人、代理孕母、基因食品、幹細胞研究、物聯網、區塊鏈、人工智慧等技術,會給人類生活型態帶來重大改變,也挑戰了原有的倫理觀念與社會關係。這些新科技引發了政治爭議,成為社會力量競逐角力的場域,也激發各種表達支持或抵抗的運動。就這一點而言,社會運動其實是當前社會變遷的核心,各種趨勢也透過社會運動的中介產生影響。

馬克思曾宣稱,革命是歷史的火車頭 (Marx and Engels 1972: 586)。作為一種最極端的社會運動形式,革命行動具有明顯的成功指標,包括舊政權的崩潰、革命敵人的清算、新國家的建立、人民的重新宣誓效忠等,都可以標誌新時代的到來。革命行動是一種你死我活的生存戰爭,不是舊統治階級遭到推翻,就是革命團體遭到瓦解,因此要判定某個革命行動的成敗並非難事。相對地,社會運動的後果卻不是那麼清晰。一方面,即使社會運動獲得了若干回應,結果往往只是一種妥協,到底在什麼程度上可以說是成功，很難有一致的界定標準；另一方面，社會運動組織通常是互動賽局的一方，如何適切將戰果歸諸於他們的影響力，而不是統治菁英、第三者或反制運動，則需要進一步的說明 (Giugni 1998: 373)。簡單來講，社會運動要改變世界；但當世界變了，其原因真的可以歸諸於運動者的努力嗎？正是由於社會運動的實際後果不明確，這個研究議題才具有知識上的挑戰性。

　　本章將探討社會運動的後果，關切其政治、經濟與文化衝擊。第二節處理決定社會運動後果的若干因素，包括社會動員的形式及其政治條件。這些因素的總合，共同決定了社會抗議者所能獲得的實際成效。第三節則以社運組織與執政菁英的互動為討論核心，分析政府部門的種種可能回應方式。此外，社會運動也有可能將抗爭焦點放在企業，要求他們改變既有的營運模式，因此第四節處理社會運動的經濟影響。最後，本章也會處理社會運動的文化影響。社會運動不只要求權力分配，同時也挑戰我們既有的價值觀、生活方式與人際關係，然而文化領域的變遷不容易觀察，也更難以捉摸，因此探討社會運動的文化衝擊，遠比探討其政策影響更為困難。

二、社會動員與政治回應

　　Tilly, Tilly, and Tilly (1975: 280) 指出「權力擁有者絕對不會在沒有壓力之下就賦予權利，因此新出現的挑戰者必須為自己的權利奮戰；他們經常違背法律，經常採取暴力。」換言之，社會運動的成果通常是爭取而來的，藉由行動迫使執政者或對手不得不讓步。討論社會運動是否能達成目標，通常可以分兩個面向來考慮，亦即動員策略與政治條件。

　　首先，就動員策略而言，哪一種社會運動形式比較能夠有效地達到目標？往常採取的研究設計，是從社會運動的內部變項來尋找政策改變的關鍵。Gamson (1975) 的重要研究就是沿著這條軸線展開。他比較美國歷史上 53 個社會運動，發現科層化、集中化、使用選擇性誘因與使用暴力的團體，比較容易取得追求的利益，或被賦予政治承認。相反地，被暴力對待、目標可轉移、派系傾軋的團體，失敗的機會較高。對於 Gamson 而言，這些組織變項是運動策略的延伸，運動經營者可以積極選擇要怎麼做，這也意味著運動成敗取決於主事者的策略運用。

　　同樣研究美國社會運動，Piven and Cloward (1977) 則得到不同的結論。他們研究美國窮人運動發現，來自於草根民眾的自發性造反，才會對統治菁英造成最大的衝擊，而不是高度組織化的抗議團體，因為統治者只有當地位被嚴重威脅時才願意讓步，著手進行改革。他們強調，群眾抗命 (mass defiance) 所帶來的制度擾亂作用 (disruptive effect)， 是促成菁英讓步的重要關鍵 (ibid.: 24)。罷工、靜坐、示威遊行等常見的抗議活動，都破壞了例行化的日常生活，造成社會秩序的危機。相對地，科層化的組織忙於累積內部資源，與政府部門討價還價，消減了群眾抗爭的能量，從而導致運動風潮的退卻。換句話說，一旦運動者忙著處理法律條文與政府公文，他們就與群眾脫節，無法再迫使執政者認真面對社會運動的訴求。

　　大致而言，Gamson (1975) 的研究結論肯定了資源動員論所指出的組織化趨勢，包括專業人士的領導、組織的形式化、群眾活動的減少， 都有助於運動目標的達成 。 相對地 ， Piven and Cloward (1977) 則主張， 群眾抗爭所帶來的立即壓力才會促成官員讓步,因此社會運動專業化即喪失了這項政治籌碼,使統治者更容易忽略群眾的訴求,消解他們的抗爭行動。

運動策略容易預設某種過度理想化的社會情境,行動者可以獨立選擇不同的路線。社會現實並不是如此,策略選擇具有歷史性與文化性,取決於社運組織所處的時空情境,以及當事者所具有的文化知識。Clemens (1996) 指出,19 世紀美國勞工運動曾經採用兄弟會與其他的組織型態,最後則轉向比較符合主流政治文化的職業工會路線。另一方面,20 世紀美國的農民與婦女運動能夠成功取得政治部門的正面回應,原因在於他們巧妙地學習原先專屬於特權菁英的議會遊說手段,而不堅持先前的群眾動員路線 (Clemens 1997)。這些例子顯示,動員形式依附於具體的社會情境,社會運動成功的關鍵並不是遵守某種正確的路線,而是他們採取了某種能夠配合環境要求的策略。

其次,既有的政治條件影響了社會運動實現其目標的過程與難易程度。在強大而自主的國家,政府可以忽略來自於民間的要求,逕行設定政策目標,因此社會運動不容易迫使政治菁英改變心態,採納新的主張。然而,一旦運動者成功地說服政治菁英,無論其他菁英階級與部門如何反對,運動的成果仍可被有效地執行 (Jenkins 1995: 24)。誠如 Kriesi (1995: 172) 指出的,「強國家(即強大的國家能力)也許有能力為運動要求採取行動,但他們也有能力抵抗這種改革的誘惑。」Kitschelt (1986: 63–4) 將政治體系貫徹其決策的能力,視為決定社會運動影響程度的一個重要變項。能力較弱的國家雖然容易被社會運動攻克,但卻沒有足夠能力實現其承諾的事項。

此外,在中央集權與聯邦制兩種不同的國家制度下,社會運動的發展也呈現不同風貌。在中央集權國家，政治權力的集中迫使社會運動者必須將抗爭目標鎖定中央政府，因為即使取得地方的執政權，仍無法從事有意義的改革。在聯邦制國家，如德國、美國，許多先進的社會立法都起源於地方政府，而後才成為全國性的政策。在這種情況下，社會運動呈現多重中心的樣態，發展出各種因地制宜的策略取向 (Koopmans 1995: 55–8)。

關於社會運動的回應，Gamson (1975) 提供了一個古典的分析方式。他指出，政府對於社會運動的處理可以由兩個獨立的項目來加以衡量：接納 (acceptance) 與利益 (advantage)。接納是指官方對於某個挑戰團體的正式認可，承認他們是某一種利益的有效代言人，也同意他們所呈現的社會問題之重要性；利益則涉及團體成員是否能真正得到物質報酬，亦即政府部門是否願意釋出資源，讓抗議參與者獲得回報。理論上，社會運動會試圖同時追求接納與利益，但實際上，這種完美的結局並不是那麼常見。此外，可能出現的情況還包括「收編」(co-optation)，亦即社會運動獲得了接納，但是卻沒有利益；或是「先發制人」(pre-emption)，即政府釋出物質資源，卻不承認社會運動的正當性。倘若社會運動未獲得接納，也沒有獲取利益，其結果即是失敗 (collapse) (ibid.: 28–9)。下表呈現這種 2×2 的分析結果：

表 10–1：社會運動的回應類型（根據 Gamson 1975）

	獲得接納	沒有獲得接納
取得利益	成功	先發制人
沒有取得利益	收編	失敗

　　需要說明的是，無論是在學界或是社運界，收編的概念似乎帶有負面意涵。舉例而言，Miller (1999: 305) 視收編為「運動領導者獲得個人晉升的好處，而忽略了運動的集體目標」。相對地，Gamson (1975) 的定義是中性的，只將收編當成運動的一種可能結果，而不帶有任何道德或政治意涵的指責。也有些學者主張，不需把社會運動是否獲得接納當成判準，因為利益的賦予才是最實質的，接納本身「並沒有幫助任何人，而且有可能導致受益團體被出賣。」(Amenta and Young 1999: 40) 筆者則認為，沒有必要採取這樣狹隘的立場，只重視社會運動的物質回報，而忽略「接納」所代表的正當性。社會運動能否獲得政府部門的承認仍然是相當重要的，原因在於接納往往是社運組織真正立足的關鍵，有可能在日後帶來更深遠的運動影響。一個社會運動被承認代表某種正當的地位，有助於其持續推動運動動員，延伸其影響力。

　　社會運動與執政者的互動可以視為一種集體議價過程 (Burstein 1991b, 1998; Burstein, Einwohner, and Hollander 1995)。從這個角度來看，同樣是爭取政府部門的政策回應，社會運動與其他利益團體並沒有什麼不同，都是為了維持或提升其集體利益而進行動員，以改變當前的政策施行。議價成功與否，關鍵在於社運組織如何與政治菁英建立一套可行的聯盟方式，改變他們原先的利益計算，讓他們願意以新的政策來換取社運組織的支持或抗爭行動的停止。

三、社會運動與執政者的互動

　　絕大部分的社會運動訴求，是要求國家權力的施行或不施行，即使某些社會運動並非以國家部門為抗議對象，他們也往往要求國家部門介入，以取得較有利的談判籌碼。在公害糾紛、勞資爭議、族群關係等議題上，經常可看到 Quadagno (1992) 所謂「利用國家」(leveraging the state) 的運動策略。因此，社會運動與執政者的互動值得進一步分析。

首先，政府的壓制 (repression) 是對社會運動常見的回應方式之一。壓制的具體形式有許多種，包括拘捕運動成員、武力鎮壓、口頭警告等，其目的不外乎是增加集體行動的成本 (Tilly 1978: 100)。在當代中國，公安部門混雜使用硬壓制 (hard repression) 與軟壓制 (soft repression) 來對付維權人士。硬壓制包括強制關閉維權組織、沒收物資、拘捕參與者，有時是透過黑道流氓恐嚇、房東退租、斷水斷電來完成。軟壓制則包括口頭警告、非正式偵訊（「請喝茶」），或向參與者的親朋好友施壓 (Fu 2018: 55-7)。在國際範圍內，獨裁者在國內殺害異議份子，無論是借由法律審判與行刑程序實行，抑或透過情治人員與黑道份子暗殺，也時有所聞。獨裁者在境外實行暴力壓制，也曾發生過。1984 年 4 月，利比亞駐倫敦大使館向和平抗議民眾開槍，導致一位英國警察身亡，超過十位利比亞移民受傷。據統計，格達費政權謀殺了 32 位旅歐異議人士 (Moss 2022: 73-4)。同年 10 月，臺灣的國防部情報局派遣竹聯幫份子赴美刺殺華裔美籍作家江南（劉宜良）。換言之，威權政府鎮壓異議人士之手段，有時也會跨越國境。

即使在民主體制下，國家也密切監控若干被視為激進的、暴力的、危及國家安全的挑戰勢力。除了消極的情資偵查，國家也可能採取積極手段，以滲透、擾亂與分化等行動，試圖瓦解或削弱社會運動。這些情治活動都是看不見的壓制，社會運動參與者與外界往往要透過事後檔案公布才能知曉。美國聯邦調查局從

1956 年開始執行「反情報專案」（簡稱 COINTELLPRO），後來在 1971 年被媒體揭露後，國會要求終止。從後來公開的檔案來看，監控的對象包括共產黨、民權運動、新左派運動、3K 黨等，其中針對左派勢力的行動占了 98%，其餘才是針對右派份子 (Cunningham 2004: 11)。很明顯，這樣的差別待遇反映了美國情治體系的意識型態之偏差，他們認為新左派抗爭運動會動搖國本，但是種族主義只是微小的傷害。聯邦調查局指示的臥底人員採取許多行動，例如寫匿名恐嚇信、捏造違法證據、籌辦假組織、騷擾參與者之家人等，有些臥底人員更成為當地的運動領袖，甚至參與暴力行為。聯邦調查局的行動方針也有所區別，對於新左派的行動目標在於阻斷觀念傳播，對於 3K 黨則試圖抑制其暴力行動 (ibid.: 126)。事實上，這些臥底行動非常成功，因為在被媒體揭露之前，3K 黨徒對於聯邦調查局有高度評價，認為雙方在共同對抗美國的潛在共產黨勢力 (ibid.: 158)。

　　臺灣民主化後，戒嚴時期情治機關的監控行動逐漸為人所知，官方的「促進轉型正義委員會」（2018–2022 年）清查並且局部開放了一些檔案，也促成了一些學術研究成果。舉例而言，立基於本土的長老教會向來與國民黨政府處於緊張關係，在發表了 1977 年的「人權宣言」之後，黨國體制發起了「八一九專案」全面滲透教會，曾布建多達 1,169 位線民，確定至少每個教會都有可靠的情報來源。情治單位利用教會內部的南北與原漢差異進行分化，並且積極介入總會選舉，試圖扶植親政府人士當選（黃克先 2021: 34–47）。

　　從柔性勸告到情治監控與暗殺，政權鎮壓產生了何種社會運動後果？Tilly, Tilly, and Tilly (1975: 285) 關於 19 世紀歐洲社會抗

爭的研究指出，壓制將社會抗議的衝擊抑制在某種程度內，阻止
更多人參與體制外的行動。研究美國勞工運動的學者指出，要解
釋美國為何沒有出現類似歐洲的社會主義風潮與激進工會運動，
不能忽略 19 世紀末以降政府對罷工行動採取的一連串武力鎮壓，
迫使工會領導者採取較保守的策略路線 (Friedman 1988; Laurie
1997: 208–10)。在 1989 至 1992 年的臺灣，由於資本家的壓力，
國家和政府部門開始強力取締工運份子，鎮壓罷工風潮，使新興
的勞工運動面臨十分嚴峻的考驗 （王振寰、 方孝鼎 1992 ； 趙剛
1998: 1–34）。後來的臺灣鮮少出現 1980 年代末期激烈的 「集體
休假」抗爭，勞工被迫以更溫和的、體制內的手段來爭取權益。

　　另一方面，執政者的壓制雖然使社會動員更加困難，但有時
也會產生不符預期或意想不到的效果。舉例而言，在南韓朴正熙
獨裁統治的 1970 年代，反威權抗爭與政府鎮壓形成了一種辯證關
係，新一輪的壓制催發下一波的抗爭風潮，參與者也從先前的勞
工與學生，擴散至基督教徒、記者與律師 (Chang 2015)。此外，
警方與情治單位的武力壓制，有時也會導致社會運動激化，使其
中的激進派轉向更危險的恐怖主義活動。1970 年代的德國與義大
利都出現了極左派組織，從事一連串的綁架、暗殺、破壞等行動。
這些社會運動的活動與國家部門的壓制形成一種不斷攀升的暴力
循環 (della Porta 1995)。Goodwin (2001: 245) 針對 20 世紀各種革
命的比較研究發現，威權統治者不分青紅皂白的暴力壓制，常使
溫和的反對派不容易立足，激進派得以趁機擴大版圖，造成革命
顛覆活動難以根除。因此，那些缺乏社會支持、只能依靠鎮壓來
維持統治的政權，往往是最容易被革命推翻的。就這個意義而言，
革命是一種「沒有其他出路下的結局」(no other way out)，統治者

的全面性壓制，反而排除了和平演變的可能性。

　　在壓制與接受之間，存在著一大塊灰色地帶，能夠讓執政者化解社會抗議所帶來的衝擊。Lipsky (1968) 指出，社會抗議的作用是間接的，抗議者必須取得旁觀者的同情與信賴，官員才會感受到回應壓力。旁觀者即是參考公眾 (reference public)，他們是介於抗議者與官員之間重要的第三方，其態度能夠間接影響官員的回應。抗議者企圖獲得公眾的同情，政府也同樣可以採取各種手段來消弭公眾的關切。舉例而言，官員可以凸顯政府能力是有限的，使抗議者的要求看起來像是強人所難，窒礙難行。官員通常有良好的媒體與公民團體關係，他們能夠透露一些負面的訊息，打擊抗議者的公信力。官員也可能故意延宕付諸行動的時程，迫使組織不穩定的抗議團體難以持續地發動有力的挑戰。簡單地說，政府有能力在不採取壓制的方式下，消除媒體與公眾對社會運動議題的關注，使抗議者的要求石沉大海。

　　執政者也有可能疏導社會抗議的風潮，將其轉移至威脅性較小的訴求。1960 年代初期，美國民權運動採取非暴力直接行動的策略，在南方各都市以靜坐方式要求立即取消種族隔離制度。面對逐步升高的種族對峙局勢，民主黨政府試圖以釋出政治資源的方式，誘使民權團體轉向選民登記的行動，放棄以直接行動挑戰白人種族統治的策略。對於民主黨而言，獲得更多的黑人選民可以彌補流失的南方白人選票，也降低了動用聯邦政府權力介入地方種族爭議的政治風險 (Morris 1984: 231–6)。另一方面，面對某些無法完全壓制的社會抗議，執政者也可能設立新制度，尋求低成本與低風險的體制內手段，疏導醞釀中的衝突。例如臺灣政府在 1992 年重新推動擱置已久的《公害糾紛處理法草案》，並迅速完成三讀，其目的即是緩和當時層出不窮的公害求償運動，讓爭議從街頭移轉到體制內機制，以避免更嚴重的外溢結果 (Ho and Su 2008)。回顧上個世紀的臺灣司法改革運動，王金壽 (2012: 132) 指出，國民黨政府選擇了對於法官改革運動讓步，卻對檢察官改革運動較少回應，一部分原因在於前者對於政權的衝擊較小。

綜合以上的說法，政府對於社會運動的回應模式存在著壓制、忽略、疏導、接受等種種可能。執政菁英到底要採取哪一種回應模式，與議題的衝擊性、動員強度、輿論壓力、政治聯盟等一系列的環境變項有關。在其他條件保持不變的情況下，如果執政者是理性的，那麼他們應該衡量壓制的成本 (cost of repression) 與讓步的成本 (cost of concession) 兩項因素。若壓制的成本明顯小於讓步的成本，執政者會選擇壓制；反之，若讓步的成本小於壓制的成本，執政者會選擇接受。如果兩者成本是接近的，或者都太高，那麼忽略與疏導是比較可能的回應策略。

Luders (2006: 967–9) 提供了另一套分析架構，其主要考慮的變項包括了讓步的成本，以及抗爭者所帶來的擾亂成本 (cost of disruption)。假設受抗爭行動威脅的執政者是理性的，他們應該權衡讓步的成本與擾亂的成本之計算。表 10–2 呈現被抗議者可能的回應：

這個分析架構比起只討論壓制成本與讓步成本更為複雜，也強調了不同的面向。面臨群眾抗爭風潮的對象不一定掌握壓制工具（例如企業財團），因此他們的考慮取決於抗爭帶來的傷害，亦即上表的擾亂成本。如果被抗議者面臨的是低擾亂成本與高讓步成本，他們通常會採取抗拒策略 (resister)，拒絕社會運動的訴求；如果被抗議者面臨的是高擾亂成本與低讓步成本，他們通常會順

表 10–2：被抗議者回應之考量（根據 Luders 2006）

	高讓步成本	低讓步成本
高擾亂成本	搖擺不定：局部讓步、協商、壓制	順應：接納社會運動的訴求
低擾亂成本	抗拒：拒斥社會運動的訴求	跟風：跟隨其他群體，決定是否接納或拒斥社會

應、接納社會運動 (accommodator)。比較複雜的情況出現於兩種
成本一致的趨勢，例如面對高擾亂成本與高讓步成本，被抗議者
有可能出現搖擺不定 (vacillator) 之決定，混合了局部讓步、協商、
壓制等策略。反之，如果他們面對的是低擾亂成本與低讓步成本
的情境，最可能出現的反應是跟風 (conformer)，也就是觀察、跟
隨其他群體，以決定接納或拒斥社會運動之訴求。

　　上述的說明是簡化的說法，預設抗爭回應者是理性的，願意
審時度勢，權衡不同成本的付出。然而，如同社會運動者也常誤
讀政治局勢，錯過了機會的掌握（第六章），我們也不能假設被抗
爭的對象，尤其是執政者，總是能夠清楚判斷局勢，並且仔細計
算成本與代價。因此，上述的分析至多只是啟發性的工具
(heuristic device)，在現實情況下，政府內部總是會有強硬派與溫
和派的對立，最後的回應常取決於派系的鬥爭結果，或是其意識
型態傾向，甚至是個人偏見。

四、社會運動的經濟影響

　　前面提到，大部分的社會運動針對政府部門，即使是不一定直接源自於政策或法律的議題，也往往要求國家介入。不過，隨著大企業的成長與全球化削弱了國家的治理能力，愈來愈多的抗爭直接針對企業，運動目標包括他們的產品、製程方式、勞僱關係、投資決策、行銷廣告等。Soule (2009: 53, 74) 指出，在 1960 至 1990 年間，美國的社會抗議有近兩成 (18%) 是以商業組織為對象，而且這類抗議行動比較不會被政府壓制。有些針對企業的社會運動已經完全略過國家，不再要求政府介入，而是透過企業內部的行動，例如股東行動 (stockholder activism)，或是企業外部的消費者抵制，促使企業改變其經營型態 (ibid.: 18)。企業社會責任 (Corporate Social Responsibility, CSR) 即是一個明顯的例子。CSR 理念強調，企業除了營利以外，也要善盡企業公民責任，因此營運目標不能只是為了極大化股東的回報，而應當將更廣大的利害關係人 (stakeholder)，包括員工、客戶、供應商、消費者、社區等群體的福祉納入考慮。CSR 起初的倡議是要求企業能夠自願揭露其從事的社會責任活動，到了後來，每年固定編列企業社會責任報告書成為許多國家對公司上市的基本要求。此外，社會運動也會推動一些國際認證標準（例如對於環境與小農友善的「公平交易咖啡」），鼓勵企業的生產行為符合其規範，或編寫符合「社會責任投資」(socially responsible investment) 的操作指示手冊，引導企業經理人的行為 (King and Pearce 2010: 257)。在晚近，環境、社會及公司治理 （environmental, social, and governance，簡稱為 ESG）成為企業治理的重要考量，逐漸取代了 CSR 的討論。ESG

納入節能減碳與氣候變遷的面向，也進一步影響了企業經理人的日常實作 (Leins 2020)。這些策略與論述的出現，使市場不再只受到政府法律的規範，也受到社會運動的引導，從而開拓了倡議活動影響經濟生活的新管道。

　　然而，對於不同產業的企業廠商而言，其營運模式受到社會運動衝擊的程度並不相同。有些業者能頑強抵抗，聞風不動，有些則不得不順從抗爭者的訴求。Luders (2006: 971–2) 分析美國民權運動的經濟衝擊，發現依賴在地消費者的企業（例如客運業、餐飲業）最為脆弱，不依賴在地客戶與投資的業者（例如鋼鐵業、採礦業）則較能承受民權運動的抗爭。此外，有品牌商譽的企業也較容易成為社會運動抗爭的對象，因為他們仰賴消費者的信賴 (Soule 2009: 116)。舉例來說，抗議快時尚 (fast fashion) 的環境破壞經常是針對 Zara、H&M、Uniqlo 等國際知名品牌；若要訴求電子業負擔產品回收責任，Apple 公司肯定是首要目標。有研究指出，規模愈大、品牌知名度愈高、商譽愈卓越、市場主導程度愈高的企業，愈容易成為反血汗工廠運動抗爭的對象 (Bartley and Child 2014: 672)。

　　除了試圖影響主流企業的營運，社會運動所倡議的價值與理念也會創造出新的市場與商品，進而改造既有的經濟型態。在 1960 年代，資源回收與再利用原本是環境運動者所推廣的理念。他們原先所設想的生活型態，是自發而且不涉及營利動機的，但這個想法到頭來卻促成新興的產業部門，可供回收與再利用的廢棄物成為了商品 (Lounsbury 2005)。在地食材 (local food) 理念原先是為了縮短農場與餐桌的距離，減少食材的碳足跡與旅程 (Starr 2010)，後來大型通路商吸納這個理念，開始在販售架上陳列在地食材的商品。

　　理念主流化的結果固然觸及了更廣大的消費者，但也使其行動喪失了倡議的特性，不再被視為某一種社會運動。環境運動向來對於化石能源與核能發電有所保留，期待再生能源的占比加速提升，這也帶動了再生能源產業的發展。有研究根據跨國資料分析指出，環境團體愈密集，該國的風力發電產業成長愈快 (Vasi 2009)。同樣的道理也可以用來說明太陽能發電。德國的光電始於 1970 年代的反核運動者的倡議，他們最早提出「能源轉型」的概念 (Morris and Jungjohann 2016: 29)，後來光電科技獲得大幅發展，降低了發電成本，其產業的茁壯使能源轉型的願景有望實現。

　　然而，社會運動採取這樣的商業化策略，是否真正有助於改變現況，扭轉既有的社會不平等關係？有研究者認為，這些以企業為對象的社會運動都是順應商品化的邏輯，沒有真正挑戰資本主義的營利機制 (King and Gish 2015)。此外，許多這一類的活動依靠企業鉅子的慈善捐贈，捐助者因此獲得了運動者的美名 (Silver 1998)。眾所皆知，許多企業廠商宣稱關切公益，熱忱投入地球環境之保育，後來卻被揭露其營運模式完全背離其表面宣稱，因此招致所謂「漂綠」(greenwashing) 之批評。

　　社會運動也試圖影響公民的日常消費習慣，以促進更理想的社會型態。主婦聯盟成立於 1987 年，是臺灣婦女環境運動的先驅。1993 年由於食品安全問題，她們發起了共同採買行動，希望能取得健康無毒與環境永續的食材。2001 年，主婦聯盟創立了消費合作社，吸引了超過八萬名會員加入，也藉此推動飲食教育與無基改食品倡議（林玉珮、陳裕琪、江妙瑩 2014: 52–3）。另一個例子是 2019 至 2020 年間香港反送中運動所創造的 「黃色經濟圈」。黃色代表支持香港民主運動，以對抗「黑店」（親政府黑道所經營的企業）、「藍店」（親政府的本土財團）與「紅店」（中資企業）。這個在網路上發起的行動，試圖打造出一個團結經濟 (solidarity economy) 的形態，鼓勵支持者光顧黃店，而支持運動的「黃店」則將其利潤部分回饋給民主運動，例如聘用因參與運動而失業的「手足」(Li and Whitworth 2022)。隨著香港民主運動受到打壓，高舉民主旗幟的黃店也被政府打壓取締，黃色經濟圈的理念開始轉移到海外。臺灣香港協會在 2022 年發起「『搭台』撐港小店自立計畫」，試圖串連移民到臺灣的香港人的商店，形成一個根植於臺灣的運動社群。

五、社會運動的文化影響

社會運動試圖動員支持者的參與，無論其訴求對象是政府還是企業，都可能引發諸多文化外溢效果。在動員過程中，被支配者擺脫了以往的無力感，獲得了正面的自我認同；在抗爭過程中，威權控制被打破，人民的力量占領了街頭；在宣傳訴求的過程中，公眾的冷漠、無知與無力感被翻轉。因此，不管是哪一種取向的社會運動，都會帶來一定程度的文化衝擊。然而對研究者來說，難題卻在於要如何測量這個領域的變遷，並且適切地將它歸諸於集體行動者的功勞。分析社會運動的文化影響具有高度的不確定性，這也說明了為何大部分研究者沒有探討這個問題 (Giugni 1999: xxiii)。

文化可以被視為一些專門生產意義的社會制度，例如教育、宗教與藝術等。社會運動對於文化制度的衝擊，即是改變了其意義的生產方式與內容。例如，民主革命所帶來的遺產就包括長期的政治文化。Lipset (1968: 31–63) 分析北美洲的文化差異，發現它可以歸諸革命與反革命的歷史遺緒。美國是民主革命的產物，平等的個人主義有史以來首度獲得政治肯定；相對地，加拿大則曾經長期尊奉英國皇室，試圖維持傳統的文化價值，拒絕革命精神的影響。革命的傳統使美國人重視實用性與技術性的教育，對於公共權威與法律缺乏敬意，宗教信仰也呈現多元化與教派競逐的格局。加拿大的教育偏向人文主義，政府較具有領導權威，宗教生活是由建制化的教會所主導。從這個角度來看，成功的革命不只具有立即的政治作用，同時也形塑了深層的價值觀，展現在日後的文化制度。

在 1960 年代新左派運動浪潮中，學生運動給美國高等教育體制帶來了嚴峻的挑戰，改變了後來學術界的生態。當時學生批判學院的知識生產是為了服務當權者，學校以家父長的權威來約束學生的生活，限制他們的言論自由；知識生產者毫無批判性地接受國防與情治單位的研究委託案，成為帝國主義的幫兇。經歷學運的衝擊，校園內部的師生關係也產生變化，彼此的地位差距縮減許多。學生的抗議也影響了學術社群的自我認同。以往科學家只關切專業領域內的發展，後來有些科學家逐漸地具有更廣闊的社會關懷，不僅組織政治性團體，也積極介入各種公眾利益的議題 (Moore 1996, 1999)，例如在人文學科與社會科學方面，美國大學陸續設立了婦女研究、西班牙裔、非洲裔、性別研究等研究單位與課程，反映了這些群體的抗爭結果。

社會運動的風潮也衝擊了學術研究的方向。隨著愈來愈多前學運參與者進入學院體制，以往保守的集體行為理論被推翻了，被更貼近運動者視野的資源動員論、新社會運動理論、政治過程論取代。Jo Freeman 在 1960 年代末期參與婦女運動，同時也在芝加哥大學撰寫有關婦運的博士論文。當時，她就曾被校方明確提醒，研究婦運的後果可能找不到工作，甚至直到她找到教職之後，仍被迫要不斷地澄清自己專業的教學研究與運動參與是兩回事，不會相互混淆 (Freeman 1995: 397–9)。相當類似地，一位 1990 年末期回臺的美國政治學博士曾提出國會議員的性別比例研究計畫申請書，但是所獲得的審查意見卻指「性別和國會研究似乎不太相關」。如今，性別研究成為顯學，臺灣已有相關的研究學會、學術期刊、教育機構等，研究者也勇於公開宣稱自己的研究是為了女性，而不是基於某種「價值中立」。相較之下，我們可以發現婦女運動已經十分深刻地改造了學術研究的風貌。

　　臺灣 1980 年代興起的學生運動，也對高等教育體制種下變遷的種籽。自由派的大學教授開始採取更積極的行動，向教育部提出廢除共同必修課程、校長選舉、學術研究自由等校園自主的政策。澄社（1989 年）、臺灣教授協會（1990 年）的成立，代表知識份子社會參與的集結。他們開始走出象牙塔，關切更廣大的政治社會議題。1991 年反對《刑法》一百條、爭取言論自由的運動中，就有許多大學教授介入，使運動具有明顯的知識份子色彩。成立於 1987 年的臺灣環境保護聯盟，在早期也有不少教授參與，試圖將草根與知識的力量結合起來，保護生態環境。至於 1993 年成立的臺灣女性學學會，以及更早的婦女新知基金會，也都是女性主義學者的社會參與管道。1980 年代末期與 1990 年代初期的學生運動成員通常被稱「野百合世代」，其中不少人後來取得博士學位，在世紀之交前後陸續進入臺灣高等教育與研究機構任職。這一群野百合世代學者曾經多次集結，介入重大的政治事件，例如在 2006 年發表「七一五倒扁宣言」。等到臺灣出現新一波的學生運動，這一群前學運份子已經成為大學教師，因此扮演從旁輔助的角色。在 2008 年的野草莓學生運動時，他們成立了臺灣守護民主平台；在 2014 年太陽花學生運動時，則參與了立法院周圍的「街頭的民主教室」之行動。成立於 2012 年的臺灣高等教育產業工會，創始者也多來自於野百合世代學者。就學術研究而言，近 20 年來的各種社會抗議也留下了不可磨滅的印記，在此之前臺灣的社會學家根本沒有社會運動案例可以研究。正因為各種抗爭議題的浮現，「省籍問題、族群政治、階級研究、社會運動等，這些『禁忌』問題在 1980 年代後期開放了討論的空間。」（蕭新煌 2002: 8）此外，海外臺灣研究也是由這一群前學運份子所開拓的新場域，「北美臺灣研究學會」（North American Taiwan Studies Association，簡稱 NATSA）創立於 1994 年，發起人就是在美國的臺灣留學生，其中許多人是先前的學運份子（潘美玲 2016）。

　　在學院的教學與研究以外，大眾文化也是另一個社會運動留下不可磨滅印記之場域。重大的抗爭事件，例如金恩博士在 1963 年 8 月華盛頓特區的「我有個夢想」演講、巴黎 1968 年 5 月抗爭、1969 年紐約石牆暴動等，都可能成為集體記憶，而是否願意分享與珍惜這些事件的回憶成為劃分群體界線的依據之一。在通俗的小說、電影、流行歌曲等文化產品中，也經常看到這些社會運動所遺留下的集體記憶。以 1994 年出版《阿甘正傳》(*Forrest Gump*) 為例，這部電影用一位天真善良的主角之個人傳記，呈現美國人所共同經歷的 20 世紀歷史，其中出現的事件與人物有貓王 (Elvis Presley)、披頭四樂團 (Beatles)、越戰、水門案、美國與中國的乒乓外交等，也包括了 1967 年「向五角大廈進軍」的反戰大遊行。再舉個臺灣的例子。2018 年臺北捷運公司製作了一部 22 周年紀念宣傳影片（請見 https://bit.ly/3peX19a），以一對男女高中生在捷運上認識、交往、結婚、生子的故事來描述捷運服務的發展。該影片呈現了許多臺北人共同的經歷，例如 2001 年的納莉風災、2003 年的 SARS 疫情、「臺灣之光」王建民熱潮、2017 年的世大運等。其中 2014 年，這對新婚不久的夫妻在捷運上遇到一群手持太陽花的年輕人，就是指涉當年爆發的三一八學運。

　　社會運動倡議的價值也可能成為通俗文化創作的題材。舉例而言，臺灣知名歌手蔡依林的歌曲〈不一樣又怎樣〉(2015) 宣揚多元成家、婚姻平權的理念，而她的〈玫瑰少年〉(2018) 則紀念因為性別氣質而受霸凌、不幸在校園內意外死亡的葉永鋕同學。臺灣樂團五月天在 2013 年發行了〈入陣曲〉，其 MV 的視覺內容明顯借用當時臺灣的反迫遷、勞工、反核等抗爭場景。在本土電影方面，導演楊雅喆在 2012 年上映的《女朋友・男朋友》中，講述兩男一女從高中時期以來的成長與交往關係，電影中重現了1990 年野百合學生運動的場景，包括中正紀念堂廣場的學生靜坐區，其中一位男主角甚至還從學運領袖變成政治人物。柳廣輝執導的電影《刻在你心底的名字》(2020)，故事主軸是一對高中男同志的感情發展，其時間背景設定在解嚴不久之後的校園，片中穿插了同志運動先驅祁家威在臺北街頭倡議而被警察逮捕的橋段。2018 年獲得金馬獎最佳紀錄片的《我們的青春，在臺灣》之中，主角是兩位學生運動參與者陳為廷與蔡博藝，影片近距離紀錄他們在運動前後的各種抗爭參與，以及背後的內心感觸。隨著臺灣脫離威權統治，言論與創作獲得了自由，也陸續出現與轉型正義相關的影音產品，包括講述二二八事件的《悲情城市》

(1989) 與《天馬茶房》(1999)，以及與白色恐怖有關的《超級大國民》(1994)。在 1949 年爆發的「基隆中學案」，揭開了臺灣白色恐怖的歷史，這段歷史後來也被改編、創作為 2017 年發行的《返校 Detention》遊戲，並在 2019 年成為一部賣座電影，2020 年又被改編為一部電視影集。

　　社會運動也帶動了藝文創作的新風潮。在西方，搖滾樂很早就與新左派青年文化連結在一起，代表著自由解放的叛逆精神。1960 年代的運動風潮也激發音樂藝術形式的創新，催生了民歌搖滾 (folk rock) 的出現 (Eyerman and Jamison 1998: 118–24)。許多搖滾藝人創作具有社會關懷的音樂，舉行公益性質的音樂會，試圖喚起世人對於愛滋病、第三世界貧窮、環境污染、人權等議題的重視。在臺灣，1970 年代的民歌創作開始走向社會關懷，但是受到環境的限制，並沒有與運動實踐結合。1980 年代中期，黨外運動借用既有的臺語歌謠，激發聽眾的悲情與認同，〈望你早歸〉、〈補破網〉等歌曲成為政治犯家屬「代夫出征」時最佳的心情寫照。直到 1980 年代末期，由於黑名單工作室、豬頭皮（朱約信）等人的政治抗議歌曲，音樂創造才真正與社會運動結合。在此之後，本土搖滾樂的發展更是觸及許多社會運動議題，例如黑手那卡西投入工人運動，交工樂團對於農村凋敝、反水庫運動、外籍新娘、環境污染等議題的關注，都是明顯的例子，民歌運動時期的精神「唱自己的歌」，也進一步被延伸為「唱自己運動的歌」（鍾永豐 2022: 235）。另一方面，臺灣的社運組織也發現了音樂具有的宣傳效果，例如台灣勞工陣線推出了《勞工搖籃曲》專輯（2000 年）、臺灣人權促進會出版《美麗之島・人之島》專輯（2001 年）來宣揚社會運動理念。反國光石化運動號召臺灣的藝文界共同參與，共同為被威脅的彰化大城溼地「寫一首詩」（吳晟、吳明益 2011）。其中，陳明章、農村武裝青年、拷秋勤等音樂人或樂團也以音樂創作的形式參與。由於運動與音樂的緊密結合，激發了臺灣學生運動的藝文創作能力，例如在 1990 年的三月學生運動中，廣場上學生唱著被政府禁止的〈美麗島〉與〈國際歌〉；到了 2014 年的太陽花運動，滅火器樂團楊大正創作〈島嶼天光〉，很快成為整場運動的代表性歌曲，也獲得隔年金曲獎的「年度歌曲獎」。從依賴既有歌曲到主動創作，從華語到臺語，相隔 24 年的兩場大型學生運動見證了運動美學的流變，以及學生運動文化創造能力的提升。

　　除了創作以外，音樂會容許表演者與觀眾的多元互動，也成為社會運動者試圖借用的表演形態。在 2005 年，樂生院保存運動舉行了「音樂‧生命‧大樹下」的音樂會，呈現院民豐富的生命故事。2007 年「正義無敵」音樂會，則結合了轉型正義的倡議與獨立搖滾的精神（蕭長展、楊友仁 2014）。從 2000 年開始，貢寮海灘每年固定舉行海洋音樂祭。由於正好面對核四廠預定地，反核人士也利用這個場合宣揚其理念，獲得不少樂迷與音樂表演者的迴響。從 2009 年開始，反核團體舉行諾努客 (No Nukes) 反核音樂會，並在臺灣各地演出 (Wei 2016: 14)。搖滾音樂會帶有自由與反權威的精神，特別適合打破平時禁忌，宣揚情緒與認同。獨派的獨立搖滾樂團也曾舉行「內地搖滾」音樂會，強調「內地是南投、對岸是中國」(Read 2019)。

　　除了制度化的文化生產，社會運動也影響日常生活層次的互動，包括穿著打扮與言談方式。1960 年代的反抗文化運動帶來更為解放、隨興的生活方式，自由性愛、毒品、嬉皮文化是其特徵

(McAdam 1994: 51)。1983 年，德國綠黨首度進入國會，當時這一群穿著牛仔褲的議員，在聯邦議會引發一陣騷動。對於保守而拘謹的歐洲政壇而言，牛仔褲帶有許多顛覆性的意義，一方面代表美國文化的入侵，另一方面也代表著那個年代的憤怒青年。

　　婦女運動的興起也帶來女性打扮風格的改變。早期婦女運動者為了挑戰傳統女性美麗特徵的標準，鼓吹不穿胸罩、不刮腿毛、不化濃妝。經過長期的宣傳與動員，過於女性化的打扮會被視為「政治不正確的」，許多女性上班族在公領域中是以留短髮、穿褲子等中性的穿著方式呈現自己。另一方面，一些激進的女同志女性主義者則刻意穿上傳統容易令人聯想到娼妓的服飾，例如迷你裙、低胸上衣、網狀絲襪等，挑戰傳統的性別角色認定 (Taylor and Whittier 1992: 121)。

　　綜合上述的整理，社會運動有可能改變教育、流行文化、穿著打扮，從而帶來文化變遷。這些文化生活的改變並不是社會運動有意識地造成的，它們至多只是運動的附帶產品，或是未意圖的結果。嚴格來說，要確切理解這些文化影響的起源是很困難的工作。McAdam (1988: 136–45) 對於 1964 年自由之夏運動進行了深入分析，使我們有機會理解文化創新與傳播的過程。北方大學生深入南方社區從事黑人選民登記的工作，為了避免種族主義者的暴力攻擊，他們彼此必須緊密地團結在一起。熱血的理想主義與危險的運動場域，共同激發出一種實踐信念，破除中產階級偽善而體面的生活方式，個人的解放即是一種社會革命。在民權運動中，他們學習過公社的共同生活，進行公開的團體性愛。為了接近人民，他們的穿著打扮變得隨興，語言也混雜了原先被視為低俗的辭彙，以建構一種更真誠的族群互動關係。自由之夏的運動受到美國媒體的重視，後來成為激進 1960 年代最具有代表性的事件之一。運動結束之後，自由之夏的參與者回到大學校園，更進一步將他們在南方所學習的個人解放信念運用於其他運動議題，形成日後的反抗文化運動。換言之，運動參與者所構成的網絡是新文化的搖籃，可能創造出日後新社會生活的雛形。

結　論

　　社會運動之所以引發研究者的興趣，一部分原因在於集體行動往往帶來社會變遷，昨日的異端邪說成為今日的主流共識。在西方，起源於 18 世紀啟蒙哲學的人權與平等思想，從原本的離經叛道，到成為世界各國的共同語言與現實，就經歷了兩個世紀的革命與反動，且至今民主體制仍受到向外擴張的威權統治的威脅。同樣的道理也適用於性別平權、婚姻平權、環境保護等理念。我們有理由注意當前的社會抗議，因為無論它們再如何違背我們習以為常的想法，仍有可能預先揭露未來社會的形態。

　　對於社會運動的參與者而言，說服他們願意冒著各種風險與代價挺身而出的理由，不外乎是更美好生活的願景。社會運動存在的目的是改變社會，達成集體所追求的目標。本章整理了關於社會運動後果的幾個問題與其分析途徑。首先，社會動員與政治條件通常是用來解釋社會運動政策影響的兩個主要方向。在社會動員方面，哪一種策略比較有效？應該採取溫和路線還是激進路線？要組織專業團體，抑或依賴群眾抗爭？對此，學界與社運界都有不同的見解。在政治條件方面，國家的自主性高低、政府的組織型態都會影響社會運動的收獲。

　　從另一個角度來看，運動的後果取決於執政者與社運組織的互動。面對社會抗議的挑戰，統治菁英可以選擇鎮壓、忽略、疏導或接受等不同回應方式。需要說明的是，政府的回應具有多向度的判準，承認運動的正當性並不必然同時賦予新的物質利益，反之亦然。即使運動實際產生了新的法律規章與制度，程序性的影響也不見得帶來結構性的作用。

最後，社會運動除了帶來政治革新，也會產生經濟與文化的衝擊。更自主的多元生活方式、更包容的價值觀，往往從一小撮社會運動份子，逐漸擴散至整個社會，並且具體落實於我們的日常生活。

第 11 章

社會運動研究在臺灣：
邁向制度化

　　本土學界對於社會運動的關注始於 1980 年代末期，當時的臺灣經歷了重大的政治與社會變革。1987 年解除戒嚴令，新生的社會運動猛烈爆發，街頭抗爭成了常見的場景。威權統治到民主的轉型，帶來了 2000 年首度政黨輪替，也促使社會運動制度化，成為當代社會常見的現象，愈來愈多社會團體或利益團體透過這個管道來爭取他們的權利。2008 年，國民黨重新取得政權，社會運動風潮再起。無疑地，2014 年的太陽花運動爆發是這一小段時間運動復甦的高潮。為了反對與中國簽訂「服貿協議」，學生與公民占領立法院長達 24 天 ， 形成了前所未有的政治對峙局勢 。 在 2016 年 ， 臺灣經歷了第三次政黨輪替之後，各種反年改、反同婚、擁核、反轉型正義的反制運動登場，帶來了預期以外的發展。

　　不論在臺灣或其他地方，社會運動的發展都起起伏伏，以週期循環的方式進行。在短期而激情的公共參與之後，伴隨而來是長期的政治冷漠。相較於此，學術研究往往被認為是一個封閉而寧靜的世界 ， 脫離現實的政治紛擾。Bourdieu (2000: 15) 指出，「學術理性」 (scholastic reason) 之所以能確立，其先決條件之一正是「徹底忽略了使學術研究成為可能的經濟與社會條件」。相同地，Weber (1948: 141) 指出，現代科學是缺乏生氣的，是「一種人工抽象概念所構成的不真實領域」，其超然避世的性格與運動政治的激昂熱情相差了十萬八千里。基於這種關於學術研究的認知，我們也許會產生下列的預測：臺灣的社會運動研究與其研究對象的關聯性很薄弱，而且一旦這個研究領域建制化成為一門學科，其間的疏離就愈加明顯。

　　這樣的描述似乎不完全符合本土社會運動研究的真實發展軌跡。首先，臺灣社會運動研究之所以浮現，就是學術社群為了回應解嚴前後的社會抗爭風潮，並提出知識性的解答。而且，無論是第一代奠基的研究者，抑或是後續的追隨者世代，多多少少都參與了這波重新形塑臺灣社會圖像的動員風潮。學術研究者過去是學生運動參與者，或者目前持續以學者身分參與某些改革事業，這種風氣已經成為了本土的知識傳統。在太陽花運動期間，社會運動研究社群廣泛參與，例如在運動期間發起街頭民主教室與支持學生罷課的宣言，以及運動結束後的各種工作坊、研討會與策展等活動。但是不可否認地，制度化的學術研究也意味著，知識探索的工作必須與現實的抗爭週期保持適當的距離，而且愈來愈朝向以解答其內部的知識謎團為志業。可以這樣說，臺灣的社會運動研究在維持其外部關聯性（研究者對於社會運動的參與）的同時，也愈來愈朝向內部的自我指涉（解答知識謎團），構成了這個研究領域的制度化歷程。

　　本章將重點放在社會運動研究的內部過程，從相關期刊論文的發展趨勢，勾勒這個研究領域的基本風貌。筆者首先討論研究者的背景，接下來是其研究成果。在此設定的觀察期間是 1980 年到 2021 年間，尋找收錄在主要的中文與英文學術期刊的臺灣社會運動之研究論文。

　　在中文期刊的部分，我選取包含了社會學、傳播學、政治科學、人類學與文化研究等學門中的 12 種不同的期刊，都被國家科學與技術委員會（國科會）人文社會科學研究中心列入 2013 年度的 TSSCI 或 TCHI-Core（詳見附錄 1）。在英文期刊的部分，本章是使用 JSTOR (http://www.jstor.org/) 與 Clarivate 公司的 Web of Science（研究方法詳見附錄 2）兩個線上資料庫。透過以上操作程序，筆者篩選出 127 篇中文作品與 108 篇英文作品，共計在 42

年期間，找到 235 篇處理臺灣社會運動的研究論文，文章的清單已上傳雲端 (https://reurl.cc/3Y0X58)。

當然，只聚焦在期刊論文，會忽略其他類型的學術出版物，包括專書、論文集、學位論文等。在此，筆者採用 Sullivan and Seiler-Holmer (2011: 6–7) 的看法，以期刊論文出版的臺灣研究不僅在數量上較多，也較容易加以比較。再且，期刊論文的出版通常必須經過嚴格的審查程序，其研究品質也較為可靠。在此，筆者採取比較嚴格的標準來篩選，如有些文章只間接提到臺灣社會運動現象而沒有投注足夠的關切，也不是文章主要的探討焦點，就會被排除在樣本之外。此外，筆者剔除了純粹的理論或概念性文章（例如文獻評述），抑或處理非臺灣社會運動的文章（例如探討中國六四運動的文章）。沒有經過正式學術審查而刊登的文章（例如各種時事評論）也不列入考慮。

至今為止，梳理臺灣社會運動研究的論文並不多。張茂桂 (1994) 探討了早期研究作品中對立的理論觀點，包括民間社會論、資源動員論與新社會運動的相互對話。許維德 (2011) 考察了 462 篇國內以社會運動為主題的博碩士論文，指出本土研究從 1987 年進入了「勃興時期」，在 2000 年之後則處於「制度化時期」。許維德指出，社會運動研究的發展一方面受到內部的學術建制所影響，例如研究所增加，另一方面也反映了外在的社會與政治發展。何明修 (2011) 比較早期與晚近的研究，指出研究焦點逐漸從運動起源移轉至運動後果，而且，愈來愈多研究者開始注意到本土個案與西方理論之間的落差。儘管有些批判性的文獻回顧，本土的社會運動學界並沒有形成一個緊密對話的知識群體。舉例而言，人類學家黃應貴 (1991) 在一篇關於南投東埔布農社的新宗教運動研究論文中，強力批判了《台灣新興社會運動》（徐正光、宋文里 1989），尤其是若干關於其理論取向與分析方式的章節。從東埔研究個案出發，黃應貴強調長期的經濟結構變遷導致原住民族群的各種不滿，而其反抗方式不見得是以所謂「社會運動」形態呈現，而是透過宗教信念與儀式來抗爭。黃應貴 (1991) 批評當時的臺灣社運研究完全沒有看見具體的行動者，也無法分析其內在的意義。就筆者瞭解，這樣的知識挑戰過了 30 年仍是空谷跫音，沒有獲得相關研究的回應。30 年後，黃應貴 (2021: 36) 指出既有的社會運動理論與概念似乎太僵化了，無法妥善處理弱勢民眾在走投無路之下所採取的絕望抗議行為，例如自殺。臺灣晚近以來的社會運動研究拓展了分析範圍，也關切各種弱勢人民的抵抗行動，卻沒有形成知識性的對話，這是非常可惜的。

　　本章試著以更有系統性的方式來理解這個研究領域的發展，除了傳統的文獻回顧 (literature review) 之外，筆者進一步嘗試以引用分析 (citation analysis) 來釐清不同作者之間的相互關係。許維德 (2011) 以博碩士論文為分析對象；相較於此，本章則針對被挑選出來的中英文期刊論文。以期刊論文為核心的分析會導致下列不同的結論：（一）期刊論文的作者通常是博士生或已取得教職的人員，因此反映了學術研究社群核心成員的動向。（二）期刊論文的數量遠少於學位論文，篇幅也較為簡短，因此容許較為深入的比較分析。

一、社會運動研究在臺灣的開展

　　1987 年解嚴之前，社會運動很少成為學界的研究主題，在少數相關的研究論文中，幾乎都在討論日本統治時期的反殖民運動。

最早一本介紹社會運動的入門書要到 1974 年才出版，且其討論的個案都侷限在中國歷史上曾經發生的運動，諸如太平天國、義和團及國民革命等（許維德 2011: 471）。由於 1980 年代中期以前，臺灣鮮少出現社會運動事件，學術關注的缺乏並不令人驚訝，更重要的是，壓抑的政治氛圍也不鼓勵學者去探索這個主題。說穿了，在那個二二八事件仍然是言論禁忌的年代，研究社會運動顯然困難重重。

　　兩個重要事件驅動了 1987 年以後的發展。首先，1988 年初，一場以「臺灣新興社會運動」為主題的研討會在國立清華大學舉辦，會議論文在隔年出版，為此一領域的發展揭開了序幕（徐正光、宋文里 1989）。這本論文集收錄了 11 篇文章，不僅有討論社運分析架構的文章，也觸及當時民眾所關注的各種社會運動（例如五二〇農運、勞工運動、反核運動等）。這本書反映了 1980 年代晚期的時代氛圍，新生的社會運動被視為具有破壞性的「自力救濟」，有些章節還處理新興宗教、大家樂風潮與非法飆車的現象。這種將社會運動與社會問題相提並論的做法，比較接近西方 1960 年代盛行的集體行為理論，關注的重點在於群眾行為的心理學根源，以及對於社會秩序的衝擊。儘管如此，這本論文集仍是臺灣社會運動研究的重大里程碑，帶來不可抹煞的貢獻，開創了跨學科研究的傳統，社會學者、人類學者及心理學者都開始關注臺灣風起雲湧的社會運動。

　　在這本臺灣社會運動研究的奠基作品中，可以特別指出四位主要的作者：蕭新煌、徐正光、周碧娥及張茂桂。這三位社會學者及一位人類學者都在 1979 到 1984 年間取得博士學位。特別值得注意的是，這些社會運動研究的奠基者在其博士論文階段都未關注社會運動，他們後來的知識轉向很明顯受到了社會抗爭浮現的刺激。這四位學者除了開拓這個新興的研究領域，透過論文指導、課堂講授來培養下一代研究者外，也活躍於許多新成立的倡議組織，或者透過公共論述的介入，以提升公眾對於社會運動的認知，並且要求政府官員寬容對待。換言之，在激烈轉型的 1980 年代晚期，臺灣第一代的社會運動研究者，同時也扮演公共知識份子的角色，推動社會進步與民主改革的前進。

　　橫跨學界與非學界的左翼知識份子在 1988 年創辦《台灣社會研究季刊》（以下簡稱《台社》），構成另一股推波助瀾的力量。《台社》的批判取向很快吸引許多社會運動的文章投稿，即便其編輯立場後來有所調整。在筆者蒐錄到的中文作品（127 篇）中，有接近四分之一刊登在這份刊物（31 篇）。曾在早期《台社》刊登社會運動研究論文的王振寰、趙剛與徐世榮，在美國所撰寫的博士論文都是探討臺灣的社會運動，他們承擔起奠基世代之後的接棒任務。奠基世代的學者從其他領域轉向社會運動研究，而這些在早期《台社》出版論文的學者，在其學術生涯初期就選擇了社會運動作為其專門研究的領域。

　　臺灣社會運動研究的興起，如同其研究對象一樣，都肇因於威權崩解所引發的激烈社會變遷。這個領域的另一個推動力是 1990 年的野百合運動。這個由學生所領導的大規模政治運動，要求臺灣憲政改革，最終推動了民主化的進展。野百合運動吸引許多學運成員攻讀社會學研究所學位，並將社會運動當作其專業研究領域，甚至也有不少學生運動成員在投身學術生涯之前，在社會運動組織擔任全職工作者。因此，相較於奠基世代，他們對於運動的個人參與不僅更深入，也有更多機會面對草根群眾，甚至扮演了運動組織者的角色。

　　根據嚴格的定義，所謂「野百合世代」是指那些有親身參與這場影響深遠的學運，並因此產生個人認同與生涯選擇之後果的運動成員（何榮幸 2014）。然而野百合學運並不能只被視為單一抗爭事件，而是事先就有相當的學生運動累積之基礎，事後也持續在校園內產生迴響。因此，如果採取較為寬鬆的定義，將在 1990 年前後進入大學或攻讀研究所的成員，也視為所謂的「泛野百合世代」，可以找出 13 位期刊論文作者屬於這個群組。在《台灣的社會福利運動》（蕭新煌、林國明 2000）及《社會運動的年代》（何明修、林秀幸 2011）、《照破：太陽花運動的振幅、縱深與視域》（林秀幸、吳叡人 2016）、《臺灣社會福利運動與政策效應》（蕭新煌、官有垣、王舒芸 2018）等論文集中，相當程度收錄了這群追隨者世代的研究。這一群「泛野百合世代」研究者大多是奠基者的學生，2022 年時，年齡都介於 40 歲末到 50 歲中期之間。有些人在進入學術崗位之後，仍保持先前的運動參與，且大多是針對特定議題。在太陽花運動期間，當野百合世代研究者所教導的學生帶頭占領立法院，他們也提供了許多後勤支援。

　　以上簡短的回顧並不是要建立臺灣社會運動的系譜學，而是為了勾勒其歷史背景，以凸顯運動研究與運動參與之間的多重互動關係。奠基世代學者開始轉向研究社會運動，並且開創了本土學術研究的新領域，原因在於 1980 年代末期的鉅變，使社會運動成為公眾關注的焦點。學生運動參與的浪潮則孕育新世代的研究者，他們深化了這個領域後續的發展。不論是奠基世代，抑或是前運動幹部，他們在從事學術研究之後，仍然活躍於非學術的場域。這樣的知識傳統反映了特定的起源脈絡，即本土的社會運動研究從一開始就是一項跨學科的知識計畫，不僅為了理解來自底層的抗爭行動如何創造歷史，研究者本身也親身參與，並且促使臺灣社會朝向更進步的方向邁進。

二、期刊論文的文獻分析

筆者篩選了 235 篇以臺灣社會運動為主題的期刊論文 （127篇中文，108 篇英文）。這一節將聚焦於這份期刊論文樣本的出版趨勢、作者背景、運動類型、研究設計及研究問題等項目，勾勒臺灣社會運動研究的基本趨勢。

（一）歷年出版數量的趨勢

圖 11–1　臺灣社會運動期刊論文出版數量的歷年分布

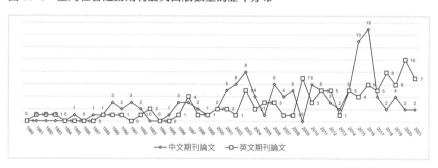

很明顯，在 1980 年代晚期政治自由化與伴隨而來的社會運動風潮之前，臺灣社會運動研究幾乎沒有期刊論文的產出，1980 至1986 年間，中文及英文的期刊論文產出之平均數量是每年 0.6 篇。到了 1990 年代，儘管在某些年份有所波動，但論文生產變得比較密集。有研究者指出，所謂的「制度化」意味一種「自我發動」

(self-activating) 的規律模式，其行動的持續存在不再仰賴外在的資源 (Jepperson 1991: 145)。根據這項定義，社會運動研究的制度化，意味著這個研究領域已經或多或少可以自我維持，不論實際的社會運動發展現況如何，學術作品都能穩定產出。可以認定 2000 年以後的高原期，代表了這個研究領域的成熟。從歷年論文數量來看，1987 至 1999 年間平均每年 2.7 篇，而在 2000 至 2021 年間平均每年 8.9 篇。不過，短期波動仍會帶來衝擊，例如在 2014 年太陽花運動之後，2016 年的中英文臺灣社會運動期刊論文篇數達到 21 篇的高峰，其中與太陽花運動直接相關的研究作品有 6 篇。

　　2000 年以後的顯著成長可以歸因於以下的因素。首先，許多泛野百合世代的研究者在世紀之交取得了博士學位，並開展了其學術生涯，為這個領域注入了新血。其次，由於期刊論文相對地容易標準化與計算，有利於評估個別研究者的表現，臺灣主導高等教育的官員開始提升期刊論文的地位，甚至視之為最重要的學術出版形式。2000 年是一個重要的分水嶺，國科會在這一年公布了 TSSCI/TCHI-Core 核心期刊的清單，這些新進的社會運動研究者受到制度的壓力，必須側重期刊論文的出版。最後必須要說明的是，臺灣學術期刊的建制經歷了一個漫長的過程。早期出版是不規律的，以《臺灣社會學刊》（其前身為《中國社會學刊》）為例，該期刊創刊於 1971 年，在 1982 年開始每年至少出版一期，一直要到 2000 年才每年至少出版兩期。也因此，隨著整體的期刊論文數量增加，社會運動的研究也愈可能在此刊登。

　　獨尊期刊論文的政策一直飽受批評，因為這容易導致其他形式的學術出版被矮化，尤其是著重深度與完整性的專書

(monograph)。因此，國科會在 2005 年開始推動人文社會科學的專書撰寫計畫，以平衡上述的偏誤。然而，這些矯正的努力並沒有全然的成功。整體而言，相較於奠基學者世代，泛野百合世代似乎對專書的出版較不感興趣。期刊論文較嚴謹的格式要求，是否造成了此一領域之知識視野的窄化，仍是一個沒有答案的問題。

　　學術生產是一個勞力密集的知識活動，需要多年的訓練與資料蒐集，這必然會導致社會運動的學術寫作與實際發展無法同步。就如同智慧女神 Minerva 的貓頭鷹只在日暮時刻才展翅飛翔，學術研究也往往必須依賴事後之明，要等待抗爭政治階段性的落幕之後才能有所發現。期刊論文在 2000 年以後數量的增加，並在 2016 年達到頂峰，反映的並不是臺灣社會運動的興盛。事實上，由於 2000 年第一次政黨輪替所帶來的政治效應，社會運動反而呈現較為消極的狀況。同樣的理由也說明了為何 2008 年之後，臺灣的社會運動出現了引人注目的復甦，學術研究的期刊論文產量卻要到 2016 年才出現高峰。總結來說，一個制度化的研究領域必然會變得更加自我維繫與自我參照，而這也意味著研究活動與研究對象無可避免地會逐漸脫鉤。

（二）作者背景分析

　　為了簡化分析，對於有多位共同作者的期刊論文，本章只分析第一作者。有鑑於作者後來的任職單位、自我定位跟學科背景時常會有所不同，在此是根據作者的博士學位來界定其學科，有多個學位的作者則採用其最新的博士學位。下表呈現了作者之學科背景的分布。

表 11-1　作者的學科背景分布

作者的學科背景	論文數量 (%)	
	中文	英文
社會學	49 (38.6%)	44 (40.7%)
政治學	22 (17.3%)	35 (32.4%)
傳播學	18 (14.2%)	4 (3.7%)
人類學	6 (4.7%)	6 (5.6%)
地理學與區域研究	5 (3.9%)	5 (4.6%)
教育學	5 (3.9%)	2 (1.9%)
歷史學	5 (3.9%)	1 (0.9%)
文學	5 (3.9%)	0
社會政策與社會工作	2 (1.6%)	2 (1.9%)
法律學	2 (1.6%)	2 (1.9%)
哲學	2 (1.6%)	1 (0.9%)
心理學	2 (1.6%)	0
其他	4 (3.1%)	6 (5.6%)
	127 (100%)	108 (100%)

　　表 11-1 指出臺灣社會運動研究仍保有其跨學科的特徵。在期刊論文的生產方面，社會學者雖然是主要的角色，但並沒有居於壟斷的地位。政治學不論在中文或英文的作品都位居第二位。

　　只有極少數的國際學者投稿臺灣的學術期刊，這並不令人意外。在 127 篇中文期刊論文中，只有 4 位作者不是任職於臺灣的

學術機構。相對地，英文論文的來源則較為多元化。108 篇英文
期刊論文中，63 篇的作者來自臺灣 (58%)，25 篇的作者來自美國
(23%)，其他包括韓國 (5%)、澳洲 (4%)、香港 (2%) 與英國 (2%)。

（三）運動類型分析

　　表 11-2 顯示了環境運動、性別運動與勞工運動是臺灣社會
運動研究者最關注的三個主題，此發現與許維德 (2011) 對於國內
碩博士論文的調查結果一致。這意味著社會運動研究圈有個心照
不宣的共識，即應該關注那些較被視為主流的社會運動。這些社
會運動之所以受歡迎，很大一部分原因在於這些運動自 1980 年代
晚期以來持續活躍，不斷有新的抗爭事件與倡議行動產生，為其
觀察者提供了源源不斷的研究素材。相較之下，教育改革運動與
農民運動等已經幾乎消失了，學生運動則是時斷時續。2014 年的
太陽花運動促成了 2015 到 2021 年間學生運動研究成果的大爆
發，在 23 篇關於學生運動研究論文中，有 19 篇是此一時期的研
究成果。在英文部分，自 2017 年以後，英文期刊論文的數量開始
穩定地超過中文期刊論文的數量，但英文期刊論文產出的增加並
無法完全歸因於太陽花學運所帶來的熱潮。事實上，此一時期的
31 篇英文期刊論文中，只有 6 篇是與學生運動相關的，相較於環
境運動（7 篇）、勞工運動（3 篇）及性別運動（5 篇）等主要的
運動類型並不特別突出，顯見國際學術期刊出版對臺灣運動研究
的興趣，並不只侷限於太陽花學運這樣的重大事件（見圖 11-1）。

表 11–2　學術期刊關注的運動類型

運動類型	期刊數量 (%)		
	中文	英文	小計
環境運動	25 (19.7%)	26 (24.1%)	51 (21.7%)
性別運動（含婦女與同志）	15 (11.8%)	14 (13%)	29 (12.3%)
勞工運動	10 (7.9%)	19 (17.6%)	29 (12.3%)
學生運動	13 (10.2%)	10 (9.3%)	23 (9.8%)
民主與政治運動	10 (7.9%)	11 (10.2%)	21 (8.9%)
原住民運動	6 (4.7%)	2 (1.9%)	8 (3.4%)
社區運動	5 (3.9%)	3 (2.8%)	8 (3.4%)
殖民時期的社會運動	4 (3.1%)	3 (2.8%)	7 (3.0%)
媒體改革運動	5 (3.9%)	1 (0.9%)	6 (2.6%)
身心障礙者人權運動	2 (1.6%)	2 (1.9%)	4 (1.7%)
其他運動與無法分類者	32 (25.2%)	17 (15.7%)	49 (20.9%)
	127 (100%)	108 (100%)	235 (100%)

（四）研究設計

大致上而言，一篇論文如何規畫其研究設計，或多或少決定了可能獲得的結論。在此將這些期刊論文區分為單一個案研究、多重個案研究、量化研究（即使用推論統計技術之研究）。個案的單位可以是社會運動、社會運動組織，抑或社會運動事件。表11-3 顯示了不同研究設計的分布。

表 11-3　期刊論文的研究設計

研究設計	論文數量 (%)		
	中文	英文	小計
單一個案研究	86 (67.7%)	67 (62%)	153 (65.1%)
多重個案研究	20 (15.7%)	29 (26.9%)	49 (20.9%)
量化研究	13 (10.2%)	6 (5.6%)	19 (8.1%)
其他	8 (6.3%)	6 (5.6%)	14 (6%)
	127 (100%)	108 (100%)	235 (100%)

單一個案研究是最受歡迎的選項，在筆者蒐集到的期刊論文中，不論是英文還是中文，都接近七成。可以這樣說，一份典型的社會運動研究仰賴作者的密集介入，且研究資料通常來自於參與觀察與深度訪談。

在 49 篇多重個案的研究中，有些嘗試使用比較設計。值得注意的是，有 31 篇使用了「成對比較」(paired comparison) 的方法，來說明兩個相似個案的不同後果 (McAdam, Tarrow, and Tilly

2001: 81–4)。英文期刊論文的作者 (26.9%) 很明顯地比中文期刊論文的作者 (15.7%) 更常採用多重個案的研究設計。此外，只有 13 篇中文期刊論文使用統計方法來分析政府的調查資料，或由問卷調查蒐集來的資料。有兩個原因可以解釋社會運動研究中量化研究方法甚少被使用。首先，有些學科背景的研究者，尤其人類學與歷史學家，通常會避免使用統計方法。其次，或許也是重要的原因，臺灣社會運動的量化資料相當匱乏，非常難以取得。臺灣根本就沒有收錄社會運動組織、非營利組織或工會相關資料的官方資料庫，這使組織相關的研究很難深入。某些定期的學術調查（如臺灣社會變遷調查）有時會詢問受訪者的政治態度或抗爭參與，卻常因其樣本數太小，以致無法達到統計顯著性。

（五）研究問題

對於社會運動的學術關注，時常涉及許多不同的問題，在此只聚焦在一組關於起因／後果 (emergence/consequence) 的問題。社會運動研究者會想瞭解什麼因素誘發了社會運動，及人們為什麼會決定去參與一個社會抗爭。或者，研究者也會想知道集體行動的後果，尤其是社會運動是否能夠達成它們所宣稱的目標。經解讀與編碼，235 篇可以歸類如表 11–4。

表 11-4　期刊論文的研究問題分布

起因／後果	論文數量 (%)		
	中文	英文	小計
只關注起因	39 (30.7%)	35 (32.4%)	74 (31.5%)
只關注後果	34 (26.8%)	27 (25%)	61 (26%)
兩者都關注	12 (9.4%)	25 (23.1%)	37 (15.7%)
兩者都不關注	42 (33.1%)	21 (19.4%)	63 (26.8%)
	127 (100%)	108 (100%)	235 (100%)

　　上表顯示，關注起因／後果是臺灣社會運動研究的核心，將近 73% 的期刊論文關注起因、後果，甚或兩者都關注。當進一步以 1980 至 1999 年，以及 2000 至 2021 年這兩個時間區段來歸類，會呈現一個有趣的現象：在較早的時間區段中，只有 25.6% 的期刊論文分析後果，而在後來的時間區段中，關注後果的比例上升到 44.9%。而且，只關注運動起源的期刊論文在 2000 年之前仍有 43.6%，但到了 2000 年之後卻下降到僅剩 29.1%。很明顯地，早期的學界更傾向去瞭解社會抗爭的起因，這是因為對當時的學者來說，社會運動為什麼會在 1980 年代晚期出現，是一個迫切的知識提問。這些年來，當臺灣的民主逐漸鞏固，且某些社會運動也取得了正面的政策回應，研究議題就逐漸拓寬到運動後果的問題。

三、期刊論文的引用分析

　　根據 Fligstein and McAdam (2012: 167-8) 的說法，一個已經浮現的場域 (field) 之特徵，是在其中的參與者開始意識到彼此的關係，並且經常參照對方，以此來調整自己的行動。因此，衡量一個研究領域是否制度化，可以觀察該領域內的研究者是否持續對話。如果其中的研究者愈常相互引用，那麼這個場域就愈是制度化；如果引用不頻繁，那麼很可能是仍未制度化的場域。這裡的分析將此份期刊論文樣本視為一個封閉的系統，僅登錄所抽取到的作者與論文之間相互的引用狀況。這種登錄方式的優點是可以清楚地呈現研究者在期刊論文平台上的互動，然而其缺點在於其所呈現出來的網絡並不夠全面，忽略這些期刊論文所引用的專書、論文集及學位論文。

在此，筆者採用 Ucinet 社會網絡分析軟體來處理資料，其操作方式是參考蘇國賢 (2004) 對臺灣社會學者之隱形學群的研究。圖 11–2 顯示了臺灣社會運動研究者的相互引用網絡。從資料整理與圖像繪製中，可以發現以下的結果：

首先，首篇期刊論文出版於 2000 年之前與之後者，分別為 36 人與 167 人。在這兩個作者群體內部，有形成引用網絡者（引用別人或被別人引用）分別為 23 人與 102 人。從比例上來看，2000 年之前與之後，有參與引用網路的作者比例分別為 64% 與 61%；換言之，有超過三成五的作者不曾引用別人，也未曾被別人引用。在 2000 年以前登場的前輩作者中，有 3 人是只被 2000 年以後的後進作者所引用，但未引用其同代作者或被同代作者所引用；而在 2000 年以後登場的後進作者中，有 4 人只引用 2000 年以前的前輩作者，但並未引用同代作者或被同代作者所引用。若只聚焦於 2000 年後登場的後進作者，扣除前述 4 位只有引用前輩作者，在 98 位形成引用網路者（引用別人或被別人引用）之中，曾經被他人所引用者只有 60 位，曾經引用他人者有 78 位，

圖 11–2　臺灣社會運動研究者的相互引用網絡

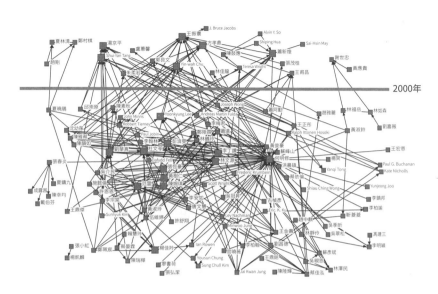

說明：(1)A→B 意即 A 引用 B。(2) 節點的大小代表被引用次數的多寡，區分出被引用次數 5 次以下（節點較小）及超過 5 次（節點較大）等兩種節點。(3) 不同的研究者在空間位置上的鄰近性反映了他們之間存在著共同發表或合作的關係。(4) 有 78 位作者 (38%) 不引用其他作者，也沒有被其他作者引用，不呈現在這個圖。

但曾經被引用且引用他人者只有 38 人。可以這麼說，在期刊論文的部分，臺灣社會運動研究論文的引用網絡是薄弱的，通常都是被引用或引用他人，而較少雙向引用，儘管在研究成果上有些累積，但離形成真正有意義的對話仍有段距離。

　　此外，從期刊論文的引用次數來看，127 篇中文期刊論文共被引了 131 次，而 108 篇英文期刊論文，只被引用 118 次，其中有 46 次是被國外學者所引用。臺灣學者對英文期刊論文的引用平均每篇只有 0.67 次，明顯低於對中文期刊論文的引用頻率，足見與臺灣社會運動研究之英文成果的對話仍有待加強。

　　總體來看，社會運動研究雖然制度化成為一個自我維持的領域，但是其內部彼此引用與對話仍然薄弱。此觀點呼應了蘇國賢 (2004：176-7) 的發現，如同在整個社會學界，臺灣社會運動研究領域也有「獨自寫作」(writing alone) 的現象。有新意的初探仍是學者的最愛，但在初探之後，大多時候都沒有人跟進繼續深化，難以達成有意義的對話與知識積累。

　　筆者可以進一步區分不同運動類型的研究，以觀察「獨自寫作」所造成的影響是否因運動類型而有所差異。由於網絡形成的前提條件是需要有足夠的行動者，在此僅討論環境、勞工、性別等三類，因為這三種運動類型吸引了最多學術研究的關注。下圖 11-3 顯示了上述三種不同的社會運動研究次領域之相互引用網絡。

圖 11-3　環境、勞工、性別等次研究領域之期刊論文的相互引用網絡

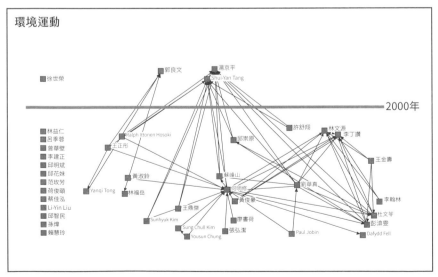

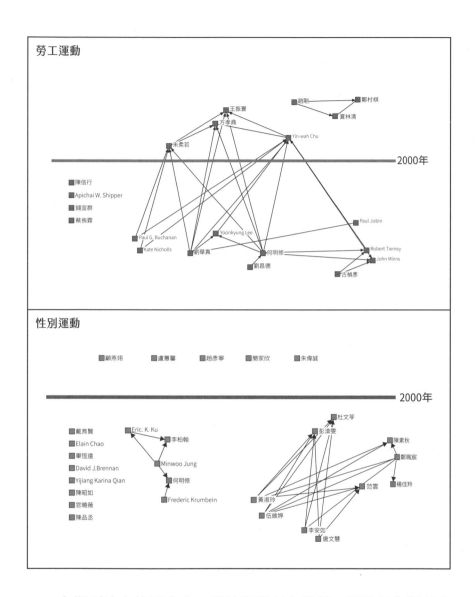

　　在期刊論文的層次上，環境運動研究與勞工運動研究都形成
了較完整的相互引用網絡，但兩者有著強烈的對比。在 2000 年以
前，環境運動研究很明顯的缺乏指標性的期刊論文作品，但在勞
工運動研究中，已形成一個相互引用的網絡，這個網絡圍繞著一

個以民主轉型與勞工運動發展為主題的研究傳統。儘管後續的討論已隨著勞工運動的實際發展，轉向對運動之轉型、衰頹與後果的探究，但這項側重國家政治結構與運動發展之關係的傳統仍被2000年以後的研究者所繼承。至於環境運動的部分，在2000年以後的相互引用網絡呈現了多元中心的結構，儘管某些期刊論文被頻繁引用，具備高度的指標性，但並未形成單一主題的強固傳統，這或許反映了環境運動的在地特質。儘管國家與環境議題的關係有其重要性，但地方抗爭本身的脈絡特質及其比較仍受到高度關注。粗略來說，在期刊論文層次，環境運動研究形成的是一個由相同世代的學者所構成的水平互引網絡。相較於此，勞工運動研究幾乎不存在相同世代的互相引用，而是呈現跨越不同世代的垂直互引網絡。

　　比起勞工運動及環境運動研究，性別運動的互引網絡出乎意外地薄弱稀疏。儘管期刊論文持續產出，但28位作者中僅有15位作者的作品出現相互引用。嚴格來說，性別運動在2000年以前也沒有指標性的作品，但2000年以後，婦女運動與同志運動形成各自獨立的相互引用網絡。在婦女運動的研究主題中，有三位作者的作品被反覆引用，似乎圍繞著婦運、國家與政治參與的主題，形成規模較大且較強固的網絡。此外，由於晚近以來臺灣婚姻平權運動的重大成果，有多份研究聚焦於探究有利於該運動取得成果之政治機會、動員過程及構框策略等因素，本研究所收錄之此類研究的數量儘管不是很多，但它們之間已初步形成一個相互引用的網絡，未來是否有機會變得更加強固，仍有待後續觀察。

　　最後，仍然需要解釋的是，為何性別運動沒有形成如環境運動與勞工運動般較強韌的網絡？有幾個可能的解釋：一方面，性別運動的標籤下所涵括的研究主題或抗爭主體相當廣泛，研究主題從身體展演、抗爭文化到政策遊說都合括在內，抗爭主體從中產階級婦女、同志到性工作者皆可見其身影。這種高度的歧異性反映了性別運動可供研究者選擇的素材與主題非常的豐富。另一方面，性別運動研究者的學科背景也可能是最分散的，這反映了性別研究在不同學科的紮根與成長，但也使得其關於社會運動的研究欠缺對話。由上述討論可以發現，受「獨自寫作」所造成的影響由大到小分別是性別運動研究、環境運動研究及勞工運動研究。

　　最後，本章也要對臺灣社會運動研究的可見性 (salience) 與相關性 (relevance) 進行評估。儘管這個領域的浮現與制度化已經完成，但它與其他領域仍持續的互動，且其從業人員仍必須時刻警惕他們的知識介入與產品，是否完成了原初的承諾目標。有幾個方式可以考察這個議題。首先，下表 11–5 顯示在所選取的 12 份中文期刊中，社會運動論文占全部已出版論文的比例之變化。

表 11–5　中文的社會運動研究占全部研究之比例

年份	社會運動研究論文	全部已出版的論文	比例
1980–1986	1	535	0.2%
1987–1999	22	1,417	1.6%
2000–2021	104	3,429	3.0%

　　表 11–5 指出社會運動研究在臺灣的學術界有顯著的成長 。

2000 至 2021 年，主流期刊中刊登之須經同儕審查的論文，約每 33 篇就有 1 篇關切社會運動。換言之，社會運動研究社群不僅在絕對的出版數量上有所增長，也取得立足之地。

英文期刊的出版則出現另一種趨勢。首先，可以將學術期刊區分為區域研究與以學科為基礎這兩種，這兩者所出版的社會運動研究，通常會有不同的構思與寫作策略。舉例而言，*China Journal* 與 *Asian Survey* 等區域研究的期刊所出版的論文，提問會較聚焦於在地的局勢，且通常會提供較多的脈絡細節。另一方面，以學科為基礎的期刊論文之提問通常會將個案當作知識的切入點，以處理某個研究領域或學科中仍爭論不休的理論爭議。發表在 *Mobilization* 或 *Social Movement Studies* 通常會使用臺灣社會運動的資料去處理一個特定的議題，卻不會完整的呈現這個個案。換言之，這兩種期刊代表著「脈絡取向」與「理論取向」兩種研究策略的對比。

在選取的 108 篇英文期刊論文中，1980 至 2021 年間的分布較偏向理論，46 篇刊登於區域研究的期刊，62 篇刊登於以學科為基礎的期刊。而且，如果進一步區分出不同的時期，可以清楚地看到理論取向的論文隨著時間增加，脈絡取向的論文隨著時間而逐漸減少。在 1980 至 1999 年間，刊登在以學科為基礎的期刊之論文僅占了 31.2%，而在 2000 至 2021 年間，比例則已成長到 62%。對此一變化可能有許多不同的解釋：一個可能是，臺灣研究的外國專家開始不再對社會運動感興趣，因為他們通常都在區域研究的期刊上發表成果。另一個可能是，臺灣社會運動的研究者變得更有野心，因而轉向對社會運動進行更多的理論化，而不再僅止於脈絡的描述。

　　由於本研究是使用 Web of Science 這個資料庫進行抽樣，其期刊引用報告 (Journal Citation Reports, JCR) 的資料也可用來說明那些接受臺灣社會運動研究的期刊之相對排名，這有助於對其國際能見度作粗略的測量。 表 11–6 顯示了這些刊登臺灣社會運動研究成果的期刊之排名。在此使用 2012 年 SSCI 版的五年平均影響因子 (five-year average impact factor) 作為期刊地位的指標。

表 11–6　不同類別與時期之期刊排名

	區域研究期刊的論文	以學科為基礎之期刊的論文	小計
1980–1999 年平均期刊排名	45.3%	71.6%	57.3%
2000–2012 年平均期刊排名	44.9%	45.8%	45.4%

註：收錄的期刊會出現在 JCR 的不同類別中。對此，筆者選擇排名最前面的那個類別。另外，有 28 篇期刊論文所刊登的 16 種期刊沒有被收錄在 2012 年的清單中，因此不包含在本表的計算中。

　　我們可以看到，臺灣社會運動研究的期刊論文通常會刊登在平均排名前 40–50% 的期刊中。在有限的學術產出下，這看起來算是不壞的成績。然而，上表也指出刊登臺灣社會運動研究成果的區域研究期刊之排名幾乎沒有什麼變化，而以學科為基礎的期刊之排名卻上升了。這個結果似乎指出當有愈來愈多的投稿努力集中在以學科為基礎的期刊，將會排擠對區域研究期刊的投稿。這個新的趨勢是否對脈絡取向的研究有負面衝擊，仍有待觀察。

　　最後的問題是，這些以英文寫作的社會運動論文有多大的影響呢？幾乎不曾被閱讀與引用的期刊論文不可能會有重要的影響。

表 11-7　不同時期之作者的引用數

論文／作者	JCR 引用數	Google scholar 引用數
1980–1999 年期刊論文的平均引用數	12.5	46
2000–2021 年期刊論文的平均引用數	9.49	23.57
臺灣學者之期刊論文的平均被引用數	9.08	24.5
國際學者之期刊論文的平均被引用數	11.26	31.19

註：取用日期為 2022 年 10 月 5 日。

　　JCR 是一個封閉的資料庫，只計算收錄清單中的期刊論文被引用的次數。因此，Google scholar 所計算的引用數可用來與之互相參照。然而，兩個系統呈現了一致的模式，較早出版的論文要比較晚出版的論文有更多的引用數，這可能可以歸因於其論文之曝光時間。而比起那些國際學者，臺灣本土研究者的成果更少被引用，這個現象也有待解釋。

結　論

　　本章嘗試去理解臺灣社會運動研究的發展，探討 1980 年代社會抗爭的出現如何催生了這個研究領域。臺灣的社會運動研究領域起源於那些隨著威權體制崩解與民主轉型而來的激烈社會變遷。這些年來，隨著此一領域的制度化，研究者也更加專業化，且與主流的國際理論典範有更多的對話，從而出現了一個規格統一且穩定的期刊論文生產模式。

　　臺灣的社會運動研究與族群、性別研究有著相似的開展形式。本省人、客家人與原住民的族群動員，催生了族群研究在 1987 至 1993 年間的興盛發展。借用西方學術論述，「族群」這個概念已成為公共論述必要的辭彙（王甫昌 2008: 510-2）。同樣的，女性主義在 1980 年代晚期的興起，也帶來了由「研究女人」(research on women) 到「為女人而研究」(research for women) 的轉型。稍後，研究中心與學術期刊在 1990 年代的制度化鞏固了臺灣性別研究的領域（藍佩嘉 2008: 77-80）。雖然這三個領域的發展有些不同，但它們都發軔於臺灣政治與社會的大轉型。研究的目的不只回應了知識需求，也帶有實踐的意圖。

　　對於出版於 1980 至 2021 年間的期刊論文之研究中，可以得到以下結論：

　　（一）社會學者與政治學者是這個領域的主要參與者，但人類學者、傳播學者、歷史學者與地理學者也有重要的貢獻。

　　（二）由於環境運動、勞工運動與性別運動始終能夠維持活力，因此也吸引了研究者最多的關注。

　　（三）單一個案研究是最主要的研究設計，使用高等統計方法的量化研究仍是非常罕見。

（四）運動的出現與後果是主要的議題，但早期較關注運動的起因，晚近則更強調運動所帶來的改變。

（五）僅就期刊論文的部分來說，臺灣社會運動研究的互引網絡，雖已粗具規模，但「獨自寫作」的現象仍阻礙了進一步的知識積累。進一步的細察不同運動類型的研究，可以發現其影響由大到小分別是性別運動研究、環境運動研究及勞工運動研究。

一個意料之外的發現是，抽樣所含括的中文與英文期刊論文共享著相似的發展模式，不論是英文或中文期刊作品都適用於上述結論。由於只有 6 位同時活躍於這兩種不同語言形式期刊出版品的研究者，這種相似性顯得更值得注意。換言之，可以說臺灣社會運動研究橫跨了兩個出版界的共同領域。儘管在那些只用中文書寫的本土研究者與只用英文書寫的國際研究者之間，似乎存在著分歧，但他們仍共享相似的知識關懷，且其提問時常是相關且同步的。

附錄 1：12 份中文期刊

這份受到認證的 TSSCI 期刊清單在其官方網頁（http://www.hss.ntu.edu.tw/model.aspx?no=67，取用日期：2019 年 2 月 20 日）。由於 TSSCI 的期刊清單每年都會變動，在此選用 2013 年的版本。在其中，選取了 1 份人類學期刊、3 份社會學期刊、2 份傳播學期刊、3 份政治學期刊及 2 份跨學科的期刊。此外，由於有許多社會運動研究刊登在《思與言》這份名列 TCHI-Core 上的期刊，也將之納入。

（一）《中華傳播學刊》，創刊於 2002 年。

（二）《政治學報》，創刊於 1971 年。

（三）《人文及社會科學集刊》，創刊於 1988 年。

（四）《新聞學研究》，創刊於 1967 年。

（五）《文化研究》，創刊於 2005 年。

（六）《台灣社會研究季刊》，創刊於 1988 年。

（七）《臺灣民主季刊》，創刊於 2004 年。

（八）《臺灣人類學刊》，創刊於 2003 年，其前身為創刊於 1956 年的《中央研究院民族學研究所集刊》。

（九）《臺灣社會學刊》，創刊於 1996 年，其前身為創刊於 1971 年的《中國社會學刊》。

（十）《台灣政治學刊》，創刊於 1996 年。

（十一）《台灣社會學》，創刊於 2001 年，其前身為創刊於 1997 年的《台灣社會學研究》。

（十二）《思與言：人文與社會科學期刊》，創刊於 1963 年。

　　下表列出了這些中文期刊中，社會運動研究論文的數量與比例。

表 11-8　12 份期刊中的社會運動研究論文

期刊名稱	社會運動研究論文	所有的論文	比例
《台灣社會研究季刊》	31	613	5.1%
《思與言：人文與社會科學期刊》	22	1,086	2%
《臺灣民主季刊》	15	345	4.3%
《台灣社會學》	12	189	6.3%
《臺灣人類學刊》	5	420	1.2%
《中華傳播學刊》	5	267	1.9%
《臺灣社會學刊》	9	350	2.6%
《政治學報》	6	376	1.6%
《台灣政治學刊》	5	214	2.3%
《新聞學研究》	6	789	0.8%
《人文及社會科學集刊》	5	578	0.9%
《文化研究》	6	152	4%
總計	127	5,379	2.4%

附錄 2：英文期刊論文的搜尋方法

筆者經由臺灣大學圖書館服務取得 JSTOR 與 Web of Science 的資料庫。在 JSTOR 的部分，我們使用進階搜尋，以 Taiwan 為關鍵字搜尋標題、說明文字及摘要，時間區間設定為 1980 年到 2021 年，搜尋類型設定為全文 (all fields)，語言則設定為英文，最後將目標學科設定為 "Anthropology"、"Asian Studies"、"Communication Studies"、"Labor and Employment Relations"、"Political Science"、"Public Policy & Administration"、"Sociology" 及 "Urban Studies"。但由於該系統無法支持一次性地設定八個目標學科來進行篩選，因此僅能將上述八個目標學科分為兩組，來進行篩選，前四個關鍵字的搜尋結果為 14,358 篇文章，後四個關鍵字的搜尋結果為 18,907 篇文章。

在 Web of Science 的部分，筆者主要是選用社會科學引用索引 (Social Sciences Citation Index)。我們以 "Taiwanese" 或 "Taiwan" 作為關鍵字來搜尋標題。將檔案類型設定為文章，使用語言設定為英文，並將類別侷限於 "Anthropology"、"Area studies"、"Asian Studies"、"Communication"、"Cultural Studies"、"Environmental Studies"、"Ethnics Studies"、"Political Science"、"Public Administration"、"Social Issues"、"Social Science Interdisciplinary"、"Sociology"、"Urban Studies" 及 "Women's Studies"。最後，筆者在以上 14 個類別中找出 3,182 篇文章，從中挑出以臺灣社會運動為主題的期刊論文。

以上資料庫的搜尋，進行於 2022 年 9 月 2 日到 9 月 14 日。

參考書目

日日春關懷互助協會 (2000)《日日春：九個公娼的故事》。臺北：日日春關懷互助協會。

日日春關懷互助協會 (2007)《妓女聯合國》。臺北：日日春關懷互助協會。

日日春關懷互助協會 (2008a) 《市定古蹟歸綏街文萌樓調查研究及保存計畫總結報告書》。臺北：臺北市文化局。

日日春關懷互助協會 (2008b)《家裏不能說的祕密》。臺北：日日春關懷互助協會。

王本壯、周芳怡 (2016)〈推展台灣關機運動：執行模式與未來發展〉。《傳播、文化與政治》3：31–57。

王甫昌 (1996)〈台灣反對運動的共識動員：一九七九至一九八九年兩次挑戰高峰的比較〉。《台灣政治學刊》1: 129–209。

王甫昌 (1999)〈社會運動〉。見王振寰、瞿海源編，《社會學與台灣社會》，頁 501–36。臺北：巨流。

王甫昌 (2008)〈由若隱若現到大鳴大放：台灣社會學中族群研究的崛起〉。見謝國雄編，《群學爭鳴：台灣社會學發展史，1945–2005》，頁 447–521。臺北：群學。

王芳萍 (2015)〈日日春行動者的反思：性交易修法歷程的社會探究〉。《社會分析》10: 127–67。

王金壽 (2012)〈解釋台灣法院改革和檢察改革之差異：一個政治機會結構的觀點〉。《臺灣民主季刊》9(4): 97–139。

王金壽 (2014)〈台灣環境運動的法律動員：從三件環境相關判決談起〉。《台灣政治學刊》18(1): 1–72。

王振寰、方孝鼎 (1992)〈國家機器、勞工政策與勞工運動〉。《台灣社會研究季刊》13: 1–29。

王雅各 (1999)《台灣婦女運動解放史》。臺北：巨流。

王詩琅 (1988)《台灣社會運動史：文化運動》。臺北：稻鄉。

地球公民基金會（編）(2015)《堅持：後勁反五輕的未竟之路》。臺南：透南風文化。

安藤丈將 (2018)《新左運動與公民社會：日本六〇年代的思想之路》，林彥瑜譯。臺北：左岸。

成令方 (1995)〈導讀〉。見 Betty Friedan 著，《女性迷思：女性自覺大躍進》，頁 3–6。臺北：月旦。

何明修 (2001)〈台灣環境運動的開端：專家學者、黨外與草根 (1980–1986)〉。《台灣社會學》2: 97–162。

何明修 (2003)〈工廠內的階級團結：連結石化工人的工作現場與集體行動〉。《台灣社會學》6: 1–59。

何明修 (2005)《社會運動概論》。臺北：三民。

何明修 (2008)《四海仗義：曾茂興的工運傳奇》。臺北：台灣勞工陣線。

何明修 (2011)〈導論：探索台灣的運動社會〉。見何明修、林秀幸編，《社會運動的年代：晚近二十年來的台灣行動主義》，頁 2–32。臺北：群學。

何明修、林秀幸（編）(2011)《社會運動的年代：晚近二十年來的台灣行動主義》。臺北：群學。

何明修、黃俊豪 (2020)〈台灣社會運動研究領域的制度化 (1980–2017)：文獻回顧與引用分析的觀點〉。見張翰璧、楊昊編，《進步與正義的時代：蕭新煌教授與亞洲的新台灣》，頁 43–72。高雄：巨流。

何榮幸 (2014)《學運世代：眾聲喧嘩的十年》，增訂版。台北：時報。

吳介民、范雲、顧爾德（編）(2010)《秩序繽紛的年代 1990–2010：走向下一輪民主盛世》。臺北：左岸。

吳晟、吳明益（編）(2011)《溼地、石化、島嶼想像》。臺北：有鹿文化。

李丁讚、林文源 (2003)〈社會力的轉化：台灣環保抗爭的組織技術〉。《台灣社會研究季刊》52: 57–120。

李元貞 (2014)《眾女成城：台灣婦運回憶錄》，兩冊。臺北：女書文化。

李明穎 (2012)〈網路潛水者的公民參與實踐之探索：以「野草莓運動」為例〉。《新聞學研究》112: 77–116。

李筱峰 (1987)《台灣民主運動四〇年》。台北：自立晚報。

李翰林 (2008)〈民間聯盟參與 1,410 億治水預算審查：政治機會結構的觀點〉。《臺灣民主季刊》5(4)：87–128。

杜承嶸、官有垣 (2018)〈台灣第三部門發展與社會福利運動〉。見蕭新煌、官有垣、王舒芸編，《臺灣社會福利運動與政策效應：2000–2018》，頁 39–60。臺北：巨流。

周桂田等 (2019)《日常生活的能源革命：八個臺灣能源轉型先驅者的故事》。臺北：春山。

周婉窈 (1989)《日據時代的臺灣議會設置請願運動》。臺北：自立晚報。

官曉薇 (2011)〈台灣反墮胎運動與人工流產法論述〉。見何明修、林秀幸編，《社會運動的年代：晚近二十年來的台灣行動主義》，頁 215–56。臺北：群學。

林玉珮、陳裕琪、江妙瑩 (2014)〈女力、綠力，看見主婦的力量：主婦聯盟境保護基金會組織誌〉。見蕭新煌編，《書寫台灣第三部門史 I》，頁 33–78。高雄：巨流。

林秀幸、吳叡人（編）(2016)《照破：太陽花運動的振幅、縱深與視域》。臺北：左岸。

林宗弘 (2012)〈非關上網？台灣的數位落差與網路使用的社會後果〉。《台灣社會學》24: 55–97。

林福岳 (2002)〈認同建構為傳播基礎概念之初探：以美濃反水庫運動為例〉。《中華傳播學刊》2：47–99。

林澤民、蘇彥斌 (2015)〈台灣快閃政治：新媒體、政黨與社會運動〉。《臺灣民主季刊》12(2): 123–59。

林鶴玲、鄭陸霖 (2001)〈台灣社會運動的網路經驗：一個探索性的分析〉。《臺灣社會學刊》25: 111–56。

邱斐顯 (2012)〈走上街頭：台灣牧者傳奇林宗正〉。Peopo 公民新聞，https://bit.ly/3brIqng，取用日期：2022/8/4。

邱毓斌 (2007)〈另一種轉型正義：樂生療養院保存運動〉。《思想》6：1–18。

邱萬興 (2022)〈拆除神話、吳鳳銅像日〉。芋傳媒，https://bit.ly/3oQacgz，取用日期：2022/8/4。

洪浩唐等 (2021)《戰狼來了：關西機場事件的假新聞、資訊戰》。臺北：新自然主義。

洪菀薐 (2009)《挑戰捷運：橋頭糖廠與樂生療養院的保存運動比較研究》。南華大學社會學研究所碩士論文。

范雲 (2003a)〈連結運動者與變動的政治機會結構：八〇年代到九〇年代台灣民主轉型過程中社會運動參與者的個案研究〉。見張茂桂、鄭永年編，《兩岸社會運動分析》，頁 137–74。臺北：新自然主義。

范雲 (2003b)〈政治轉型過程中的婦女運動：以運動者及其生命傳記背景為核心的分析取向〉。《臺灣社會學刊》5: 133–94。

徐正光、宋文里（編）(1989)《台灣新興社會運動》。臺北：巨流。

晏山農、羅慧雯、梁秋紅、江昺崙 (2015)《這不是太陽花學運：318 運動全紀錄》。臺北：允晨文化。

高榮志 (2014)〈民間司法改革基金會與台灣法律正義的捍衛〉。見蕭新煌編，《書寫台灣第三部門史 I》，頁 105–33。高雄：巨流。

張恆豪、游鯉綺、許朝富 (2018)〈行無礙的倡議：障礙者的網路動員與現身〉。見蕭新煌、官有垣、王舒芸編，《台灣社會福利運動與政策效應：2000–2018》，頁 365–88。臺北：巨流。

張春炎 (2013)〈地方文化傳播與社區營造：苗栗「灣寶社區」動員之初探研究〉。《新聞學研究》116：173–206。

張茂桂 (1989)《社會運動與政治轉化》。臺北：國策中心。

張茂桂 (1994)〈民間社會、資源動員與新社會運動：台灣社會運動研究的理論志向〉。《香港社會科學學報》4: 33–66。

張毓芬、張茂桂 (2003)〈從公娼事件看台灣反對運動與國族問題〉。見張茂桂、鄭永年編，《兩岸社會運動》，頁 175–236。臺北：聯經。

許恩恩、吳介民、李宗榮、施懿倫 (2019)〈「我們 NGO」：太陽花運動中的網絡關係與社運團結〉。《台灣社會學》54: 1–61。

許維德 (2011)〈台灣「社會運動研究」的歷史考察〉。見何明修、林秀幸編，《社會運動的年代：晚近二十年來的台灣行動主義》，頁 449–519。臺北：群學。

陳政農 (2013)《台灣，打拼：康寧祥回憶錄》。臺北：允晨文化。

陳美華 (2006)〈公開的勞務、私人的性與身體：在性工作中協商性與工作的女人〉。《台灣社會學》11: 1–55。

陳美華 (2014)〈性工作治理及其排除政治〉。見陳瑤華編，《台灣婦女處境白皮書：2014 年》，頁 343–79。臺北：女書文化。

陳美華 (2019)〈性交易的罪與罰：釋字第 666 號解釋對性交易案件的法律效果〉。《臺灣民主季刊》16(1): 45–88。

陳素秋 (2013)〈邊緣公民的公民主體建構：台灣妓權運動中性工作者的公民操演〉。《台灣社會研究季刊》93: 87–129。

陳婉琪、張恆豪、黃樹仁 (2016)〈網絡社會運動時代的來臨？太陽花運動參與者的人際連帶與社群媒體因素初探〉。《人文及社會科學集刊》28(4)：467–501。

陳婉琪、黃樹民 (2015)〈立法院外的春吶：太陽花運動靜坐者之人口及參與圖象〉。《台灣社會學》30：141–79。

陳豐偉 (2000)《網路不斷革命論》。臺北：商周。

傅立葉 (2000)〈老年年金、政黨競爭與選舉〉。見蕭新煌、林國明編，《台灣的社會福利運動》頁 232–56。臺北：巨流。

黃克先 (2021)〈跨國宗教與受限制的黨國：從監控檔案再探長老教會的政教關係〉。《臺灣社會學刊》70：1–76。

黃珉蓉 (2015)〈殘障聯盟之興起與發展〉。見蕭新煌編，《書寫台灣第三部門史 II》，頁 65–98。高雄：巨流。

黃國超 (2021)〈風起雲湧：1980 年代台灣原住民運動〉。國史館，https://bit.ly/3QgECUB，取用日期：2022/8/4。

黃淑玲、伍維婷 (2016)〈當婦運衝撞國家：婦權會推動性別主流化的合縱連橫策略〉。《台灣社會學》32: 1–55。

黃淑鈴 (2015)〈從族群正義到環境論述：達悟反核廢運動者的框架移轉〉。《思與言》53(2): 7–48。

黃應貴 (1991)〈東埔社布農人的新宗教運動：兼論當前台灣社會運動的研究〉。《台灣社會研究季刊》3: 1–31。

黃應貴 (2021)〈導論：日常生活中的社會運動〉。見黃應貴編，《日常生活中的社會運動》，頁 1–46。臺北：群學。

廖建華、黃佳玉（編）(2019)《末代叛亂犯：「獨台會案」始末口述訪談》。嘉義：廖建華。

廖書荷、張弘潔 (2021)〈台灣氣候行動中兒少之經驗與協商世代的觀點〉。《台灣社會研究季刊》119: 109–51。

熊瑞梅 (2014)〈社會資本與信任：東亞社會資本調查的反思〉。《臺灣社會學刊》54: 1–30。

趙彥寧 (2001)《戴著草帽到處旅行：性／別、權力、國家》。臺北：巨流。

趙剛 (1998)《告別妒恨：民主危機與出路的探索》。臺北：台灣社會研究雜誌社。

歐素瑛、林正慧 (2019)〈走過黑名單：林孝信先生的生平與志業〉。見王智明編，《從科學月刊、保釣到左翼運動》，頁 83–162。臺北：聯經。

潘美玲（編）(2016)《跨界跨代的台灣研究：北美台灣研究學會 (NATSA) 二十年》。臺北：巨流。

蔡依倫 (2021)〈延遲改變：永續轉型過程的捍衛制度工作〉。《管理學報》38(4): 411–443。

蔡慶同 (2005)〈當「運匠」聽到「地下電台」：論計程車牌照開放運動的微視動員脈絡〉。《東吳社會學報》18: 81–116。

鄧丕雲 (1993)《八〇年代台灣學生運動史》。臺北：前衛。

鄭珮宸 (2020)〈改革公園兒童遊戲場的媽媽民主：連結照顧日常與倡議論述的對抗性公共領域〉。《臺灣社會學刊》67: 135–91。

鄭婷宇、林子倫 (2018)〈鍵盤參與：從「零時政府」檢視黑客社群協作式的公民參與〉。《傳播與社會學刊》46: 15–51。

盧蕙馨 (1991)〈兩個婦女團體的「談心」聚會：挑戰男性霸權的儀式表演〉。《中央研究院民族所集刊》72: 183–222。

蕭長展、楊友仁 (2014)〈初探台灣的議題動員取向演唱會：以「正義無敵」及「音樂‧生命‧大樹下」為例〉。《社會分析》8: 117–49。

蕭阿勤 (2003)〈認同、敘事與行動：台灣 1970 年代黨外的歷史建構〉。《台灣社會學》5: 195–250。

蕭阿勤 (2008)《回歸現實：台灣 1970 年代的戰後世代與文化政治變遷》。臺北：中央研究院社會學研究所。

蕭阿勤 (2017)〈記住釣魚台：領土爭端、民族主義、知識分子與懷舊的世代記憶〉。《臺灣史研究》24(3): 141–208。

蕭新煌 (1988)《七〇年代反污染自力救濟的結構與過程分析》。行政院環境保護署報告。

蕭新煌 (1999)《台灣的民間基金會：組織與趨勢》。香港：香港海峽兩岸關係研究中心。

蕭新煌 (2002)《台灣社會文化典範的轉移》。臺北：立緒。

蕭新煌、官有垣、王舒芸 （編）(2018)《臺灣社會福利運動與政策效應：2000–2018年》。臺北：巨流。

蕭新煌、林國明 （編）(2000)《台灣的社會福利運動》。臺北：巨流。

蕭遠 (2011)〈網際網路如何影響社會運動中的動員結構與組織型態？以台北野草莓學運為個案研究〉。《臺灣民主季刊》8(3): 45–85。

鍾永豐 (2022)《菊花如何夜行軍》。臺北：春山。

簡錫堦 (2015)《弱者的力量：台灣反併吞的和平想像》。臺北：我們。

藍佩嘉 (2008)〈性別社會學在台灣〉。見謝國雄編，《群學爭鳴：台灣社會學發展史，1945–2005》，頁 75–136。臺北：群學。

蘇國賢 (2004)〈社會學知識的社會生產：台灣社會學者的隱形社群〉。《台灣社會學》8：133–92。

顧忠華 (2003)〈社會運動的「機構化」：兼論非營利組織在公民社會中的角色〉。見張茂桂、鄭永年編，《兩岸社會運動分析》，頁 1–28。臺北：新自然主義。

顧忠華 (2014)〈澄社：倡議的漫漫長路與苦心堅持〉。見蕭新煌編，《書寫台灣第三部門史 I》，頁 79–104。高雄：巨流。

顧燕翎 (1995)〈婦女運動與公共政策的互動：墮胎合法化和平等工作權策略分析〉。見蕭新煌、徐正光編，《臺灣的國家與社會》，頁 151–74。臺北：東大。

顧燕翎 (2020)《台灣婦女運動：爭取性別平等運動的漫漫長路》。臺北：貓頭鷹。

Adair, Stephan (1996) "Overcoming a Collective Action Frame in the Remaking of an Antinuclear Opposition." *Sociological Forum* 11(2): 347–75.

Alberoni, Francesco (1984) *Movement and Institution*, trans. by Patricia C. Arden Delmoro. New York: Columbia University Press.

Alexander, Jeffrey C. (1998) "The Computer as Sacred and Profane," pp. 29–46, in *The New American Cultural Sociology*, ed. by Philip Smith. Cambridge: Cambridge

University Press.

Almeida, Paul D. (2003) "Opportunity Organizations and Threat-Induced Contention." *American Journal of Sociology* 109(2): 345–400.

Amenta, Edwin and Michael P. Young (1999) "Making an Impact: Conceptual and Methodological Implications of the Collective Goods Criterion," pp. 22–41, in *How Social Movements Matter*, eds. by Marco Giugni, Doug McAdam, and Charles Tilly. Minneapolis, MN: University of Minnesota Press.

Aminzade, Ron and Doug McAdam (2001) "Emotion and Contentious Politics," pp. 14–51, in *Silence and Voice in the Study of Contentious Politics*, eds. by Ronald R. Aminzade et al. Cambridge: Cambridge University Press.

Aminzade, Ron and Elizabeth J. Perry (2001) "The Sacred, Religious, and Secular in Contentious Politics: Blurring Boundaries," pp. 155–78, in *Silence and Voice in the Study of Contentious Politics*, eds. by Ronald R. Aminzade et al. Cambridge: Cambridge University Press.

Anderson, Benedict (1983) *Imagined Communities: Reflections on the Origin and Spread of Nationalism*. London: Verso.

Armstrong, Elizabeth (2005) "From Struggle to Settlement: The Chystallization of a Field of Lesbian/Gay Organization in San Francisco, 1969–1973." pp.161–88, in *Social Movements and Organization Theory*, eds. by Gerald F. Davis, Doug McAdam, W. Richard Scott, and Mayer N. Zald. Cambridge: Cambridge University Press.

Babb, Sarah (1996) "'A True American System of Finance': Frame Resonance in the U.S. Labor Movement, 1866 to 1886." *American Sociological Review* 61(6): 1033–52.

Bachrach, Peter and Morton S. Baratz (1962) "Two Faces of Power." *American Political Science Review* 56(4): 947–52.

Banaszak, Lee Ann and Heather L. Ondercin (2016) "Explaining the Dynamics between the Women's Movement and the Conservative Movement in the United States." *Social Forces* 95(1): 381–409.

Bartley, Tim and Curtis Child (2014) "Shaming the Corporation: The Social Production of Targets and the Anti-Sweatshop." *American Sociological Review* 79(4): 653–79.

Beck, Colin J. (2014) "Reflections on the Revolutionary Wave in 2011." *Theory and Society* 43(2): 197–223.

Bell, Daniel (1960) *The End of Ideology*. Cambridge, MA: Harvard University Press.

Bell, Daniel (1976) *the Cultural Contradictions of Capitalism*. New York: Basic Books.

Benford, Robert D. (1992) "Dramaturgy and Social Movements: The Social Construction and Communication of Power." *Sociological Inquiry* 62: 36–55.

Benford, Robert D. (1993a) "You Could Be the Hundredth Monkey: Collective Action Frames and Vocabularies of Motives within the Nuclear Disarmament Movement." *Sociological Quarterly* 34(2): 195–216.

Benford, Robert D. (1993b) "Frame Disputes within the Nuclear Disarmament Movement." *Social Forces* 71(3): 677–701.

Benford, Robert D. and David A. Snow (2000) "Framing Processes and Social Movements: An Overview and Assessment." *Annual Review of Sociology* 26: 611–39.

Bennett, W. Lance and Alexandra Segerberg (2013) *The Logic of Connective Action: Digital Media and the Personalization of Contentious Politics*. Cambridge: Cambridge University Press.

Berbrier, Mitch (1998) "'Half the Battle': Cultural Resonance, Framing Processes, and Ethnic Affectation in Contemporary White Separatist Rhetoric." *Social Problems* 45(1): 431–50.

Bergen, Peter (2021) *The Rise and Fall of Osama Bin Laden*. New York: Simon & Schuster.

Boudon, Raymond (2003) "Beyond Rational Choice Theory." *Annual Review of Sociology* 29: 1–21.

Bourdieu, Pierre (1984) *Distinction: A Social Critique of the Judgment of Taste*, trans. by Richard Nice. London: Routledge.

Bourdieu, Pierre (2000) *Pascalian Meditations*, trans. by Richard Nice. Oxford: Polity Press.

Bourdieu, Pierre and Jean-Claude Passeron (1979) *The Inheritors: French Students and Their Relations to Culture*, trans. by Richard Nice. Chicago: University of Chicago Press.

Britt, Lory and David Heise (2000) "From Shame to Pride in Identity Politics," pp. 239–51, in *Self, Identity, and Social Movements*, eds. by Sheldon Stryker, Timothy J. Owens, and Robert W. White. Minneapolis, MN: University of Minnesota Press.

Broadbent, Jeffrey (2003) "Movement in Context: Thick Networks and Japanese Environmental Protest," pp. 204–29, in *Social Movements and Networks: Relational Approaches to Collective Action*, eds. by Mario Diani and Doug McAdam. Oxford: Oxford University Press.

Burstein, Paul (1991a) "'Reverse Discrimination' Cases in the Federal Courts: Legal Mobilization by a Countermovement." *Sociological Quarterly* 32(4): 511–28.

Burstein, Paul (1991b) "Policy Domain: Organization, Culture, and Policy Outcomes." *Annual Review of Sociology* 17: 327–50.

Burstein, Paul (1998) "Social Movement and Public Policy," pp. 3–21, in *How Social Movements Matter*, eds. Marco Giugni, Doug McAdam, and Charles Tilly. Minneapolis, MN: University of Minnesota Press.

Burstein, Paul, Rachel L. Einwohner, and Jocelyn A. Hollander (1995) "The Success of Political Movement: A Bargaining Perspective," pp. 275–95, in *The Politics of Social Protest: Comparative Perspectives on States and Social Movements*, eds. by J. Craig Jenkins and Bert Klandermans. London: UCL Press.

Cai, Yongshun and Chih-Jou Jay Chen (2022) *State and Social Protests in China*. UK: Cambridge University Press.

Calhoun, Craig (1982) *The Question of Class Struggles: Social Foundations of Popular Radicalism during the Industrial Revolution*. Oxford: Basil Blackwell.

Calhoun, Craig (1993) " 'New Social Movements' of the Early Nineteenth Century." *Social Science History* 17(3): 385–427.

Calhoun, Craig (1994) *Neither Gods nor Emperors: Students and the Struggle for Democracy in China*. Berkeley, CA: University of California Press.

Capek, Stella M. (1993) "The 'Environmental Justice' Frame: A Conceptual Discussion and an Application." *Social Problems* 40(1): 5–24.

Castells, Manuel (2012) *Networks of Outrage and Hope: Social Movements in the Internet Age*. UK: Polity Press.

Chang, Chu-chin and Thung-hong Lin (2020) "Autocracy Login: Internet Censorship and Civil Society in the Digital Age." *Democratization* 27(5): 874–95.

Chang, Paul Y. (2015) *Protest Dialectics: State Repression and South Korea's Democracy Movement, 1970–1979*. Stanford, CA: Stanford University Press.

Chen, Yin-Zu (2020) "Gendered Symbols and Habitus in Collective Action: Street Protests in Taiwan, 1997–2006." *Asian Journal of Women's Studies* 26(1): 55–73.

Cheng, Wendy (2017) " 'This Contradictory but Fantastic Thing': Student Networks and Political Activism in Cold War Taiwanese/America." *Journal of Asian American Studies* 20(2): 161–91.

Chiu, Yubin (2017) "Rising from the Ashes? The Trade Union Movement under Ma Ying-jeou's Regime," pp. 199–218, in *Taiwan's Social Movements under Ma Ying-jeou: From the Wild Strawberries to the Sunflowers*, ed. by Dafydd Fell. London:

Routledge.

Chu, Yin-wah (1996) "Democracy and Organized Labor in Taiwan: The 1986 Transition." *Asian Survey* 36(5): 495–510.

Clarke, Killian (2014) "Unexpected Brokers of Mobilization: Contingency and Networks in the 2011 Egyptian Uprising." *Comparative Politics* 46(4): 379–94.

Clemens, Elizabeth (1996) "Organizational Form as Frame: Collective Identity and Political Strategy in the American Labor Movement, 1880–1920," pp. 205–26, in *Comparative Perspectives on Social Movements*, eds. by Doug McAdam, John D. McCarthy, and Mayer N. Zald. Cambridge: Cambridge University Press.

Clemens, Elizabeth (1997) *The People's Lobby: Organizational Innovation and the Rise of Interest Group Politics in the United States*. Chicago: University of Chicago Press.

Cohen, Jean L. (1982) "Between Crisis Management and Social Movements: The Place of Institutional Reform." *Telos* 52: 21–40.

Cohen, Jean L. (1985) "Strategy or Identity: New Theoretical Paradigm and Contemporary Social Movements." *Social Research* 52(4): 663–716.

Cohen, Jean L. and Andrew Arato (1994) *Civil Society and Political Theory*. Cambridge, MA: MIT Press.

Cornfield, Daniel and Bill Fletcher (1998) "Institutional Constraints on Social Movement ' Frame Extension': Shifts in the Legislative Agenda of the American Federation of Labor, 1881–1955." *Social Forces* 76(4): 1305–21.

Costain, Anne N. (1992) *Inviting Women's Rebellion: A Political Process Interpretation of the Women's Movement*. Baltimore, MD: Johns Hopkins University Press.

Cress, Daniel M. and David A. Snow (1996) "Mobilization at the Margins: Resources, Benefactors, and the Viability of Homeless Social Movement Organizations." *American Sociological Review* 61(6): 1089–109.

Croteau, David and Lyndsi Hicks (2003) "Coalition Framing and the Challenge of a Constant Frame Pyramid: The Case of a Collaborative Response to Homelessness." *Social Problems* 50(2): 251–72.

Cunningham, David (2004) *There's Something Happening Here: The New Left, The Klan, and FBI Counterintelligence*. Berkeley, CA: University of California Press.

Cunningham, David (2012) *Klansville, USA: The Rise and Fall of Civil Rights-Era Ku Klux Klan*. Oxford: Oxford University Press.

Dahl, Robert (1971) *Polyarchy: Participation and Opposition*. New Haven, CT: Yale

University Press.

Dalton, Russell J. (1994) *The Green Rainbow: Environmental Groups in Western Europe.* New Haven, CT: Yale University Press.

Dalton, Russell J. (1995) "Strategies of Partisan Influence: West European Environmental Groups," pp. 296–323, in *The Politics of Social Protest: Comparative Perspectives on States and Social Movements*, eds. by J. Craig Jenkins and Bert Klandermans. London: UCL Press.

Davies, James C. (1962) "Toward a Theory of Revolution." *American Sociological Review* 27(1): 5–19.

Dedman, Adam K. and Autumn Lai (2021) "Digitally Dismantling Asian Authoritarianism: Activist Reflections from the #MilkTeaAlliance." *Contention* 9(1): 1–36.

Deegan, Mary Jo (1996) "'Dear Love, Dear Love': Feminist Pragmatism and the Chicago Female World of Love and Ritual," *Gender and Society* 10(5): 590–607.

della Porta, Donatella (1995) *Social Movements, Political Violence, and the State: A Comparative Analysis of Italy and Germany.* Cambridge: Cambridge University Press.

della Porta, Donatella (2013) *Clandestine Political Violence.* Cambridge: Cambridge University Press.

della Porta, Donatella (2014) *Mobilizing for Democracy: Comparing 1989 and 2011.* Oxford: Oxford University Press.

della Porta, Donatella (2015) *Social Movements in Times of Austerity: Bringing Capitalism Back into Protest Analysis.* Oxford: Wiley.

della Porta, Donatella (2016) *Where Did the Revolution Go? Contentious Politics and the Quality of Democracy.* Cambridge: Cambridge University Press.

della Porta, Donatella and Dieter Rucht (1995) "Left-libertarian Movements in Context: A Comparison of Italy and West Germany," pp. 229–72, in *The Politics of Social Protest: Comparative Perspectives on States and Social Movements*, eds. by J. Craig Jenkins and Bert Klandermans. London: UCL Press.

della Porta, Donatella and Sidney Tarrow (2011) "Interactive Diffusion: The Coevolution of Police and Protest Behavior: with an Application to Transnational Contention." *Comparative Political Studies* 45(1): 119–52.

Diamond, Larry (2019) *Ill Winds: Saving Democracy from Russian Rage, Chinese Ambition, and American Complacency.* New York: Penguin.

Diani, Mario (1996) "Linking Mobilization Frames and Political Opportunities: Insights from Regional Populism in Italy." *American Sociological Review* 61(6): 1053–69.

Diani, Mario and Giovanni Lodi (1988) "Three in One: Currents in the Milan Ecology Movement," pp. 103–24, in *From Structure to Action: Comparing Social Movement Research Across Cultures*, eds. by Bert Klandermans, Hanspeter Kriesi, and Sidney Tarrow. Greenwich, CT: JAI Press.

Diloro, Judith and Michael R. Nusbaumer (1993) "Securing Our Sanity: Anger Management Among Abortion Escorts." *Journal of Contemporary Ethnography* 21(4): 411–38.

Dougherty, Kevin J. and Lizabeth Sostre (1992) "Minerva and the Market: The Sources of the Movement for School Choice," pp. 24–45, in *The Choice Controversy*, ed. by Peter W. Crookson Jr. Newbury Park, CA: Corwin.

Dunlap, Riley E. and Angela G. Mertig (1992) "The Evolution of the U.S. Environmental Movement from 1970 to 1990: An Overview," pp. 1–10, in *American Environmentalism*, eds. by Riley E. Dunlap and Angela G. Mertig. Philadelphia: Taylor & Francis.

Duyvendak, Jan Willem and James M. Jasper (eds) (2015) *Breaking Down the State Protestors Engaged*. Amsterdam: Amsterdam University Press.

Eder, Donina, Suzanne Staggenborg, and Lori Sudderth (1995) "The National Women's Music Festival: Collective Identity and Diversity in a Lesbian-Feminist Community." *Journal of Contemporary Ethnography* 23(4): 485–515.

Eder, Klaus (1982) "A New Social Movement?" *Telos* 52: 5–20.

Edwards, Bob, John D. McCarthy, and Dane R. Mataic (2019) "The Resource Context of Social Movements," pp. 79–97, in *The Blackwell Companion to Social Movements*, eds. by David A. Snow, Sarah A. Soule, Hanspeter, Kriesi and Holly J. McCammon. Oxford: Blackwell.

Einwohner, Rachel L. (2002) "Motivational Framing and Efficacy Maintenance: Animal Rights Activists' Use of Four Fortifying Strategy." *Sociological Quarterly* 43(4): 509–26.

Einwohner, Rachel L. (2003) "Opportunity, Honor and Action in the Warsaw Ghetto Uprising of 1943." *American Journal of Sociology* 109(3): 650–75.

Einwohner, Rachel L. (2006) "Identity Work and Collective Action in a Repressive Context: Jewish Resistance on the 'Aryan Side' of the Warsaw Ghetto." *Social Problems* 53(1): 38–56.

Eisinger, Peter K. (1971) "Protest Behavior and the Integration of Urban Political System." *Journal of Politics* 33(4): 980–1007.

Eisinger, Peter K. (1973) "The Conditions of Protest Behavior in American Cities." *American Political Science Review* 67(1): 11–28.

Eisinger, Peter K. (1974) "Racial Difference in Protest Participation." *American Political Science Review* 68(2): 592–606.

Eitzen, Stanley D. (1970) "Status Inconsistency and Wallace Supporters in a Midwestern City." *Social Forces* 48(4): 493–98.

Ekiert, Grzegorz and Elizabeth J. Perry (2020) "State-Mobilized Movements: A Research Agenda," pp. 1–23, in *Ruling by Other Means: State-Mobilized Movements*, eds. by Grzegorz Ekiert, Elizabeth J. Perry, and Xiaojun Yan. Cambridge: Cambridge University Press.

Ekiert, Grzegorz and Jan Kubik (1999) "Protest Event Analysis in the Study of Democratic Consolidation: Poland, 1989–1993," pp. 317–48, in *Acts of Dissent: New Developments in the Study of Protest*, eds. by Dieter Rucht, Ruud Koopmans, and Friedrich Neidhardt. New York: Rowman & Littlefield.

Escherick, Joseph W. and Jeffrey N. Wasserstrom (1994) "Acting Out Democracy: Political Theater in Modern China," pp. 21–70, in *Popular Protest and Political Culture in Modern China*, eds. by Jeffrey N. Wasserstrom and Elizabeth J. Perry. Boulder, CO: Westview.

Evans, John H. (1997) "Multiorganizational Fields and Social Movement Organization Frame Content: The Religious Pro-Choice Movement." *Sociological Inquiry* 67(4): 451–69.

Evans, Sara (1979) *Personal Politics: The Roots of Womens' Liberation in Civil Rights Movements and the New Left*. New York: Alfred Knopf.

Eyerman, Ron and Andrew Jamison (1998) *Music and Social Movements: Moblizing Traditions in the Twentieth Century*. Cambridge: Cambridge University Press.

Fan, Yun (2019) *Social Movements in Taiwan's Democratic Transition: Linking Activists to the Changing Political Environment*. London: Routledge.

Fantasia, Rick and Eric L. Hirsch (1995) "Culture in Rebellion: The Appropriation and Transformation of the Veil in the Algerian Revolution," pp. 144–59, in *Social Movements and Culture*, eds. by Hank Johnston and Bert Klandermans. Minneapolis, MN: University of Minnesota Press.

Fell, Dafydd (2021) *Taiwan's Green Parties: Alternative Politics in Taiwan*. London: Routledge.

Ferree, Myra Marx (1992) "The Political Context of Rationality; Rational Choice Theory and Resource Mobilization," pp. 29–53, in *Frontiers in Social Movement Theory*, eds. by Aldon D. Morris and Carol McClurg Mueller. New Haven, CT: Yale University Press.

Fetner, Tina (2008) *How the Religious Right Shaped Lesbian and Gay Activism*. Minneapolis, MN: University of Minnesota Press.

Fireman, Bruce and William A. Gamson (1979) "Utilitarian Logic in the Resource Mobilization Perspective," pp. 8–44, in *The Dynamics of Social Movements: Resource Mobilization, Social Control and Tactics*, eds. by Mayer N. Zald and John D. McCarthy. Cambridge, MA: Winthrop Publishers.

Flacks, Richard (2004) "Knowledge for What? Thoughts on the State of Social Movement Studies," pp. 135–53 in *Rethinking Social Movements: Structure, Meaning, and Emotion*, eds. byJeff Goodwin and James M. Jasper. Lanham, MD: Rowman & Littlefield.

Fligstein Neil and Doug McAdam (2012) *A Theory of Fields*. Oxford: Oxford University Press.

Fominaya, Cristina Flesher (2020) *Democracy Reloaded: Inside Spain's Political Laboratory from 15-M to Podemos*. Oxford: Oxford University Press.

Fong, Brian C. H. (2014) "The Partnership between the Chinese Government and Hong Kong's Capitalist Class: Implications for HKSAR Governance, 1997–2012." *China Quarterly* 217: 195–220.

Franzen, Trisha (1993) "Differences and Identities: Feminism and the Albuquerque Lesbian Community." *Signs* 18(4): 891–906.

Freeman, Jo (1973) "The Origins of the Women's Liberation Movement." *American Journal of Sociology* 78(4): 792–811.

Freeman, Jo (1979) "Resource Mobilization and Strategy: A Model for Analyzing Social Movement Organization Actions," pp. 167–89, in *The Dynamics of Social Movements: Resource Mobilization, Social Control and Tactics*, eds. by Mayer N. Zald and John D. McCarthy. Cambridge, MA: Winthrop.

Freeman, Jo (1995) "From Seed to Harvest: Transformations of Feminist Organization and Scholarship," pp. 397–408, in *Feminist Organizations: Harvest of the New Women's*

Movement, eds. by Myra Marx Ferree and Patricia Yancey Martin. Philadelphia: Temple University Press.

Friedan, Betty (1995)《女性迷思：女性自覺大躍進》，李令儀譯。臺北：月旦。

Friedman, Debra and Doug McAdam (1992) "Collective Identity and Activism: Networks, Choice and the Life of a Social Movement," pp. 156–73, in *Frontiers in Social Movement Theory*, eds. by Aldon D. Morris and Carol McClurg Mueller. New Haven, CT: Yale University Press.

Friedman, Gerald (1988) "The State and the Making of the Working Class: France and the United States, 1880–1914." *Theory and Society* 17(3): 403–30.

Fu, Diana (2018) *Mobilizing without the Masses: Control and Contention in China.* Cambridge: Cambridge University Press.

Futrell, Robert (2003) "Framing Processes, Cognitive Liberation, and NIMBY Protest in the U.S. Chemical-Weapons Disposal Conflict." *Sociological Inquiry* 73(3): 359–86.

Gamson, Joshua (1995) "Must Identity Movements Self-Destruct: A Queer Dilemma." *Social Problems* 42(3): 390–407.

Gamson, Joshua (1997) "Messages of Exclusion: Gender, Movement, and Symbolic Boundaries." *Gender and Society* 11(2): 178–99.

Gamson, William A. (1975) *The Strategy of Social Protest*. Homewood, IL: The Dorsey Press.

Gamson, William A. (1992) *Talking Politics*. Cambridge: Cambridge University Press.

Gamson, William A. and Andre Modigliani (1989) "Media Discourse and Public Opinion on Nuclear Power." *American Journal of Sociology* 95(1): 1–37.

Gamson, William A. and David S. Meyer (1996) "Framing Political Opportunity," pp. 275–90, in *Comparative Perspectives on Social Movements*, eds. by Doug McAdam, John D. McCarthy and Mayer N. Zald. Cambridge: Cambridge University Press.

Ganz, Marshall (2000) "Resources and Resourcefulness: Strategic Capacity in the Unionization of California Agriculture, 1959–1966." *American Journal of Sociology* 1005(4): 1003–62.

Ganz, Marshall (2009) *When David Sometimes Wins: Leadership, Organization, and Strategy in the California Farm Worker Movement*. Oxford: Oxford University Press.

Gerbaudo, Paolo (2012) *Tweets and the Streets: Social Media and Contemporary Activism.* New York: Pluto Press.

Gerbaudo, Paolo (2017) *The Mask and the Flag: Populism, Citizenism, and Global Protest.*

Oxford: Oxford University Press.

Gerhards, Jürgen (1995) "Framing Dimensions and Framing Strategies: Contrasting Ideal- and Real-Type Frames." *Social Science Information* 34(2): 225–48.

Gerhards, Jürgen and Dieter Rucht (1992) "Mesomobilization: Organizing and Framing in Two Protest Campaigns in West Germany." *American Journal of Sociology* 98(3): 555–95.

Gerlach, Luther P. (1999) "The Structure of Social Movements: Environmental Activism and Its Opponents," pp. 85–98, in *Waves of Protest: Social Movements Since the Sixties*, eds. by Jo Freeman and Victoria Johnson. New York: Rowman & Littlefield.

Gerschenkron, Alexander (1989) *Bread and Democracy in Germany*. Ithaca, NY: Cornell University Press.

Ghonim, Wael (2012) *Revolution 2.0: The Power of the People Is Greater Than the People in Power*. New York: Houghton Mifflin Harcourt.

Gitlin, Todd (1980) *The Whole World Is Watching: Mass Media in the Making and Unmaking of the New Left*. Berkeley, CA: University of California Press.

Gitlin, Todd (1987) *The Sixties: Years of Hope, Days of Rage*. New York: Bantam Books.

Gitlin, Todd (2012) *Occupy Nation: The Roots, the Spirit, and the Promise of Occupy Wall Street*. New York: Harper Collins.

Gitlin, Todd (2013) "Occupy's Predicament: The Moment and the Prospects for the Movement." *British Journal of Sociology* 64(1): 3–25.

Giugni, Marco (1998) "Was It Worth the Effort? The Outcomes and Consequences of Social Movements." *Annual Review of Sociology* 98: 371–93.

Giugni, Marco (1999) "Introduction: How Social Movements Matter: Past Research, Present Problems, Future Development," pp. xiii-xxxiii, in *How Social Movements Matter*, eds. by Marco Giugni, Doug McAdam, and Charles Tilly. Minneapolis, MN: University of Minnesota Press.

Gladwell, Malcolm (2010) "Small Change: Why the Revolution Will not Be Tweeted." *The New Yorker*, https://bit.ly/3J6zLTU（取用於 2022/7/25）.

Glenn, John K. (2003) "Parties out of Movements: Party Emergence in Postcommunist Eastern Europe," pp. 147–69, in *States, Parties, and Social Movements*, ed. by Jack A. Goldstone. Cambridge: Cambridge University Press.

Goffman, Erving (1974) *Frame Analysis*. New York: Harper & Row.

Goldberg, Chad Alan (2003) "Haunted by the Specter of Communism: Collective Identity and Resource Mobilization in the Demise of Workers Alliance of America." *Theory and Society* 32(5/6): 725–73.

Goldstone, Jack A. (2004) "More Social Movements or Fewer? Beyond Political Opportunity Structures to Relational Fields." *Theory and Society* 33(3/4): 333–65.

Goldstone, Jack A. and Charles Tilly (2001) "Threat (and Opportunity): Popular Action and State Response in the Dynamics of Contentious Action," pp. 179–94, in *Silence and Voice in the Study of Contentious Politics*, eds. by Ronald A. Aminzade et al. Cambridge: Cambridge University Press.

Goodwin, Jeff (1997) "The Libidinal Constitution of a High-Risk Social Movement: Affectual Ties and Solidarity in the Huk Rebellion, 1946 to 1954." *American Sociological Review* 62(1): 53–69.

Goodwin, Jeff (2001) *No Other Way Out: States and Revolutionary Movements, 1945–1991*. Cambridge: Cambridge University Press.

Goodwin, Jeff (2012) "Conclusion: Are Protestors Opportunistic? Fifty Tests," pp. 277–300, in *Contention in Context: Political Opportunities and the Emergence of Protest*, eds. by Jeff Goodwin and James M. Jasper. Stanford, CA: Stanford University Press.

Goodwin, Jeff and James M. Jasper (1999) "Caught in a Winding, Snarling Vine: The Structural Bias of Political Process Theory." *Sociological Forum* 14(1): 27–55.

Goodwin, Jeff and James M. Jasper (eds.) (2012) *Contention in Context: Political Opportunities and the Emergence of Protest*. Stanford, CA: Stanford University Press.

Goodwin, Jeff, James M. Jasper, and Francesca Polletta (2000) "The Return of the Repressed: The Fall and Rise of Emotion in Social Movement Theory." *Mobilization: An International Journal* 5(1): 65–84.

Goodwin, Jeff, James M. Jasper, and Francesca Polletta (eds.) (2001) *Passionate Politics: Emotion and Social Movements*. Chicago: Chicago University Press.

Gorz, André(1982) *Farewell to the Working Class: An Essay on Post-Industrial Socialism*, trans. by Michael Sonenscher. London: Pluto Press.

Gould, Deborah (2001) "Rock the Boat, Don't Rock the Boat, Baby: Ambivalence and the Emergence of Militant AIDS Activism," pp. 133–57, in *Passionate Politics: Emotion and Social Movements*, eds. by Jeff Goodwin, James M. Jasper, and Francesca Polletta. Chicago: Chicago University Press.

Gould, Deborah (2002) "Life During Wartime: Emotion and the Development of ACT UP."

Mobilization 7(2): 177–200.

Gould, Roger V. (1993) "Trade Cohesion, Class Unity, and Urban Insurrection: Artisanal Activism in the Paris Commune." *American Journal of Sociology* 98(4): 721–54.

Gould, Roger V. (1995) *Insurgent Identities: Class, Community, and Protest in Paris, from 1848 to the Commune*. Chicago: Chicago University Press.

Gould, Roger V. (1996) "Patron-Client Ties, State Centralization, and the Whiskey Rebellion." *American Journal of Sociology* 102(2): 400–29.

Graeber, David (2009) *Direct Action: An Ethnography*. Oakland, CA: AK Press.

Graeber, David (2013) *The Democracy Project: A History, a Crisis, a Movement*. New York: Allen Lane.

Granovetter, Mark (1973) "The Strength of Weak Tie." *American Journal of Sociology* 78(6): 1360–80.

Granovetter, Mark (1978) "Threshold Models of Collective Behavior." *American Journal of Sociology* 83(6): 1420–43.

Greene, Samuel A. and Graeme B. Robertson (2020) "State-Mobilized Movements after Annexation of Crimea: The Construction of Novorossiya," pp. 193–216, in *Ruling by Other Means: State-Mobilized Movements*, eds. by Grzegorz Ekiert, Elizabeth J. Perry, and Xiaojun Yan. Cambridge: Cambridge University Press.

Groch, Sharon (2001) "Free Spaces: Creating Oppositional Consciousness in the Disability Rights Movement," pp. 65–98, in *Oppositional Consciousness: The Subjective Roots of Social Protest*, eds. by Jane Mansbridge and Aldon Morris. Chicago: Chicago University Press.

Gunning, Jeroen and Ilan Zyi Baron (2014) *Why Occupy a Square: People, Protests and Movements in the Egyptian Revolution*. Oxford: Oxford University Press.

Gusfield, Joseph R. (1981) *The Culture of Public Problems*. Chicago: Chicago University Press.

Habermas, Jürgen (1975) *Legitimation Crisis*, trans. by Thomas McCarthy. Boston: Beacon Press.

Habermas, Jürgen (1987) *The Theory of Communicative Action*, Vol. 2, trans. by Thomas McCarthy. Boston: Beacon Press.

Habermas, Jürgen (1991) *The Structural Transformation of the Public Sphere: An Inquiry into a Category of Bourgeois Society*, trans. by Thomas Burger. Cambridge, MA: MIT Press.

Hannigan, John A. (1995) *Environmental Sociology: A Social Constructionist Perspective.* London: Routledge.

Hardin, Russell (1995) *One for All: The Logic of Group Conflict.* Princeton, NJ: Princeton University Press.

Hardt, Michael and Antonio Negri (2017) *Assembly.* Oxford: Oxford University Press.

Hart, Stephen (1996) "The Cultural Dimension of Social Movement: A Theoretical Assessment and Literature Review." *Sociology of Religion* 57(1): 87–90.

Haydu, Jeffrey (1999) "Counter Action Frames: Employer Repertoire and the Union Menace in the Late Nineteenth Century." *Social Problems* 46(3): 313–31.

Hemment, Julie (2020) "Occupy Youth! State-mobilized Movements in the Putin Era," pp. 140–65, in *Ruling by Other Means: State-Mobilized Movements*, eds. by Grzegorz Ekiert, Elizabeth J. Perry, and Xiaojun Yan. Cambridge: Cambridge University Press.

Hercus, Cheryl (1999) "Identity, Emotion, and Feminist Collective Action." *Gender and Society* 13(1): 34–55.

Hipsher, Patricia L. (1998) "Democratic Transitions as Protest Cycle: Social Movement Dynamics in Democratizing Latin America," pp. 153–72, in *The Social Movement Society*, eds. by David S. Meyer and Sidney Tarrow. New York: Rowman & Littlefield.

Hirschman, Albert O. (1982) *Shifting Involvements: Private Interest and Public Action.* Oxford: Basil Blackwell.

Ho, Ming-sho (2003) "The Politics of Anti-Nuclear Protest in Taiwan: A Case of Party-Dependent Movement (1980–2000)." *Modern Asian Studies* 37(3): 683–708.

Ho, Ming-sho (2005a) "Weakened State and Social Movement: The Paradox of Taiwanese Environmental Politics after the Power Transfer." *Journal of Contemporary China* 14(43): 339–52.

Ho, Ming-sho (2005b) "Protest as Community Revival: Folk Religion and Emotion in a Taiwanese Anti-Pollution Movement." *African and Asian Studies* 4(3): 237–69.

Ho, Ming-sho (2005c) "Taiwan's State and Social Movements under the DPP Government (2000–2004)." *Journal of East Asian Studies* 5(3): 401–25.

Ho, Ming-sho (2006a) "Challenging State Corporatism: The Politics of Labor Federation Movement in Taiwan." *China Journal* 56: 107–27.

Ho, Ming-sho (2006b) "The Politics of Preschool Education Vouchers in Taiwan."

Comparative Education Review 50(1): 66–89.

Ho, Ming-sho (2010) "Co-opting Social Ties: How the Taiwanese Petrochemical Industry Neutralized Environmental Opposition." *Mobilization* 15(4): 447–63.

Ho, Ming-sho (2014a) "The Fukushima Effect: Explaining the Recent Resurgence of the Anti-Nuclear Movement in Taiwan." *Environmental Politics* 23(6): 965–83.

Ho, Ming-sho (2014b) "A Revolt against Chinese Intellectualism: Understanding the Protest Script in Taiwan's Sunflower Movement of 2014." *Mobilizing Ideas*, http://goo.gl/isGj6L.

Ho, Ming-sho (2018) "Taiwan's Anti-Nuclear Movement: The Making of a Militant Citizen Movement." *Journal of Contemporary Asia* 48(3): 445–64.

Ho, Ming-sho (2019) *Challenging Beijing's Mandate of Heaven: Taiwan's Sunflower Movement and Hong Kong's Umbrella Movement*. Philadelphia: Temple University Press.

Ho, Ming-sho (2020a) "How Protesters Evolve: Hong Kong's Anti-Extradition Movement and the Lessons Learned from the Umbrella Movement." *Mobilization* 25 (5): 711–28.

Ho, Ming-sho (2020b) "The Religion-Based Conservative Countermovement in Taiwan: Origin, Tactics and Impacts," pp. 141–66, in *Civil Society and the State in Democratic East Asia between Entanglement and Contention in Post-High Growth*, eds. by David Chiavacci, Simona A. Grano, and Julia Obinger. Amsterdam: Amsterdam University Press.

Ho, Ming-sho (2020c) "The Changing Memory of Tiananmen Incident in Taiwan: From Patriotism to Universal Values (1989–2019)." *China Information*, DOI: 10.1177/0920203X20971454.

Ho, Ming-sho (2021) "Aiming for Achilles' Heel: A Relational Explanation of the Ascendancy of Pro-Nuclear Activism in Taiwan, 2013–2020." *Social Movement Studies*, DOI: 10.1080/14742837.2021.1988912.

Ho, Ming-sho and Chun-hao Huang (2022) "The War of Referenda in 2018: Analyzing and Interaction between Social Movements and Political Parties," pp. 142–66, in *Taiwan During the First Administration of Tsai Ing-wen: Navigating in Stormy Waters*, eds. by Gunter Schubert and Chun-yi Lee. London: Routledge.

Ho, Ming-sho and Feng-san Su (2008) "Control by Containment: Politics of Institutionalizing Pollution Disputes in Taiwan." *Environment and Planning (A)*

40(10): 2402–18.

Ho, Ming-sho and Wai Ki Wan (2021) "Universities as an Arena of Contentious Politics: Mobilization and Control in Hong Kong's Anti-Extradition Movement of 2019." *International Studies in Sociology of Education*, DOI: 10.1080/09620214.2021.2007503.

Ho, Ming-sho and Wei An Chen (2021) "Peddling the Revolution? How Hong Kong's Protesters Became Online Vendors in Taiwan." *Made in China Journal* 6(3): 94–9.

Hobsbawm, Eric J. (1999)《原始的叛亂》,楊德睿譯。臺北:麥田。

Hochschild, Arlie Russell (1979) "Emotion Work, Feeling Rules, and Social Structure." *American Journal of Sociology* 85(3): 551–75.

Hochschild, Arlie Russell (2020)《家鄉裡的異鄉人:美國右派的憤怒與哀愁》,許雅淑、李宗義譯。臺北:群學。

Hoffer, Eric (1951) *True Believers: Thoughts on the Nature of Mass Movement*. New York: Harper.

Hofstadter, Richard (1962) *Anti-Intellectualism in American Life*. New York: Vintage Books.

Howard, Philip N. (2010) *The Digital Origins of Dictatorship and Democracy*. Oxford: Oxford University Press.

Huang, Chang-ling (2017) "Uneasy Alliance: State Feminism and the Conservative Government in Taiwan," pp. 258–72, in *Taiwan's Social Movements under Ma Ying-jeou: From the Wild Strawberries to the Sunflowers*, eds. by Dafydd Fell. London: Routledge.

Hunt, Scott A. and Robert D. Benford (1994) "Identity Talk in Peace and Justice Movement." *Journal of Contemporary Ethnography* 22(4): 488–517.

Hunt, Scott A., David A. Snow, and Robert D. Benford (1994) "Identity Field: Framing Processes and the Social Construction of Movement Identity," pp. 185–208, in *New Social Movements: From Ideology to Identity*, eds. by Enrique Laraña, Hank Johnston, and Joseph R. Gusfield. Philadelphia: Temple University Press.

Huntington, Samuel (1968) *Political Order in Changing Societies*. New Haven, CT: Yale University.

Issac, Larry and Lars Christiansen (2002) "How the Civil Rights Movement Revitalized Labor Militancy." *American Sociological Review* 67(5): 722–46.

Jasper, James M. and Jan Willem Duyvendak (eds.) (2015) *Players and Arenas: The*

Interactive Dynamics of Protest. Amsterdam: Amsterdam University Press.

Jasper, James M. and Jane D. Poulsen (1995) "Recruiting Strangers and Friends: Moral Shocks and Social Network in Animal Rights and Anti-Nuclear Movement." *Social Problems* 42(4): 493–512.

Jasper, James M. (1990) *Nuclear Politics: Energy and the State in the United States, Sweden, and France*. Princeton, NJ: Princeton University Press.

Jasper, James M. (1997) *The Art of Moral Protest: Culture, Biography, and Creativity in Social Movements*. Chicago: Chicago University Press.

Jasper, James M. (1998) "The Emotions of Protest: Affective and Reactive Emotions in and around Social Movement." *Sociological Forum* 13(3): 397–424.

Jasper, James M. (1999) "Recruiting Intimates, Recruiting Strangers: Building the Contemporary Animal Rights Movement," pp. 65–82, in *Waves of Protest: Social Movements Since the Sixties*, eds. by Jo Freeman and Victoria Johnson. New York: Rowman & Littlefield.

Jasper, James M. (2004) "A Strategic Approach to Collective Action: Looking for Agency in Social-Movement Choices." *Mobilization* 9(1): 1–16.

Jasper, James M. (2012) "Introduction: From Political Opportunity Structures to Strategic Interaction," pp. 1–33, in *Contention in Context: Political Opportunities and the Emergence of Protest*, eds. by Jeff Goodwin and James M. Jasper. Stanford, CA: Stanford University Press.

Jasper, James M. (2014) *Protest: A Cultural Introduction to Social Movements*. Oxford: Wiley.

Jasper, James M. (2015) "Playing the Game," pp. 9–32, in *Players and Arenas: The Interactive Dynamics of Protest*, eds. by James M. Jasper and Jan Willem Duyvendak. Amsterdam: Amsterdam University Press.

Jasper, James M. (2018) *The Emotions of Protests*. Chicago: Chicago University Press.

Jenkins, J. Craig (1995) "Social Movements, Political Representation, and the State: An Agenda and Comparative Framework," pp. 14–35, in *The Politics of Social Protest: Comparative Perspectives on States and Social Movements*, eds. by J. Craig Jenkins and Bert Klandermans. London: UCL Press.

Jenkins, J. Craig and Barbara G. Brents (1989) "Social Protest, Hegemonic Competition, and Social Reform: A Political Struggle Interpretation of the Origins of the American Welfare State." *American Sociological Review* 54(6): 891–909.

Jenkins, J. Craig and Craig M. Eckert (1986) "Channeling Black Insurgency: Elite Patronage and Professional Social Movement Organization in the Development of the Black Movement." *American Sociological Review* 51(6): 812–29.

Jepperson, Ronald L. (1991) "Institutions, Institutional Effects, and Institutionalism," pp.143–63, in *The New Institutionalism in Organizational Analysis*, eds. by Walter W. Powell and Paul J. DiMaggio. Chicago: University of Chicago Press.

Johnson, Chalmers (1966) *Revolutionary Change*. Boston: Little, Brown and Company.

Johnson, Roberta Ann (1999) "Mobilizing the Disabled," pp. 25–46, in *Waves of Protest: Social Movements Since the Sixties*, eds. by Jo Freeman and Victoria Johnson. New York: Rowman & Littlefield.

Johnson, Victoria (1999) "The Strategic Determinants of a Countermovement: The Emergence and Impact of Operation Rescue Blockades," pp. 241–66, in *Waves of Protest: Social Movements Since the Sixties*, eds. by Jo Freeman and Victoria Johnson. New York: Rowman & Littlefield.

Joppke, Christian (1992) "Explaining Cross-National Variations of Two Anti-Nuclear Movements: A Political Process Perspective." *Sociology* 26(2): 311–31.

Juris, Jeffrey S. (2008) *Networking Futures: The Movements against Corporate Globalization*. Durham, NC: Duke University Press.

Juris, Jeffrey S. (2012) "Reflections on #Occupy Everywhere: Social Media, Public Space, and Emerging Logics of Aggregation." *American Ethnologist* 39(2): 259–79.

Juris, Jeffrey S. and Geoffrey Henri Pleyers (2009) "Alter-Activism: Emerging Cultures of Participation among Young GlobalJustice Activists." *Journal of Youth Studies* 12(1): 57–75.

Katsiaficas, George (2006) *The Subversion of Politics: European Autonomous Social Movements and the Decolonization of Everyday Life*. Oakland, CA: AK Press.

Katzenstein, Mary Fainsod (1990) "Feminism within American Institutions: Unobtrusive Mobilization in the 1980s." *Signs* 16(1): 27–54.

Keane, John (1984) "Introduction," pp. 11–34, in *Contradictions of the Welfare State*, Ed. by Claus Offe. Cambridge, MA: MIT Press.

Keck, Margaret E. (1986) "Democratization and Dissension: The Formation of the Workers' Party." *Politics and Society* 15(1): 67–95.

Keck, Margaret E. and Kathryn Sikkink (1998) *Activists beyond Borders: Advocacy Network in International Politics*. Ithaca, NY: Cornell University Press.

Kertzer, David I. (1998) *Ritual, Politics and Power*. New Haven, CT: Yale University Press.

Ketchley, Neil (2017) *Egypt in a Time of Revolution: Contentious Politics and the Arab Spring*. Cambridge: Cambridge University Press.

Kiecolt, K. Jill (2000) "Self-Change in Social Movements," pp. 110–31, in *Self, Identity, and Social Movements*, eds. by Sheldon Stryker, Timothy J. Owens, and Robert W. White. Minneapolis, MN: University of Minnesota Press.

King, Brayden G. and Nicholas A. Pearce (2010) "The Contentiousness of Markets: Politics, Social Movements, and Institutional Change in Markets." *Annual Review of Sociology* 36: 249–67.

King, Leslie and Elisabeth Gish (2015) "Marketizing Social Change: Social Shareholder Activism and Responsible Investing." *Sociological Perspectives* 58(4): 711–30.

Kitschelt, Herbert (1986) "Political Opportunity Structures and Political Protest: Anti-Nuclear Movements in Four Democracies." *British Journal of Political Science* 16(1): 57–85.

Kitschelt, Herbert (1989) *The Logic of Party Formation: Ecological Politics in Belgium and West Germany*. Ithaca, NY: Cornell University Press.

Kitschelt, Herbert (1990) "New Social Movements and the Decline of Party Organization," pp. 179–208, in *Challenging the Political Order: New Social and Political Movements in Western Democracies*, eds. by Russell J. Dalton and Manfred Kuechler. Oxford: Polity Press.

Kitschelt, Herbert (1991) "Resource Mobilization Theory: A Critique," pp. 323–47, in *Research on Social Movements: The State of the Art in Western Europe and the USA*, ed. by Dieter Rucht. Boulder, CO: Westview Press.

Klandermans, Bert (1988) "The Formation and Mobilization of Consensus," pp. 173–96, in *From Structure to Action: Comparing Social Movement Research Across Cultures*, eds. by Bert Klandermans, Hanspeter Kriesi, and Sidney Tarrow. Greenwich, CT: JAI Press.

Klandermans, Bert (1990) "Linking the Old and the New: Movement Networks in the Netherlands," pp. 122–37, in *Challenging the Political Order: New Social and Political Movements in Western Democracies*, eds. by Russell J. Dalton and Manfred Kuechler. Oxford: Polity Press.

Klandermans, Bert (1992) "The Social Construction of Protest and Multiorganizational Fields," pp. 77–103, in *Frontiers in Social Movement Theory*, eds. by Aldon D.

Morris and Carol McClurg Mueller. New Haven, CT: Yale University Press.

Klandermans, Bert, Hanspeter Kriesi, and Sidney Tarrow (eds.) (1988) *From Structure to Action: Comparing Social Movement Research Across Cultures*. Greenwich, CT: JAI Press.

Koopmans, Ruud (1995) *Democracy from Below: New Social Movements and the Political System in West Germany*. Boulder, CO: Westview Press.

Koopmans, Ruud (1999) "Political. Opportunity. Structure. Some Splitting in the Study of Political Process Theory." *Sociological Forum* 14(1): 93–106.

Koopmans, Ruud and Paul Statham (1999) "Ethnic and Civic Conceptions of Nationhood and the Differential Success of the Extreme Right in Germany and Italy," pp. 225–51, in *How Social Movements Matter*, eds. by Marco Giugni, Doug McAdam, and Charles Tilly. Minneapolis, MN: University of Minnesota Press.

Kornhauser, William (1959) *The Politics of Mass Society*. New York: Free Press.

Kriesi, Hanspeter (1988a) "The Interdependence of Structure and Action: Some Reflections on the State of the Art," pp. 349–68, in *From Structure to Action: Comparing Social Movement Research Across Cultures*, eds. by Bert Klandermans, Hanspeter Kriesi, and Sidney Tarrow. Greenwich, CT: JAI Press.

Kriesi, Hanspeter (1988b) "Local Mobilization for the People's Petition of the Dutch Peace Movement," pp. 41–82, in *From Structure to Action: Comparing Social Movement Research Across Cultures*, eds. by Bert Klandermans, Hanspeter Kriesi, and Sidney Tarrow. Greenwich, CT: JAI Press.

Kriesi, Hanspeter (1995) "The Political Opportunity of New Social Movements: Its Impact on Their Mobilization," pp. 167–98, in *The Politics of Social Protest*, eds. by J. Craig Jenkins and Bert Klandermans. London: UCL Press.

Kriesi, Hanspeter (1999) "Movements of the Left, Movements of the Right: Putting the Mobilization of Two New Types of Social Movements into Political Context," pp. 317–45, in *Continuity and Change in Contemporary Capitalism*, eds. by Herbert Kitschelt, Peter Lange, Gary Marks, and J. D. Stephan. Cambridge: Cambridge University Press.

Kriesi, Hanspeter (2003) "Political Context and Opportunity," pp. 67–90, in *The Blackwell Companion to Social Movements*, eds. by David Snow, Sarah A. Soule, and Hanspeter Kriesi. Oxford: Blackwell Press.

Kriesi, Hanspeter, Ruud Koopmans, Jan Willem Duyvendak, and Marco G. Giugni (1995)

New Social Movements in Western Europe. Minneapolis, MN: University of Minnesota Press.

Ku, Agnes Shuk-mei (2019) "In Search of a New Political Subjectivity in Hong Kong: The Umbrella Movement as a Street Theater of Generational Change." *China Journal* 82: 111–33.

Kubal, Timothy (1998) "The Presentation of Political Self: Cultural Resonance and Construction of Collective Action Frames." *Sociological Quarterly* 39(4): 539–54.

Kubik, Jan (1998) "Institutionalization of Protest During Democratic Consolidation in Central Europe," pp. 131–52, in *The Social Movement Society*, eds. by David S. Meyer and Sidney Tarrow. New York: Rowman & Littlefield.

Kurzman, Charles (1996) "Structural Opportunity and Perceived Opportunity in Social Movement Theory: The Iranian Revolution of 1979." *American Sociological Review* 61(1): 153–70.

Kurzman, Charles (2012) "Arab Spring Uncoiled." *Mobilization* 17(4): 377–90.

Lai, Yan-ho (2022) "A 'Leader-full' Movement under Authoritarianism: Mobilization Networks in Hong Kong's Anti-Extradition Movement," pp. 19–39, in *Authoritarianism and Civil Society in Asia*, eds. by Anthony J. Spires and Akihiro Ogawa. London: Routledge.

Lamphere, Louise (1985) "Bringing the Family to Work: Women's Culture on the Shop Floor." *Feminist Studies* 11(3): 519–40.

Laurie, Bruce (1997) *Artisan into Workers: Labor in Nineteenth Century America.* Urbana, IL: University of Illinois Press.

Lee, Eliza W. Y. (2020) "State-Mobilized Campaign and the Prodemocracy Movement in Hong Kong, 2013–2015," pp. 291–313, in *Ruling by Other Means: State-Mobilized Movements*, eds. by Grzegorz Ekiert, Elizabeth J. Perry, and Xiaojun Yan. Cambridge: Cambridge University Press.

Lee, Francis L. F. and Joseph Man Chan (2013) "Generational Transmission of Collective Memory about Tiananmen in Hong Kong: How Young Rally Participants Learn about and Understand 4 June." *Journal of Contemporary China* 22(84): 966–83.

Lee, Francis L. F. and Joseph Man Chan (2018) *Media Logic and Protest in Digital Era: The Umbrella Movement in Hong Kong.* Oxford: Oxford University Press.

Lee, Francis L. F., Edmund W. Cheng, Hai Liang, Gary K. Y. Tang, and Samson Yuen (2021) "Dynamics of Tactical Radicalisation and Public Receptiveness in Hong

Kong's Anti-Extradition Bill Movement." *Journal of Contemporary Asia*, DOI: 10.1080/00472336.2021.1910330.

Lee, Mei-chun (2020) "Free the Data from the Birdcage: Opening Up Data and Crowdsourcing Activism in Taiwan." *PoLAR: Political and Legal Anthropology Review*, DOI: 10.1111/plar.12371.

Lee, Namhee (2007) *The Making of Minjung: Democracy and Politics of Representation in South Korea*. Ithaca, NY: Cornell University Press.

Lei, Ya-wen (2018) *The Contentious Public Sphere: Law, Media, and Authoritarian Rule in China*. Princeton, NJ: Princeton University Press.

Leins, Stefan (2020) "'Responsible Investment': ESG and the Post-Crisis Ethical Order." *Economy and Society* 49(1): 71–91.

Li, Yao-Tai (2015) "Regulating the Market Risks: The Coalitions between Occupational Unions and CSO in Taiwan." *Development and Society* 44(2): 295–317.

Li, Yao-Tai and Katherine Whitworth (2021) "Reclaiming Hong Kong through Neighbourhood-Making: A Study of the 2019 Anti-ELAB Movement." *Urban Studies*, DOI: 10.1177/00420980211014448.

Li, Yao-Tai and Katherine Whitworth (2022) "Redefining Consumer Nationalism: The Ambiguities of Shopping Yellow during the 2019 Hong Kong Anti-ELAB Movement." *Journal of Consumer Culture*, DOI: 10.1177/1469540522112734.

Lichbach, Mark Irving (1994) "Rethinking Rationality and Rebellion: Theories of Collective Action and Problems of Collective Dissent." *Rationality and Society* 6(1): 8–39.

Lichbach, Mark Irving (1995) *The Rebel's Dilemma*. Ann Arbor, MI: University of Michigan Press.

Lichterman, Paul (1996) *The Search for Political Community: American Activists Reinventing Commitment*. Cambridge: Cambridge University Press.

Lind, Benjamin and Judith Stepan-Norris (2011) "The Relationality of Movements: Movement and Countermovement Resources, Infrastructure, and Leadership in the Los Angeles Tenants' Rights Mobilization." *American Journal of Sociology* 116(5): 1564–609.

Lipset, Seymour Martin (1968) *Revolution and Counterrevolution: Change and Persistence in Social Structures*. New York: Basic Books.

Lipset, Seymour Martin (1979) *The First New Nation: The United States in Historical and Comparative Perspective*. New York: Norton.

Lipset, Seymour Martin and Earl Raab (1978) *The Politics of Unreason: Right-Wing Extremism in America, 1780–1970*. Berkeley: University of California Press.

Lipsky, Michael (1968) "Protest as a Political Resource." *American Political Science Review* 62(4): 1144–58.

Liu, John Chung-En and Chia-Wei Chao (2022) "Equal Rights for Gasoline and Electricity? The Dismantling of Fossil Fuel Vehicle Phase-out Policy in Taiwan." *Energy Research & Social Science*, DOI: 10.1016/j.erss.2022.102571.

Lounsbury, Michael (2005) "Institutional Variation in the Evolution of Social Movements: Competing Logics and the Spread of Recycling Advocacy Groups," pp. 73–95, in *Social Movement and Organizational Theory*, eds. by Gerald F. Davis, Doug McAdam, W. Richard Scott, and Mayer N. Zald. Cambridge: Cambridge University Press.

Lu, Hsin-yi (2009) "Place and Environmental Movement in Houjin, Kaohsiung." *Journal of Archaeology and Anthropology* 70: 47–78.

Luders, Joseph (2006) "The Economics of Movement Success: Business Responses to Civil Rights Mobilization." *American Journal of Sociology* 111(4): 963–98.

Luders, Joseph (2016) "Feminist Mobilization and the Politics of Rights," pp. 185–214, in *The Consequences of Social Movements*, eds. by Lorenzo Bosi, Marco Giugni, and Katrin Uba. Cambridge: Cambridge University Press.

Luker, Kristin (1984) *Abortion and the Politics of Motherhood*. Berkeley, CA: University of California Press.

Lynch, Daniel (2003) "Taiwan's Democratization and the Rise of Taiwanese Nationalism as Socialization to Global Culture." *Pacific Affairs* 75(4): 557–74.

Ma, Ngok and Edward W. Cheng (2021) "Professionals in Revolt: Specialized Networks and Sectoral Mobilization in Hong Kong." *Social Movement Studies*, DOI: 10.1080/14742837.2021.1988914.

MacKinnon, Catherine A. (2015)《性平等論爭：麥金儂訪台演講集》，陳昭如編。臺北：國立臺灣大學出版中心。

Maeckelbergh, Marianne (2011) "Doing is Believing: Prefiguration as Strategic Practice in the Alterglobalization Movement." *Social Movement Studies* 10(1): 1–20.

Maeckelbergh, Marianne (2012) "Horizontal Democracy Now: From Alterglobalization to Occupation." *Interface* 4(1): 207–34.

Maguire, Diarmuid (1995) "Opposition Movements and Opposition Parties: Equal Partners or Dependent Relations in the Struggle for Power and Reform," pp. 199–228, in *The Politics of Social Protest: Comparative Perspectives on States and Social Movements*, eds. by J. Craig Jenkins and Bert Klandermans. London: UCL Press.

Maher, Thomas V. (2010) "Threat, Resistance, and Collective Action: The Cases of Sobibór, Treblinka and Auschwitz." *American Sociological Review* 75(2): 252–72.

Mahoney, James (2000) "Path Dependency in Historical Sociology." *Theory and Society* 29(4): 507–48.

Mahoney, James and Kathleen Thelen (2010) "A Theory of Gradual Institutional Change," pp. 1–37, in *Explaining Institutional Change: Ambiguity, Agency and Power*, eds. by James Mahoney and Kathleen Thelen. Cambridge: Cambridge University Press.

Mannheim, Karl (1936) *Ideology and Utopia: An Introduction to Sociology of Knowledge*, trans. by Louis Wirth and Edward Shils. New York: Harcourt.

Mansbridge, Jane (1986) *Why We Lost the ERA*. Chicago: Chicago University Press.

Marks, Gary and Doug McAdam (1999) "On the Relationship of Political Opportunity Structure to the Form of Collective Action: The Case of the European Union," pp. 97–111, in *Social Movements in a Globalizing World*, eds. by Donatella della Porta, Hanspeter Kriesi, and Dieter Rucht. London: Macmillan.

Martin, Issac William (2013) *Rich People's Movements: Grassroots Campaign to Untax the One Percent*. Oxford: Oxford University Press.

Marx, Gary T. (1967) "Religion: Opiate or Inspiration of Civil Right Militancy Among Negroes?" *American Sociological Review* 32(1): 64–72.

Marx, Gary T. and Douglas McAdam (1994) *Collective Behavior and Social Movements: Process and Structure*. Englewood Cliffs, NJ: Prentice Hall.

Marx, Gary T. and Michael Useem (1971) "Majority Involvement in Minority Movements: Civil Rights, Abolition and Untouchability." *Journal of Social Issues* 27(1): 81–104.

Marx, Karl (1975) *Early Writings*, ed. by Rodney Livingstone. London: Penguin Books.

Marx, Karl and Frederick Engels (1948) *Manifesto of the Communist Party*. New York: International Publishers.

Marx, Karl and Frederick Engels (1972) *The Marx-Engels Reader*, ed. by Robert C. Tucker. New York: Norton.

Mayer, Margit (1991) "Social Movement Research and Social Movement Practice: The U.S. Pattern," pp. 47–120, in *Research on Social Movements: The State of the Art in Western Europe and the USA*, ed. by Dieter Rucht. Boulder, CO: Westview Press.

McAdam, Doug (1982) *Political Process and the Development of Black Insurgency, 1930–1970.* Chicago: Chicago University Press.

McAdam, Doug (1983) "Tactical Innovation and the Pace of Insurgency." *American Sociological Review* 48(6): 735–54.

McAdam, Doug (1988) *Freedom Summer.* Oxford: Oxford University Press.

McAdam, Doug (1989) "Biographical Consequences of Activism." *American Sociological Review* 54(5): 744–60.

McAdam, Doug (1994) "Culture and Social Movements," pp. 36–57, in *New Social Movements: From Ideology to Identity*, eds. by Enrique Laraña, Hank Johnston, and Joseph R. Gusfield. Philadelphia: Temple University Press.

McAdam, Doug (1996) "Conceptual Origins, Current Problems, Future Directions," pp. 23–40, in *Comparative Perspectives on Social Movements*, eds. by Doug McAdam, John D. McCarthy, and Mayer N. Zald. Cambridge: Cambridge University Press.

McAdam, Doug (2003) "Beyond Structural Analysis: Toward a More Dynamic Understanding of Social Movements," pp. 281–98, in *Social Movements and Networks: Relational Approaches to Collective Action*, eds. by Mario Diani and Doug McAdam. Oxford: Oxford University Press.

McAdam, Doug (2004) "Rethinking the U.S. Civil Rights Movement: Toward a More Syntehtic Understanding of the Origins of Contention," pp. 201–32, in *Rethinking Social Movements: Structure, Meaning, and Emotion*, eds. by Jeff Goodwin and James M. Jasper. Lanham, MD: Rowman & Littlefield.

McAdam, Doug and Hilary Schaffer Boudet (2012) *Putting Social Movements in Their Place: Explaining Opposition to Energy Projects in the United States, 2000–2005.* Cambridge: Cambridge University Press.

McAdam, Doug and Katrina Kloos (2014) *Deeply Divided: Racial Politics and Social Movements in Postwar America.* Oxford: Oxford University Press.

McAdam, Doug and Ronnelle Paulsen (1993) "Specifying the Relationship between Social Ties and Activism." *American Journal of Sociology* 99(3): 640–67.

McAdam, Doug and Sidney Tarrow (2000) "Nonviolence as Contentious Interaction." *Political Science and Politics* 33(2): 149–54.

McAdam, Doug and Sidney Tarrow (2011) "Introduction: Dynamics of Contention Ten Years On." *Mobilization* 16(1): 1–10.

McAdam, Doug and W. Richard Scott (2005) "Organizations and Movements," pp.4–40, in

Social Movement and Organizational Theory, eds. by Gerald F. Davis, Doug McAdam, W. Richard Scott, and Mayer N. Zald. Cambridge: Cambridge University Press.

McAdam, Doug and William H. Sewell (2001) "It's about Time: Temporarity in the Study of Social Movements and Revolution," pp. 89–125, in *Silence and Voice in the Study of Contentious Politics*, eds. by Ronald Aminzade et al. Cambridge: Cambridge University Press.

McAdam, Doug, John D. McCarthy, and Mayer N. Zald (1996) "Introduction: Opportunities, Mobilizing Structures, and Framing Process: Toward a Synthetic, Comparative Perspective on Social Movements," pp. 1–20, in *Comparative Perspectives on Social Movements*, eds. by Doug McAdam, John D. McCarthy, and Mayer N. Zald. Cambridge: Cambridge University Press.

McAdam, Doug, Sidney Tarrow, and Charles Tilly (1996) "To Map Contentious Politics." *Mobilization* 1(1): 17–34.

McAdam, Doug, Sidney Tarrow, and Charles Tilly (1997) "Toward an Integrated Perspective on Social Movements and Revolution," pp. 143–73, in *Comparative Politics: Rationality, Culture, and Structure*, eds. by Mark Irving Lichbach and Alan S. Zuckerman. Cambridge: Cambridge University Press.

McAdam, Doug, Sidney Tarrow, and Charles Tilly (2001) *Dynamics of Contention*. Cambridge: Cambridge University Press.

McCaffrey, Dawn and Jennifer Keys (2000) "Competitive Framing Processes in the Abortion Debate: Polarization-Vilification, Frame Saving, and Frame Debunking." *Sociological Quarterly* 41(1): 41–61.

McCarthy, John D. (1987) "Pro-Life and Pro-Choice Mobilization: Infrastructure Deficits and New Technologies," pp. 49–66, in *Social Movements in an Organizational Society*, eds. by Mayer N. Zald and John D. McCarthy. New Brunswick, NJ: Transaction.

McCarthy, John D. and Mayer N. Zald (1987a) "Resource Mobilization and Social Movement: A Partial Theory," pp. 15–42, in *Social Movements in an Organizational Society*, eds. by Mayer N. Zald and John D. McCarthy. New Brunswick, NJ: Transaction.

McCarthy, John D. and Mayer N. Zald (1987b) "The Trend of Social Movements in America: Professionalization and Resource Mobilization," pp. 337–91, in *Social*

Movements in an Organizational Society, eds. by Mayer N. Zald and John D. McCarthy. New Brunswick, NJ: Transaction.

Melucci, Alberto (1988) "Social Movements and the Democratization of Everyday Life," pp. 245–60, in *Civil Society and State*, ed. by John Keane. London: Verso.

Melucci, Alberto (1989) *Nomads of the Present: Social Movements and Individual Needs in Contemporary Society*. Philadelphia: Temple University Press.

Melucci, Alberto (1994) "A Strange Kind of Newness: What's New in New Social Movements?" pp. 101–30, in *New Social Movements: From Ideology to Identity*, eds. by Enrique Laraña, Hank Johnston, and Joseph R. Gusfield. Philadelphia: Temple University Press.

Melucci, Alberto (1996) *Challenging Codes: Collective Action in the Information Age*. Cambridge: Cambridge University Press.

Meyer, David S. (1990) *A Winter of Discontent: The Nuclear Freeze and American Politics*. New York: Praeger.

Meyer, David S. (1993) "Institutionalizing Dissent: The United States Structure of Political Opportunity and the End of Nuclear Freeze Movement." *Sociological Forum* 8(2): 157–79.

Meyer, David S. (2004) "Protest and Political Opportunities." *Annual Review of Sociology* 30: 125–45.

Meyer, David S. and Debra C. Minkoff (2004) "Conceptualizing Political Opportunity." *Social Forces* 82(4): 1457–92.

Meyer, David S. and Nancy Whittier (1994) "Social Movement Spillover." *Social Problems* 41(2): 277–98.

Meyer, David S. and Sidney Tarrow (1998) "A Social Movement Society," pp. 1–28, in *The Social Movement Society: Contentious Politics for a New Century*, eds. by David S. Meyer and Sidney Tarrow. New York: Rowman & Littlefield.

Meyer, David S. and Suzanne Staggenborg (1996) "Movements, Countermovements, the Structure of Political Opportunity." *American Journal of Sociology* 101(6): 1628–60.

Meyer, John W. and Phillip E. Hammond (1971) "Forms of Status Inconsistency." *Social Forces* 50(1): 91–101.

Michels, Robert (1962) *Political Parties*, trans. by Eden and Cedar Paul. New York: Free Press.

Milkman, Ruth (2017) "A New Political Generation: Millennials and the Post–2008 Wave of Protest." *American Sociological Review* 82(1): 1–31.

Miller, Frederick D. (1999) "The End of SDS and the Emergence of Weatherman: Demise through Success," pp. 303–24, in *Waves of Protest: Social Movements Since the Sixties*, eds. by Jo Freeman and Victoria Johnson. New York: Rowman & Littlefield.

Mills, C. Wright (1996)《社會學的想像》,張君玫、劉鈐佑譯。臺北:巨流。

Minkoff, Debra C. (1994) "From Service Provision to Institutional Advocacy: The Shifting Legitimacy of Organizational Forms." *Social Forces* 72(4): 943–69.

Minkoff, Debra C. (1997) "The Sequencing of Social Movements." *American Sociological Review* 62(5): 779–99.

Moodie, T. Dundar (2002) "Mobilization on the South African Gold Mines," pp. 47–65, in *Social Movements: Identity, Culture and the State*, eds. by David S. Meyer, Nancy Whittier, and Belinda Robnett. Oxford: Oxford University Press.

Moore, Barrington, Jr. (1970) *Reflections on the Causes of Human Misery and Upon Certain Proposals to Eliminate Them*. Boston: Beacon Press.

Moore, Kelly (1996) "Organizing Integrity: American Science and the Creation of Public Interest Organizations, 1955–1975." *American Journal of Sociology* 101(6): 1592–627.

Moore, Kelly (1999) "Political Protest and Institutional Change: The Anti-Vietnam War Movement and American Science," pp. 97–115, in *How Social Movements Matter*, eds. by Marco Giugni, Doug McAdam, and Charles Tilly. Minneapolis, MN: University of Minnesota Press.

Morozov, Eugene (2011) *The Net Delusion: The Dark Side of Internet Freedom*. New York: Public Affairs.

Morris, Aldon D. (1984) *The Origins of the Civil Rights Movement: Black Communities Organizing for Change*. New York: Free Press.

Morris, Craig and Arne Jungjohann (2016) *Energy Democracy: Germany's Energiewende to Renewables*. London: Palgrave Macmillan.

Moss, Dana M. (2022) *The Arab Spring Abroad: Diaspora Activism Against Authoritarian Regimes*. Cambridge: Cambridge University Press.

Muller, Edward N. and Karl-Dieter Opp (1986) "Rational Choice and Rebellious Action." *American Political Science Review* 80(2): 471–88.

Munson, Ziad W. (2008) *The Making of Pro-Life Activists: How Social Movement Mobilization Works*. Chicago: University of Chicago Press.

Naples, Nancy A. (2002) "Materialist Feminist Discourse Analysis and Social Movement Research: Mapping the Changing Context for Community Control," pp. 226–46, in *Social Movements: Identity, Culture and the State*, eds. by David S. Meyer, Nancy Whittier, and Belinda Robnett. Oxford: Oxford University Press.

Navarro, Marysa (1989) "The Personal Is Political: Las Madres de Plaza Mayo," pp. 241–58, in *Power and Popular Protest: Latin American Social Movements*, ed. by Susan Eckstein. Berkeley, CA: University of California Press.

Nepstad, Sharon Erickson (2004) "Persistent Resistance: Commitment and Community in the Plowshares Movement." *Social Problems* 51(1): 43–60.

Nepstad, Sharon Erickson and Christian Smith (1999) "Rethinking Recruitment to High-risk/cost Activism: The Case of Nicaragua Exchange." *Mobilization* 4(1): 25–40.

Noakes, John A. (2000) "Official Frames in Social Movement Theory: The FBI, HUAC, and the Communist Threat in Hollywood." *Sociological Quarterly* 41(4): 657–80.

Noonan, Rita K. (1995) "Women Against the State: Political Opportunities and Collective Action Frames in Chile's Transition to Democracy." *Sociological Forum* 10(1): 81–111.

Norris, Pippa and Ronald Inglehart (2019) *Cultural Backlash: Trump, Brexit, and Authoritarian Populism*. Cambridge: Cambridge University Press.

O'Donnell, Guillermo and Philippe C. Schmitter (1986) *Transition from Authoritarian Rule: Tentative Conclusions*. Baltimore: Johns Hopkins University Press.

Oberschall, Anthony (1993) *Social Movements: Ideologies, Interests, and Identities*. New Brunswick, NJ: Transaction Books.

Offe, Claus (1984) *Contradictions of the Welfare State*, ed. by John Keane. Cambridge, MA: MIT Press.

Offe, Claus (1990) "Reflection on the Institutional Self-Transformation of Movement Politics: A Tentative Stage Model," pp. 232–50, in *Challenging the Political Order*, eds. by Russell J. Dalton and Manfred Kuechler. Oxford: Polity Press.

Offe, Claus and Helmut Wiesenthal (1980) "Two Logics of Collective Action: Theoretical Notes on Social Class and Organizational Form." *Political Power and Social Theory* 1: 67–115.

Oliver, Pamela (1984) " 'If You Don't Do It, Nobody Else Will': Active and Token Contribution to Local Collective Action." *American Sociological Review* 49(5): 601–10.

Olson, Mancur, Jr. (1965) *The Logic of Collective Action*. Cambridge, MA: Harvard University Press.

Opp, Karl-Dieter (1986) "Soft Incentives and Collective Action: Participation in the Anti-Nuclear Movements." *British Journal of Political Science* 16(1): 87–112.

Opp, Karl-Dieter and Christian Gern (1993) "Dissent Groups, Personal Networks, and Spontaneous Cooperation: The East German Revolution of 1989." *American Sociological Review* 58(5): 659–80.

Osa, Maryjane (1996) "Pastoral Mobilization and Contention: The Religious Foundations of the Solidarity Movement in Poland," pp. 67–86, in *Disruptive Religion: The Force of Faith in Social-Movement Activism*, ed. by Christian Smith. New York: Routledge.

Oxhorn, Philip (1994) "Where Did All the Protesters Go? Popular Mobilization and the Transition to Democracy in Chile." *Latin American Perspectives* 21(3): 49–68.

Parsons, Talcott (1954) *Essays in Sociological Theory*. New York: Free Press.

Parsons, Talcott (1991)《社會的演化》，章英華譯。臺北：遠流。

Parsons, Talcott and Gerald M. Platt (1970) "Age, Social Structure, and Socialization in Higher Education." *Sociology of Education* 43(1): 1–37.

Passey, Florence (2003) "Social Networks Matter. But How?" pp. 21–48, in *Social Movements and Networks: Relational Approaches to Collective Action*, eds. by Mario Diani and Doug McAdam. Oxford: Oxford University Press.

Pattillo-McCoy, Mary (1998) "Church Culture as a Strategy of Action in the Black Community." *American Sociological Review* 63(6): 767–84.

Peña, Alejandro M., Larissa Meier, and Alice M. Nah (2021) "Exhaustion, Adversity, and Repression: Emotional Attrition in High-Risk Activism." *Perspectives on Politics*, DOI: 10.1017/S1537592721003273.

Pereyra, Sebstian (2015) "Strategies and Mobilization Cycles of the Human Rights Movement in the Democratic Transition in Argentina," pp. 186–205, in *Movements in Times of Democratic Transition*, eds. by Bert Klandermans and Cornelis van Stralen. Philadelphia: Temple University Press.

Pérez-Díaz, Víctor M. (1993) *The Return of Civil Society: The Emergence of Democratic Spain*. Cambridge, MA: Harvard University Press.

Perrow, Charles (1979) "The Sixties Observed," pp. 192–211, in *The Dynamics of Social Movements: Resource Mobilization, Social Control and Tactics*, eds. by Mayer N. Zald and John D. McCarthy. Cambridge, MA: Winthrop.

Perry, Elizabeth (1994) "Casting a Chinese Democracy Movement: The Roles of Students, Workers, and Entrepreneurs," pp. 74–92, in *Popular Protest and Political Culture in Modern China*, eds. by Jeffrey N. Wasserstrom and Elizabeth J. Perry. Boulder, CO: Westview.

Perry, Elizabeth (2002) "Moving the Mass: Emotion Work in the Chinese Revolution." *Mobilization* 7(2): 111–28.

Phelan, Shane (1993) "(Be)Coming Out: Lesbian Identity and Politics." *Signs* 18(4): 756–90.

Piven, Frances Fox and Richard A. Cloward (1971) *Regulating the Poor: The Functions of Public Welfare*. New York: Vintage Books.

Piven, Frances Fox and Richard A. Cloward (1977) *Poor People's Movements: Why They Succeed, How They Failed*. New York: Vintage Books.

Piven, Frances Fox and Richard A. Cloward (1992) "Normalizing Collective Protest," pp. 301–25, in *Frontiers of Social Movement Theory*, eds. by Aldon D. Morris and Carol McClurg Mueller. New Haven, CT: Yale University Press.

Pizzorno, Alessandro (1978) "Political Exchange and Collective Identity in Industrial Conflict," pp. 277–98, in *The Resurgence of Class Conflict in Western Europe Since 1968*, Vol. 2, eds. by Colin Crouch and Alessandro Pizzorno. New York: Holmes & Meier.

Polletta, Francesca (1999) "'Free Spaces' in Collective Action." *Theory and Society* 28(1): 1–38.

Polletta, Francesca (2002) *Freedom is an Endless Meeting: Democracy in America Social Movements*. Chicago: University of Chicago Press.

Polletta, Francesca (2006) *It was like a Fever: Storytelling in Protest and Politics*. Chicago: University of Chicago Press.

Polletta, Francesca and James M. Jasper (2001) "Collective Identity and Social Movement." *Annual Review of Sociology* 27: 283–305.

Postill John (2018) *The Rise of Nerd Politics: Digital Activism and Political Change*. New York: Pluto Press.

Putnam, Robert D. (2000) *Bowling Alone: The Collapse and Revival of American Community*. New York: Simon & Schuster.

Quadagno, Jill (1992) "Social Movements and State Transformation: Labor Unions and Racial Conflict in the War on Poverty." *American Sociological Review* 57(5): 616–

34.

Ramos, Howard (2008) "Opportunity for Whom? Political Opportunity and Critical Events in Canadian Aboriginal Mobilization, 1951–2000." *Social Forces* 87(2): 795–823.

Read, Graeme (2019) "Youth and Political Music in Taiwan: Resignifying the Nation at Inland Rock and Tshingsan Fest." *Cross-Currents: East Asian History and Culture Review* 33: 166–84.

Redding, Kent and Jocelyn S. Vitterna (1999) "Political Demands, Political Opportunities: Explaining the Differential Success of Left-Libertarian Parties." *Social Forces* 78(2): 491–510.

Reese, Ellen (1996) "Maternalism and Political Mobilization: How California's Postwar Child Care Campaign Was Won." *Gender and Society* 10(5): 566–89.

Robertson, Graeme B. (2011) *The Politics of Protest in Hybrid Regimes: Managing Dissent in Post-Communist Russia*. Cambridge: Cambridge University Press.

Robnett, Belinda (2002) "External Political Change, Collective Identities and Participation in Social Movement Organizations," pp. 266–307, in *Social Movements: Identity, Culture and the State*, eds. by David S. Meyer, Nancy Whittier, and Belinda Robnett. Oxford: Oxford University Press.

Rochon, Thomas R. (1990) "The West European Peace Movement and the Theory of New Social Movements," pp. 105–21, in *Challenging the Political Order: New Social and Political Movements in Western Democracies*, eds. by Russell J. Dalton and Manfred Kuechler. Oxford: Polity Press.

Rootes, Chris (1997) "Shaping Collective Action: Structure, Contingency and Knowledge," pp. 81–104, in *The Political Context of Collective Action*, ed. by Ricca Edmondson. London: Routledge.

Rucht, Dieter (1988) "Themes, Logics, and Arenas of Social Movements: A Structural Approaches," pp. 305–28, in *From Structure to Action: Comparing Social Movement Research Across Cultures*, eds. by Bert Klandermans, Hanspeter Kriesi, and Sidney Tarrow. Greenwich, CT: JAI Press.

Rucht, Dieter (1990) "The Strategies and Action Repertoires of New Movements," pp. 156–75, in *Challenging the Political Order*, eds. by Russell J. Dalton and Manfred Kuechler. Oxford: Polity Press.

Rucht, Dieter (ed.) (1991a) *Research on Social Movements: The State of the Art in Western Europe and the USA*. Boulder, CO: Westview Press.

Rucht, Dieter (1991b) "Sociological Theory as a Theory of Social Movement? A Critique of Alain Touraine," pp. 355–84, in *Research on Social Movements: The State of the Art in Western Europe and the USA*, ed. by Dieter Rucht. Boulder, CO: Westview Press.

Rucht, Dieter (1995) "Ecological Protest as Calculated Law-breaking: Greenpeace and Earth First! in Comparative Perspective," pp. 66–89, in *Green Politics Three*, ed. by Wolfgang Rüdig. Edinburgh: Edinburgh University Press.

Rucht, Dieter (1996) "German Unification, Democratization, and the Role of Movements: A Missed Opportunity?" *Mobilization* 1(1): 35–62.

Rush, Gary B. (1967) "Status Inconsistency and Right-wing Extremism." *American Sociological Review* 32(1): 86–92.

Ryan, Barbara (1989) "Ideological Purity and Feminism: The U.S. Women's Movement from 1966–1975." *Gender and Society* 3(2): 239–57.

Schattschneider, E. E. (1960) *The Semi-Sovereign People: A Realist's View of Democracy in America*. New York: Harcourt Brace Jovanovich.

Schoenfeld, A. Clay, Robert F. Meier, and Robert J. Griffin (1979) "Constructing a Social Problem: The Press and the Environment." *Social Problems* 27(1): 38–61.

Schradie, Jen (2019) *The Revolution that Wasn't: How Digital Activism Favors Conservatism*. Cambridge, MA: Harvard University Press.

Scott, James C. (1985) *Weapons of the Weak: Everyday Form of Peasant Resistance*. New Haven, CT: Yale University Press.

Scott, James C. (1990) *Domination and the Arts of Resistance*. New Haven, CT: Yale University Press.

Scott, James C. (1998) *Seeing Like a State: How Certain Schemes to Improve the Human Condition Have Failed*. New Haven, CT: Yale University Press.

Scott, Wilbur J. (1985) "The Equal Rights Amendment as Status Politics." *Social Forces* 64(2): 499–506.

Sewell, William, Jr. (1994) *A Rhetorical of Bourgeois Revolution: The Abbe Sieyes and What is The Third Estate*. Durham, NC: Duke University Press.

Sewell, William, Jr. (1996) "Three Temporalities: Toward an Eventful Sociology," pp. 245–80, in *The Historical Turn of Human Sciences*, ed. by Terrence J. McDonald. Ann Arbor, MI: University of Michigan Press.

Shirky, Clay (2011a) 《鄉民都來了：無組織的組織力量》，李宇美譯。臺北：貓頭鷹。

Shirky, Clay (2011b) 《下班時間扭轉未來：休閒時間 × 網路連結》，吳國卿譯。臺北：

行人文化。

Silver, Ira (1998) "Buying an Activist Identity: Reproducing Class through Social Movement Philanthropy." *Sociological Perspectives* 41(2): 303–21.

Skocpol, Theda (2002) *Diminished Democracy: From Membership to Management in American Civic Life*. Norman, OK: University of Okalahoma Press.

Skocpol, Theda and Vanessa Williamson (2012) *The Tea Party and the Remaking of Republican Conservatism*. UK: Oxford University Press.

Smelser, Neil J. (1959) *Social Change in the Industrial Revolution*. Chicago: Chicago University Press.

Smith, Christian (1996) "Correcting a Curious Neglect, or Bringing Religion Back In," pp. 1–25, in *Disruptive Religion: The Force of Faith in Social-Movement Activism*, ed. by Christian Smith. New York: Routledge.

Smith, Jackie (2008) *Social Movements for Global Democracy*. Baltimore: Johns Hopkins University Press.

Snow, David A. and Dana M. Moss. (2014) "Protest on the Fly: Toward a Theory of Spontaneity in the Dynamics of Protest and Social Movements." *American Sociological Review* 79(6): 1122–43.

Snow, David A. and Doug McAdam (2000) "Identity Work Process in the Context of Social Movements: Clarifying the Identity/Movement Nexus," pp. 41–67, in *Self, Identity, and Social Movements*, eds. by Sheldon Stryker, Timothy J. Owens, and Robert W. White. Minneapolis, MN: University of Minnesota Press.

Snow, David A. and Robert D. Benford (1988) "Ideology, Frame Resonance and Participant Mobilization," pp. 197–218, in *From Structure to Action: Comparing Social Movement Research Across Cultures*, eds. by Bert Klandermans, Hanspeter Kriesi, and Sidney Tarrow. Greenwich, CT: JAI Press.

Snow, David A. and Robert D. Benford (1992) "Master Frames and Cycles of Protest," pp. 133–155, in *Frontiers in Social Movement Theory*, eds. by Aldon D. Morris and Carol McClurg Mueller. New Haven, CT: Yale University Press.

Snow, David A., E. Burke Rochford Jr., Steven K. Worden, and Robert D. Benford (1986) "Frame Alignment Processes, Micromobilization, and Movement Participation." *American Sociological Review* 51(4): 464–81.

Snow, David A., Louis A. Zurcher Jr., and Sheldon Ekland-Olson (1980) "Social Networks and Social Movements: A Microstructural Approach to Differential Recruitment."

American Sociological Review 45(5): 787–801.

Snow, David A., Louis A. Zurcher Jr., and Sheldon Ekland-Olson (1983) "Further Thoughts on Social Networks and Movement Recruitment." *Sociology* 17(1): 112–20.

Sombart, Werner (1976) *Why Is There No Socialism in the United States?* New York: M. E. Sharpe.

Soule, Sarah A. (2009) *Contention and Corporate Social Responsibility.* Cambridge: Cambridge University Press.

Staggenborg, Suzanne (1986) "Coalition Work in the Pro-choice Movement: Organizational and Environmental Opportunities and Obstacles." *Social Problems* 33(5): 374–90.

Staggenborg, Suzanne (1989) "The Consequences of Professionalization and Formalization in the Pro-choice Movement." *American Sociological Review* 53(4): 585–606.

Staggenborg, Suzanne (1998) "Social Movement Communities and Cycles of Protest: The Emergence and Maintenance of a Local Women's Movement." *Social Problems* 45(2): 180–204.

Starr, Amory (2010) "Local Food: A Social Movement?" *Cultural Studies↔Critical Methodologies* 10(6): 479–90.

Stein, Arlene (2001) "Revenge of the Shamed: The Christian Right's Emotional Culture War," pp. 115–31, in *Passionate Politics: Emotion and Social Movements*, eds. by Jeff Goodwin, James M. Jasper, and Francesca Polletta. Chicago: Chicago University Press.

Steinberg, Marc W. (1998) "Tilting the Frame: Considerations on Collective Action Framing from a Discursive Turn." *Theory and Society* 27(6): 845–72.

Stryker, Sheldon, Timothy J. Owens, and Robert W. White (2000) "Introduction: Social Psychology and Social Movement," pp. 1–20, in *Self, Identity, and Social Movements*, eds. by Sheldon Stryker, Timothy J. Owens, and Robert W. White. Minneapolis, MN: University of Minnesota Press.

Su, Yang (2011) *Collective Killings in Rural China during the Cultural Revolution.* Cambridge: Cambridge University Press.

Sullivan, Jonathan and Gudrun Seiler-Holmer (2011) "Mapping the Taiwan Studies Field." *Issues and Studies* 47(3): 1–28.

Sutton, Donald S. (1995) "Consuming Counterrevolution: The Ritual and Culture of Cannibalism in Wuxuan, Guanxi, China, May to July 1968." *Comparative Studies in Society and History* 37(1): 136–72.

Swart, William J. (1995) "The League of Nations and the Irish Question: Master Frames, Cycles of Protest, and 'Master Frame Alignment.'" *Sociological Quarterly* 36(3): 465–81.

Swidler, Ann (1986) "Culture in Action: Symbols and Strategies." *American Sociological Review* 51(2): 273–86.

Swidler, Ann (1995) "Cultural Power and Social Movements," pp. 85–106, in *Social Movement and Culture*, eds. by Hank Johnston and Bert Klandermans. Minneapolis, MN: University of Minnesota Press.

Szabo, Mate (2015) "From Anticommunist Dissident Movement to Governing Party: The Transformation of Fidesz in Hungary," pp. 301–15, in *Movements in Times of Democratic Transition*, eds. by Bert Klandermans and Cornelis van Stralen. Philadelphia: Temple University Press.

Szasz, Andrew (1994) *Ecopopulism: Toxic Waste and the Movement for Environmental Justice*. Minneapolis, MN: University of Minnesota Press.

Tarrow, Sidney (1989) *Democracy and Disorder: Protest and Politics in Italy 1965–75*. Oxford: Clarendon Press.

Tarrow, Sidney (1994) *Power in Movement: Social Movements, Collective Action and Politics*. Cambridge: Cambridge University Press.

Tarrow, Sidney (1996) "States and Opportunities: The Political Structuring of Social Movements," pp. 41–61, in *Comparative Perspectives on Social Movements*, eds. by Doug McAdam, John D. McCarthy, and Mayer N. Zald. Cambridge: Cambridge University Press.

Tarrow, Sidney (2011) *Power in Movement: Social Movements and Contentious Politics*, third edition. Cambridge: Cambridge University Press.

Tarrow, Sidney (2013) *The Language of Contention: Revolutions in Words, 1688–2012*. Cambridge: Cambridge University Press.

Tarrow, Sidney and Charles Tilly (2007) *Contentious Politics*. Boulder, CO: Paradigm.

Taylor, Verta (1989) "Social Movement Continuity: The Women's Movement in Abeyance." *American Sociological Review* 54(5): 761–75.

Taylor, Verta and Leila J. Rupp (1993) "Women's Culture and Lesbian Feminist Activism: A Reconsideration of Cultural Feminism." *Signs* 19(1): 32–61.

Taylor, Verta and Leila J. Rupp (2002) "Loving Internationalism: The Emotional Culture of Transnational Women's Organizations, 1888–1945." *Mobilization* 7(2): 141–58.

Taylor, Verta and Nancy E. Whittier (1992) "Collective Identity in Social Movement Communities: Lesbian Feminist Mobilization," pp. 104–29, in *Frontiers in Social Movement Theory*, eds. by Aldon D. Morris and Carol McClurg Mueller. New Haven, CT: Yale University Press.

Taylor, Verta and Nancy E. Whittier (1995) "Analytical Approaches to Social Movement Culture: The Culture of the Women's Movement," pp. 163–87, in *Social Movement and Culture*, eds. by Hank Johnston and Bert Klandermans. Minneapolis, MN: University of Minnesota Press.

Taylor, Verta, Katrina Kimport, Nella Van Dyke, and Ellen Ann Andersen (2009) "Culture and Mobilization: Tactical Repertoires, Same-Sex Weddings, and the Impact on Gay Activism." *American Sociological Review* 74(6): 865–90.

Tejerina, Benjamín, Ignacia Perugorría, Tova Benski, and Lauren Langman (2013) "From Indignation to Occupation: A New Wave of Global Mobilization." *Current Sociology* 61(4): 377–92.

Thompson, E. P. (1971) "The Moral Economy of the English Crowd in the Eighteenth Century." *Past and Present* 50: 76–136.

Thompson, E. P. (1974) "Patrician Society, Plebeian Culture." *Journal of Social History* 7(4): 382–405.

Tierney, Kathleen J. (1982) "The Battered Women Movement and the Creation of the Wife Beating Problem." *Social Problems* 29(3): 207–20.

Tilly, Charles (1975a) "Reflection on the History of European State-Making," pp. 3–83, in *Formation of National States in Western Europe*, ed. by Charles Tilly. Princeton, NJ: Princeton University Press.

Tilly, Charles (1975b) "Food Supply and Public Order in Modern Europe," pp. 380–455, in *Formation of National States in Western Europe*, ed. by Charles Tilly. Princeton, NJ: Princeton University Press.

Tilly, Charles (1976) *The Vendée: A Sociological Analysis of the Counterrevolution of 1793*. Cambridge, MA: Harvard University Press.

Tilly, Charles (1978) *From Mobilization to Revolution*. Reading, MA: Addison-Wesley.

Tilly, Charles (1981) *As Sociology Meets History*. New York: Academic Press.

Tilly, Charles (1984) "Social Movements and National Politics," pp. 297–317, in *Statemaking and Social Movements*, eds. by Charles Bright and Susan Harding. Ann Arbor, MI: University of Michigan Press.

Tilly, Charles (1985) "War Making and State Making as Organized Crime," pp. 169–91, in *Bringing the State Back In*, eds. by Peter B. Evans, Dietrich Rueschemeyer, and Theda Skocpol. Cambridge: Cambridge University Press.

Tilly, Charles (1990) *Coercion, Capital, and European States, AD 990–1990*. Oxford: Basil Blackwell.

Tilly, Charles (1997) "Parliamentarization of Popular Contention in Great Britain, 1758–1834." *Theory and Society* 26(2/3): 245–73.

Tilly, Charles (1998) "Political Identities," pp. 3–16, in *Challenging Authority: Historical Study of Contentious Politics*, eds. by Michael Hanagan, Leslie Page Moch, and Wayne Te Brake. Minneapolis, MN: University of Minnesota Press.

Tilly, Charles (1999a) *Durable Inequality*. Berkeley, CA: University of California Press.

Tilly, Charles (1999b)《法國人民抗爭史》，劉絮愷譯。臺北：麥田。

Tilly, Charles (2002) *Stories, Identities and Political Change*. New York: Rowman & Littlefield.

Tilly, Charles (2004) *Social Movements, 1786-2004*. Boulder, CO: Paradigm.

Tilly, Charles (2005a) "Regime and Contentions," pp. 423–40, in *Handbook of Political Sociology: States, Civil Societies, and Globalization*, eds. by Thomas Janoski, Robert R. Alford, Alexander M. Hicks, and Midred A. Schwarz. Cambridge: Cambridge University Press.

Tilly, Charles (2005b) *Trust and Rule*. Cambridge: Cambridge University Press.

Tilly, Charles and Sidney Tarrow (2007) *Contentious Politics*. Boulder, CO: Paradigm.

Tilly, Charles, Louise Tilly, and Richard Tilly (1975) *The Rebellious Century*. Cambridge, MA: Harvard University Press.

Tiryakian, Edward A. (1988) "From Durkheim to Managua: Revolutions as Religious Revivals," pp. 44–65, in *Durkheimian Sociology: Cultural Studies*, ed. by Jeffrey C. Alexander. Cambridge: Cambridge University Press.

Tocqueville, Alexis de (1945) *Democracy in America*, 2 vols. New York: Vintage Books.

Tong, Kin-long and Samson Yuen (2021) "Disciplining Student Activism: Secondary Schools as Sites of Resistance and Control in Hong Kong." *Sociological Forum*, DOI: 10.1111/socf.12744.

Touraine, Alain (1977) *The Self-Production of Society*, trans. by Derek Coltman. Chicago: Chicago University Press.

Touraine, Alain (1985) "Social Movements and Social Change," pp. 77–92, in *The*

Challenge of Social Change, ed. by Orlando Fals Borda. London: Sage.

Touraine, Alain (1986) "Unionism as a Social Movement," pp. 77–92, in *Union in Transition: Entering the Second Century*, ed. by Seymour Martin Lipset. San Francisco, CA: Institute for Contemporary Studies.

Touraine, Alain (1988) *Return of the Actor*. Minneapolis, MN: University of Minnesota Press.

Traugott, Mark (1985) *Armies of the Poor: Determinants of Working-Class Participation in the Parisian Insurrection of June 1848*. Princeton, NJ: Princeton University Press.

Traugott, Mark (2010) *The Insurgent Barricade*. Berkeley, CA: University of California Press.

Tufekci, Zeynep (2017) *Twitter and Tear Gas: The Power and Fragility of Networked Protest*. New Haven, CT: Yale University Press.

Turner, Ralph H. and Lewis M. Killian (1957) *Collective Behavior*. Englewood, NJ: Prentice -Hall Inc.

Useem, Bert (1980) "Solidarity Model, Breakdown Model, and the Boston Anti-Busing Movement." *American Sociological Review* 45(3): 357–69.

Useem, Bert and Mayer N. Zald (1982) "From Pressure Group to Social Movement: Organizational Dilemma of the Effort to Promote Nuclear Power." *Social Problems* 30(2): 144–56.

Vasi, Ion Bogdan (2009) "Social Movements and Industrial Development: The Environmental Movement's Impact on the Wind Energy Industry." *Mobilization* 14(3): 315–36.

Voss, Kim (1996) "The Collapse of a Social Movement: The Interplay of Mobilizing Structures, Framing, and Political Opportunity in the Knights of Labor," pp. 227–58, in *Comparative Perspectives on Social Movements*, eds. by Doug McAdam, John D. McCarthy, and Mayer N. Zald. Cambridge: Cambridge University Press.

Voss, Kim (1998) "Claim Making and the Framing of Defeats: The Interpretation of Loss by American and British Labor Activists," pp. 136–48, in *Challenging Authority: Historical Study of Contentious Politics*, eds. by Michael Hanagan, Leslie Page Moch, and Wayne Te Brake. Minneapolis, MN: University of Minnesota Press.

Voss, Kim and Rachel Sherman (2000) "Breaking the Iron Law of Oligarchy: Union Revitalization in the American Labor Movement." *American Journal of Sociology* 106(2): 303–49.

Waddington, P. A. J. (1998) "Controlling Protest in Contemporary Historical and Comparative Perspective," pp. 117–40, in *Policing the Protest: The Control of Mass Demonstration in Western Democracies*, eds. by Donatella della Porta and Herbert Reiter. Minneapolis, MN: Minnesota University Press.

Wagner, Peter (1994) "The Anti-Nuclear Movements in their Social Contexts: Society and Polity in Western Europe before and after 1970," pp. 27–33, in *States and Anti-Nuclear Movements*, ed. by Helena Flam. Edinburgh: Edinburgh University Press.

Walder, Andrew G. and Xiaoxia Gong (1993) "Workers in the Tiananmen Protests: The Politics of Beijing Workers' Autonomous Federation." *Australian Journal of Chinese Affairs* 29: 1–29.

Walker, Edward T. (2014) *Grassroots for Hire: Public Affairs Consultants in American Democracy*. Cambridge: Cambridge University Press.

Walsh, Edward J. (1981) "Resource Mobilization and Citizen Protest in Communities around Three Mile Island." *Social Problems* 26(1): 1–21.

Walzer, Michael (1968) *The Revolution of the Saints: A Study in the Origin of Radical Politics*. New York: Atheneum.

Weber, Max (1948) *From Max Weber: Essays in Sociology*, trans. and eds. by H. H. Gerth and C. Wright Mills. London: Routledge.

Wei, Shuge (2016) "Recovery from 'Betrayal': Local Anti-Nuclear Movements and Party Politics in Taiwan." *Asia-Pacific Journal* 14(8): 1–21.

Weiss, Jessica Chen (2014) *Powerful Patriots: Nationalist Protest in China's Foreign Relations*. UK: Oxford University Press.

Weller, Robert P. (1999) *Alternative Civilities: Democracy and Culture in China and Taiwan*. Boulder, CO: Westview.

Weng, Hui-chen and Dafydd Fell (2006) "The Rootless Movement: Taiwan's Women's Movement in the KMT and DPP Eras," pp. 147–64, in *What Has Changed? Taiwan before and after the Change in Ruling Parties*, eds. by Dafydd Fell, Henning Klöter, and Chang Bi-yu. Wiesbaden: Harraowitz.

White, Lori G. (2001) "Divided Consciousness: The Impact of Black Elite Consciousness on the 1966 Chicago Freedom Movement," pp. 170–203, in *Oppositional Consciousness: The Subjective Roots of Social Protest*, eds. by Jane Mansbridge and Aldon Morris. Chicago: Chicago University Press.

Whittier, Nancy (1997) "Political Generation, Micro-Cohorts and the Transformation of

Social Movements." *American Sociological Review* 62(5): 760–78.

Whittier, Nancy (2009) *The Politics of Child Sexual Abuse: Emotions, Social Movements, and the State*. Oxford: Oxford University Press.

Williams, Rhys H. (1995) "Constructing the Public Good: Social Movements and Cultural Resources." *Social Problems* 42(1): 124–44.

Wilson, James Q. (1961) "The Strategy of Protest: Problems of Negro Civic Action." *Journal of Conflict Resolution* 5(3): 291–303.

Wiltfang, Gregory L. and Doug McAdam (1991) "The Costs and Risks of Social Activism: A Study of Sanctuary Movement Activism." *Social Forces* 69(4): 987–1010.

Wong, Shiau Ching and Scott Wright (2017) "Generating a Voice among 'Media Monsters': Hybrid Media Practices of Taiwan's Anti-Media Monopoly Movement." *Australian Journal of Political Science* 53(3):1–14.

Wong, Stan Hok-Wui, Ngok Ma, and Wai-man Lam (2016) "Migrants and Democratization: The Political Economy of Chinese Immigrants in Hong Kong." *Contemporary Chinese Political Economy and Strategic Relations* 2(2): 909–40.

Wright, Terence (1999) "Student Mobilization in Taiwan: Civil Society and Its Discontents." *Asian Survey* 39(6): 986–1008.

Yang, Chia-Ling (2017) "The Political is the Personal: Women's Participation in Taiwan's Sunflower Movement." *Social Movement Studies* 16(6): 660–71.

Yang, Dominic Meng-Hsuan (2021) *The Great Exodus from China: Trauma, Memory, and Identity in Modern Taiwan*. Cambridge: Cambridge University Press.

Yang, Goubin (2008) "Contention in Cyberspace," pp. 126–43, in *Popular Protest in China*, ed. by Kevin J. O'Brien. Cambridge, MA: Harvard University Press.

Yee, Vivian (2022) "Despite Iran's Efforts to Block Internet, Technology Has Helped Fuel Outrage." *New York Times*, 2022/9/22.

Youngman, Nicole (2003) "When Frame Extension Fails: Operation Rescue and the 'Triple Gates of Hell' in Orlando." *Journal of Contemporary Ethnography* 32(5): 521–54.

Yuen, Samson (2021) "The Institutional Foundation of Countermobilization: Elites and Pro-Regime Grassroots Organizations in Post-Handover Hong Kong." *Government and Opposition*, DOI: 10.1017/gov.2021.39.

Yuen, Samson and Edmund W. Cheng (2020) "Deepening the State: The Dynamics of China's United Front Work in Post-Handover Hong Kong." *Communist and Post-Communist Studies* 53(4): 136–54.

Zald, Mayer N. (1991) "The Continuing Vitality of Resource Mobilization Theory," pp. 348–54, in *Research on Social Movements: The State of the Art in Western Europe and the USA*, ed. by Dieter Rucht. Boulder, CO: Westview Press.

Zald, Mayer N. and Bert Useem (1987) "Movement and Countermovement Interaction: Mobilizations, Tactics, and State Involvement," pp. 247–72, in *Social Movements in an Organizational Society*, eds. by Mayer N. Zald and John D. McCarthy. New Brunswick, NJ: Transaction.

Zald, Mayer N. and John D. McCarthy (1975) "Organizational Intellectuals and the Criticism of Society." *Social Service Review* 50(3): 344–62.

Zald, Mayer N. and John D. McCarthy (1987) "Social Movement Industries: Competition and Conflict Among SMOs," pp. 161–80, in *Social Movements in an Organizational Society*, eds. by Mayer N. Zald and John D. McCarthy. New Brunswick, NJ: Transaction.

Zald, Mayer N. and Roberta Ash Garner (1987) "Social Movement Organizations: Growth, Decay and Change," pp. 121–41, in *Social Movements in an Organizational Society*, eds. by Mayer N. Zald and John D. McCarthy. New Brunswick, NJ: Transaction.

Zhao, Dingxin (2001) *The Power of Tiananmen: State-Society Relations and the 1989 Beijing Student Movement*. Chicago: Chicago University Press.

MEMO

MEMO 🏳

會做人，才能把事做好（二版）　　王淑俐／著

　　「人」只有兩撇，寫起來很簡單，做起來難！

　　想成為人氣王？讀完本書，保證打開人際溝通的任督二脈，讓你人際魅力百分百！本書包括四大溝通主題：會做人之必要、溝通技巧實作、職場倫理與溝通、兩性相處與情愛溝通。內容兼具理論基礎及實務經驗，自修、教學兩相宜。讓您一書在手，從此困惑全消、茅塞頓開，化身溝通人氣王。

生涯規劃與職涯發展　　王淑俐／著

　　本書主要在探討大學時期開始至就業職涯發展，每一階段的生涯規劃，主要特色包括：每章設計「生涯情境模擬」單元，模擬生涯中可能會遇到的情況，更能帶入讀者生活；「生涯楷模」單元則舉出名人或歷史人物做為模範，鼓勵讀者向其學習；章末則有「生涯規劃資源」單元，附上心理測驗、推薦書籍或電影等，供讀者在生涯規劃上做參考。書末收錄作者學生研究所及轉系申請之書審資料，可供讀者作為範本。

社會學概論（修訂五版）　　蔡文輝；李紹嶸／著

　　誰說社會學是一門高深、難懂的枯燥學科？本書由社會學大師蔡文輝與李紹嶸聯合編著，透過簡明生動的文字，搭配豐富有趣的例子，帶領讀者進入社會學的知識殿堂。本書特色在於：採取社會學理論最新的發展趨勢，以綜合性理論的途徑，精闢分析國外與臺灣的社會現象與社會問題；此外，每章結尾並附有選擇題和問答題，供讀者複習與反思，是一本值得您一讀再讀的社會學入門書籍。

心理學導論（增訂五版）　　溫世頌／著

　　心理學是研究人類行為與心理歷程的一門科學，學習心理學有助於瞭解、預測與同理人們的心理與行為。本書首先從歷史發展的觀點簡介各心理學派的理論，並透過言簡意賅、生動活潑的文字，帶領讀者認識重要的心理學議題，以及主要心理學家的思想主張與其重大影響。本書提供新近的研究資料與生活實例，是學習心理學的最佳入門書。

教育心理學（修訂四版）　　　　　溫世頌／著

　　本書探討架構分為三大領域：學生身心發展的特徵；學習與記憶的[過]程；教學策略與教學效果的增進、評鑑與溝通。詳細介紹新近教育心[理]學研究成果與發現，搭配大量的案例讓讀者能更清楚地理解概念。並[針]對一些習以為常但卻是錯誤的教育行為，提出具體的建議與符合現實[需]求的修正方案。本書不僅是一本教育心理學教科書，透過作者對教育[的]全人關懷與真知灼見，將帶領所有關心教育者，重新審視與反思自身[的]教育觀點與做法。

教育社會學（修訂四版）　　　　　陳奎憙／著

　　本書詳細介紹「教育社會學理論」、「教育的社會環境」、「教育機會均等」等主題，亦運用現代社會科學理論來分析「教育制度」、「學校社會組織」與「班級社會體系」，更具體探討「教學方法」、「教育專業」、「師生關係」、「青少年次文化」等重要議題。本書歷經多次修訂，在既有的主題架構下更新書中資料，使內容更為周全以符合時代性，是為新版特色。

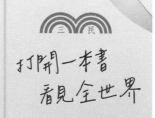

國家圖書館出版品預行編目資料

社會運動與臺灣社會／何明修著.－－初版一刷.－－
臺北市：三民，2023
　　　面；　公分

　　ISBN 978-957-14-7620-9 （平裝）
　　1. 社會運動 2. 臺灣社會

541.45   112003029

社會運動與臺灣社會

| 作　　　者 | 何明修 |
| 責任編輯 | 陳品丞 |

發 行 人	劉振強
出 版 者	三民書局股份有限公司
地　　　址	臺北市復興北路 386 號 (復北門市)
	臺北市重慶南路一段 61 號 (重南門市)
電　　　話	(02)25006600
網　　　址	三民網路書店 https://www.sanmin.com.tw

出版日期	初版一刷 2023 年 6 月
書籍編號	S541570
I S B N	978-957-14-7620-9

三民書局